KB052405

맹파명리

직섭상법신해

- 유년응기 포함 -

단건업·언명著　박형규譯

맹파명리

직섭상법신해

유년응기 포함

■ 제1판 1쇄 발행 2020년 09월
 제1판 2쇄 발행 2021년 08월

■ 지은이   단건업·언명
■ 옮긴이   박형규

■ 펴낸곳   학산출판사
■ 등 록   2017. 12. 29
■ 주 소   서울 종로구 종로 127-2 영흥빌딩 501호
■ 전 화   010. 7143. 0543

■ 정 가   **38,000**원

ISBN:979-11-962938-2-6 [93180]
Korean translation copyright ©2018 by 학산출판사

맹파명리

직접상법신해

- 유년응기 포함 -

Contents

Contents

전언(前言)

    2011년에 『간지상법(干支象法)』과 『직업상법 실전(職業象法實戰)』 CD가 출간된 이후 많은 명리 애호가들로부터 좋은 평을 받았다. 그리고 8년이 지나 다시 단씨명리(맹파명리)가 처음 세상에 소개된 이후 더욱 완벽해지는 장족(長足)의 발전을 이루어 세상에 널리 전파되었다. 하여 나는 기존의 명례해석을 재정비하여 책으로 엮어 학습에 도움이 되도록 할 필요가 있다는 생각을 하게 되었다.

    책에는 간지상법(干支象法), 명국해석(命局解析), 대운(大運)과 유년(流年)의 응기(應期) 및 재부(財富)와 관직(官職)에 대한 견해를 상세히 분석하였으며 더 이상 얻을 수 없는 최고의 실전교안이 될 것이라 믿는다.

    명리학은 언제나 쉽게 다가갈 수 있는 기회가 있지만 정교하게 판단하기 어려운 단점도 있다. 게다가 초보자들은 일주의 왕쇠(旺衰)를 판단하고 용신(用神)을 우선적으로 논하는 우(愚)를 범하기 쉽다. 명리학의 본질은 인생을 표현하는데 있다는 것을 잊어버리기 때문이다. 맹파명리는 체용(體用), 빈주(賓主), 허실(虛實), 포국(包局), 간지유상(干支類象), 십신유상(十神類象), 간지관계(干支關

系), 사주국상(四柱局象) 등을 통하여 주어진 운명의 많은 정보를 종합적으로 표술(表述)하고 있다. 특히 원국을 제대로 읽고 이해하는 것이 가장 중요한 첫 걸음이 된다. 대운, 유년 및 응기는 원국을 정확하게 분석한 기초 위에서 추가적으로 변화를 찾아 발전시킨다. 각 글자 간에 내재된 논리적 관계를 정확하고 엄밀하게 파악할 수 있다는 점이 이 책의 가장 뛰어난 내용으로 다른 명리서적에서는 찾을 수 없는 부족한 부분을 보충해 줄 수 있을 것이다.

그러나 언명(言明) 선생의 『직업상법 실전』CD는 내용이 10년 전의 사례들로 대부분의 명주가 다음에는 어떻게 되었는지 알 수 없어 그 이후의 변화와 최근 상황에 대해서 파악할 수 없는 것이 이 책의 아쉬운 점이다.

목화통명(木火通明) 등 몇몇 수강생들이 교정을 도와주셔서 감사드리며 이곳을 빌어 한국 박형규 박사의 출판 제안을 재차 감사드린다. 혹 책에 오류가 있을 수도 있으니 지적하여 바로잡아 주시면 고맙겠습니다.

단 건 엽 기해년(己亥年) 겨울(冬)

명리(命理)는 참으로 무궁무진하다. 사실, 인사(人事)에서 명리로 볼 수 없는 것은 없을 것이다. 이 말은 사주는 본인의 모든 것을 갖추고 있고, 그 중에서도 사람이 의식주를 영위하며 살아가게 하는 직업도 포함된다. 직업은 사람이 사람답게 살아갈 수 있는 기본조건을 충족시켜 주니 평생 살아가는 동안 인생에 있어 더없이 중요하다.

직업의 종류는 문명이 발달할수록 더 많아지고, 세분화 되어 그 종류 또한 계속 늘어나고 있다. 따라서 학도들은 사주 안에서 명조에 맞는 적성을 찾고 수입이 되는 직업군을 연구하지 않을 수 없게 되었다.

고래(古來)부터 지금까지 연구해온 기존 사주명리의 직업군의 연구는 매우 단조로웠다. 즉, 사농공상(士農工商)의 분류를 벗어나지 못했다. 그런데, 맹파명리에서는 간지상법(干支象法)을 연구한 결과 그 이상의 다양한 직업을 선별하고 자신에게 적합한 직업군을 찾을 수 있도록 정리하였으며 사용하기 어렵지 않도록 하였다.

중국의 맹파명리는 오늘날 세계적으로 유명한 학술이 되었다. 그러한 맹파명리를 우리나라에 도입하기 위해 박형규 박사가 중국을 여러 차례 드나들면서 지대하게 이바지함은 그의 공로라할 수 있다. 단씨맹파는 기존의 명리를 더욱 발전시킨 우수한 이론으로서 각광받고 있음이 분명하다.

　간지상법(干支象法)이란 십천간과 십이지의 음양에 따른 의미의 생극제화의 단순한 개념에서 탈피하여 물상을 연구하여 분류한 것이다. 즉, 사주(四柱) 네 기둥의 간지(干支) 배열상과 년월일시의 관계 그리고 오행의 다소(多少)로 나타나는 물상(物象) 등을 통하여 인생 운명의 많은 정보를 종합적으로 서술한 것이다. 그러므로 기존의 명리 직업분류보다는 훨씬 고급이론인 것임에 틀림없다.

　예를 들면 사업자, 공무원, 교사, 군인, 회계, 금융, 부동산과 건축 사업자, 기술자 등 다양한 직업군을 특별한 특징적 물상들로써 조리 있게 관계성을 정리해 놓은 것이다.

그동안 박형규 박사는 누구보다도 열심히 십수 년 동안 전념해온 기존의 명리연구는 물론 논문 다수를 비롯하여 『손에 잡히는 맹파 (상ㆍ하)』,『명파명리』,『명리진보』,『육효 추길피흉 화해 비전』등을 세상에 내놓았는데, 이번에는 『직업상법신해』를 축적된 실력으로 능숙하게 풀어 정리하였다. 또한 동방문화대학원 대학교에서 맹파 명리를 강론하고 있으니 모든 학도들의 길라잡이가 될 것임을 명백 하게 확신하는 바이다.

이번에 출판하는 단건업 선생의 『직업상법신해』는 사주의 간지 상에 따르는 직업군을 명료하게 분류하여 누구라도 쉽게 터득할 수 있도록 정리하였으니 박형규 박사의 집념이 더없이 빛나는 계기가 될 것이다. 이번 책은 명리를 공부하고 연구하고자 하는 학도들이 언제나 곁에 두어야 할 필독서이다. 또한 모든 내용을 갖추고 있으 므로 모든 독자제현들께도 일독을 권하는 바이다. 끝으로 박형규 박사의 무궁한 발전을 기원한다.

2020년 7월 동방대학원 대학교 석좌교수
철학박사 巨海 유방현

역자서문(바깥의 소식, 안의 소식)

  제자 중 한 분에게 다음과 같은 이야기를 들었다. 맹파명리의 한 구절이 영 이해되지 않아 그 글을 지갑에 넣고 다니며 그렇게 몇 년을 숙고하며 품고 다녔는데 어느 한순간 선문답 같은 그 얘기가 홀연히 쿵! 하고 심금을 울렸더란다. 그리고는 지갑에서 그 낡아진 글을 꺼내어 버렸다고 했다. 그 이후 비슷한 질문의 모든 답을 유추하는데 어려움이 없었으니 이보다 더 신기한 일이 어디에 있겠느냐고 그는 말했다.

  어떻게 깨달았을까, 어떻게 그렇게 될 수 있었을까, 이 이야기가 당신에게도 와닿는가? 모든 공부의 여정이 비슷하니 두말할 필요가 없다고 생각한다. 간지(干支)의 기호학이 유난히 아득하게 느껴지던 시절, 그 범상치 않은 깨달음이 자못 부러웠던 건 내게는 너무나도 당연했다.

  매실나무의 희고 붉은 꽃, 울창한 숲속의 작은 노란 새가 왜 아름다울까? 보기 좋으니까,라고 답하고 싶겠지만 잠깐! 만약 그 순간에 친구의 부고(訃告)가 날라 왔더라면……. 그 순간에도 보기 좋으니까라고 말할 수 있겠는가? 아니, 여전히 아름다운가? 풍경은 그대로 변함없으니 말이다. 아마도, 이제 꽃의 슬픔도 새의 슬픔도 보이기 시작했을 것이다.

그 차이가 청명한 지저귐으로 파문을 일으킨다면 비로소 알 수 있게 되는 것일까? 희고 붉은 분분한 꽃 수풀 너머, 노란 새의 찬란한 날갯짓이 갑자기 현기증을 불러일으키는 까닭이 밖이 아니라 내 마음 깊은 곳에서 울려오는 것임을. 명리 공부 또한 글자의 해석에 골몰하는 것이 밖의 소식으로 비유한다면 간지의 조합, 명조가 뜻하는 심원(心源)에 닿는 느낌. 그것은 당신의 마음을 통찰하지 않고는 달리 방법이 없다는 깨달음에서 비롯될 것이다.

황현산 선생이 육사의 시를 말하며, "천고의 뒤에" 인간은 누구나 초인이 된다고 했던가. 나는 종종 '천고'를 시간이 아닌 궁리(窮理)로 읽는다. 인간이 시간의 물리량으로 천고를 살 수 없다면 사유(思惟)의 변증법으로 천고를 얻을 수 있지 않겠는가 말이다. 그쯤 되면 분명, 어느 한순간 초인이 거기에 있을 것이다.

학우들이여, 분발하시라!

물론, 당신을 빌려 하는 이 외침이 마땅히, 나 자신에게 보내는 일침이며 당신을 향한 응원임을 눈치챘을 터. 단도직입하여 여기 맹파명리의 소식 한 편을 전한다. 이 책이 끝없이 펼쳐지는 명리의 사막을 전진하는 당신에게 한 줄기 샘물 같은 각성이 되어 주리라 믿으며, 나아가 이 귀한 소식을 등불 삼아, 명리학의 심원(深源), 그 소식(消息)에 날아오르듯 다다를 수 있기를 기대해본다. 끝으로 이 같은 지면이 허락되도록, 자신의 쉼 없는 노고를 아낌없이 풀어 헤쳐 주신 단건업 선생에게 깊은 감사를 드립니다.

힘들 때마다 항상 희망과 용기를 주신 동방문화대학원 대학교 석좌교수인 유방현 교수님께 감사를 드립니다. 아울러 이 책의 윤문과 교정을 맡아주신 이민열 박사, 김영배, 김은희, 지태현, 강현선 선생님께 감사의 말씀을 드립니다.

2020년 윤사월 종로 서재에서

박 형 규

맹파명리

직첩상법신해

- 유년응기 포함 -

제1장

간지상법의 기초
(干支象法)

제 1절 십천간(十天干)의 상(象)

1. 십천간(十天干)

갑을병정무기경신임계(甲乙丙丁戊己庚辛壬癸)의 그 순차는 목생화(木生火), 화생토(火生土), 토생금(土生金), 금생수(金生水)이다. 양(陽)에서부터 시작하여 점차 음(陰)을 생한다. 십간(十干)에는 존비(尊卑)와 귀천(貴賤)이 있는데, 양(陽)을 존귀(尊貴)함으로 보면, 음(陰)은 비천(卑賤)함이 된다. 음양(陰陽)의 구분은 두 종류가 있는데, 첫째는 대음양(大陰陽)으로써, 목화(木火)를 양(陽), 금수(金水)를 음(陰)으로 본다. 둘째는 소음양(小陰陽)으로써, 갑병무경임(甲丙

戊庚壬)을 양(陽)으로, 을정기신계(乙丁己辛癸)를 음(陰)으로 본다.

갑을(甲乙)은 목(木)에 속하고, 봄을 대표하며, 주로 생(生)의 표본으로 생발(生發)과 향상(向上)의 기상(氣象)이다.

병정(丙丁)은 화(火)에 속하고, 여름을 대표하며, 주로 장(長)의 표본으로 화열(火熱)과 미려(美麗)의 기상(氣象)이다.

무기(戊己)는 토(土)에 속하고, 계하(季夏:늦여름)를 대표하며, 주로 양육(養育)의 표본으로 성숙(成熟)과 중후(重厚)의 기상(氣象)이다.

경신(庚辛)은 금(金)에 속하고, 가을을 대표하며, 주로 수(收)의 표본으로 숙살(肅殺)과 율령(律令)의 기상(氣象)이다.

임계(壬癸)는 수(水)에 속하고, 겨울을 대표하며, 주로 장(藏)의 표본으로 기변(機變)과 통령(通靈)의 기상(氣象)이다.

2. 갑(甲)의 상(象)

갑목(甲木)은 높고 큰 나무이다. 천(天)에 있어서는 뇌(雷)이고, 지(地)에 있어서는 큰 나무이며, 사람에 있어서는 수령(首領)이 된다. 자주 쓰이는 상(象)으로는 정부부문, 고층빌딩, 고관(高官), 귀인(貴人), 맏이(老大), 신위(神位), 병갑(兵甲) 등이 있다. 갑(甲)은 십천간 중 서열 1위이니 매우 숭고한 지위에 있다.

갑목(甲木)은 인체에서 머리, 두면(頭面), 머리카락, 눈썹을 나타낸다.

 예1. 강도를 만나 얼굴에 상처를 입음

```
丁 甲 癸 癸 (坤)
卯 寅 亥 丑
              38  28  18  8  (대운)
              丁  丙  乙  甲
              卯  寅  丑  子
```

갑목(甲木)이 시주(時柱)의 정화(丁火)를 생하는데 갑(甲)은 머리가 되고, 정(丁)은 얼굴이 된다. 원국에 왕투(旺透)한 두 개의 계수(癸水)가 병(病)이 된다. 계수(癸水)는 갑목(甲木)을 침해(侵害)하고 또 정화(丁火)를 극괴(克壞)한다. 을축(乙丑)운으로 행할 때, 계유(癸酉)년은 시주와 천극지충(天克地沖)한다. 길에서 강도를 만나 얼굴이 훼손되었다. 정축(丁丑)년에 얼굴을 성형하였다.

계유(癸酉)년은 직접 시(時)에 있는 정묘(丁卯)와 천극지충(天克地沖)한다. 계수(癸水)가 정화(丁火)를 극하는 것은 얼굴을 훼손함을 뜻한다. 유(酉)가 묘(卯)를 충(沖)함은 양인(羊刃)이 동(動)하여 강탈함을 표시한다. 유(酉)는 축(丑)을 대표하니 강도이다. 년(年)에 있으니 먼 곳에서 온 것이다. 대운에서 도위(到位)함은 도주범을 뜻한다. 왜 그의 목숨은 상하지 않았는가?

갑인(甲寅)은 체(體)이고, 갑정(甲丁)의 조합은 얼굴이 되며, 인(寅)은 심장을 뜻하는데, 지지의 인(寅)이 상하지 않았기 때문에 머리만 상처를 입고 죽지는 않은 것이다.

정축(丁丑)(1997)년에 성형하였다. 엉덩이에서 피부를 떼어내 피부이식을 하였다. 축(丑)은 음(陰)이니 엉덩이를 뜻한다. 정(丁)은 원국의 정(丁)을 보충한 것이다.

3. 을(乙)의 상(象)

을목(乙木)은 덩굴나무의 목(木)이다. 하늘에서는 바람(風)이 되고, 땅에서는 벼의 모(禾苗)가 된다. 남자는 유아(儒雅)하고, 여자는 여성으로 아름답다. 주로 쓰이는 상(象)은 서적(書籍), 종이(紙張), 붓(毛筆), 직물(織物), 명주실(絲線), 꿰미(串連) 등이 있다.

을목(乙木)은 현대사회에서 전파의 상으로 대부분 문자전달 매체를 표시한다.

을목(乙木)은 인체로 목(頸), 척추(脊椎), 손목(手腕), 발목(脚腕), 담(膽), 머리카락(頭髮), 경맥(經脈)을 뜻한다.

 예 1. 자희(慈禧) 태후

己 乙 丁 乙 (坤)
卯 丑 亥 未

해묘미(亥卯未) 삼합으로 축토(丑土)인 살고(殺庫)를 제(制) 하는 주공(做功)이다. 일찍이 남편을 극하였다. 함풍제(咸丰帝)가 일찍 사망하여 자신이 권력을 독점하였다.

정(丁)은 자식인데 정해(丁亥) 자합(自合)하여 정화(丁火)를 끄니 중년에 자식을 극하는 관계로 동치(同治) 시대에 매독으로 사망하였다.

자희(慈禧)는 예쁘지는 않지만 매우 매혹적이다. 을목(乙木) 일주는 요염하고 매력적이다. 년시(年時)에 록신(祿神)이 나타나 온몸에 여자의 매력을 발산하니 젊었을 때 황제의 총애를 받을 수 있었던 것이다.

4. 병(丙)의 상(象)

병화(丙火)는 광염(光焰)의 화(火)이다. 하늘에서는 태양(日), 땅에서는 빛(光), 사람에게서는 선명한 아름다움을 뜻한다. 주로 사용하는 상(象)으로는 색채(色彩), 영화, TV(影視), 미디어(傳媒), 정보(信息-소식.뉴스), 명성(名氣), 화려함(華麗), 장식(裝飾), 문장(文章), 서화(書畵), 표연(表演:연출, 연기), 연설(演說), 광전(光電) 등이다.

병화(丙火)는 현대 사회에서 영상 매체의 상을 가지고 있으며 임수(壬水)와 배합하면 더욱더 색채의 뜻을 가진다.

병화(丙火)를 사람의 인체로 보면 눈(眼睛), 신경(神經), 대뇌(大腦), 혈압(血壓), 소장(小腸), 어깨(肩)를 뜻한다.

 예1. 장예모(张艺谋)

```
壬 丙 庚 庚 (乾)
辰 子 辰 寅
```

병일(丙日)이 임(壬)을 보면 태양이 강을 비추는 상(象)이 되어 명암(明暗), 빛과 그림자, 색채(色彩)를 뜻한다. 인목(寅木)이 수(水)를 보면 연(演)이 되니, 그래서 감독이다. 경(庚)은 여자 배우가 되고, 임(壬)과 자(子)는 경금(庚金)의 식상이니 그들의 재기(才氣)를 대표한다. 모두 병화(丙火)가 와서 비추는 것에 의지한다.

인목(寅木) 위의 경금(庚金)의 배치는 여배우들이 그의 영화 작품을 통해 뛰어난 재주를 드러냄을 표시한다. 그래서 명성을 널리 떨쳤다.

5. 정(丁)의 상(象)

정화(丁火)는 등불과 촛불의 화(火)이다. 하늘에서는 별(星)이 되고, 땅에서는 등불이 되며, 사람으로 치면 심명안량(心明眼亮)을 나타낸다. 주로 사용하는 상(象)으로는 문명(文明), 문화(文化), 문자(文字), 사상(思想), 지혜(智慧), 의도(醫道), 현학(玄學), 신학(神學), 향화(香火), 심령(心靈), 전자(電子), 인터넷(網絡), 문장(文章), 서적(書籍), 명예(榮譽), 명망(名望), 점(點), 목표(目標) 등이 있다.

정화(丁火)는 문자의 의미가 있어 문화 수준의 높낮이를 나타내는 데 쓰일 수 있다.

정화(丁火)는 인체로 눈(眼睛), 심장(心臟), 혈관(血管), 신경(神經)을 나타낸다.

 예1. 유명한 변호사

$$壬\ 丁\ 丁\ 甲\ (乾)$$
$$寅\ 卯\ 卯\ 午$$

정일(丁日)은 갑(甲)의 생을 보는 것을 기뻐한다. 정(丁)이 많으니 문화수준이 높아 박사학위가 있다. 허투한 관이 정임합(丁壬合)으로 일(日)과 합하여 명예, 인기를 뜻하니 유명한 변호사이다. 왜 변호사가 되었냐면 묘오파(卯午破)의 상(象)과 유관하기 때문이다.

丁 庚 癸 丁 (乾)
丑 辰 卯 卯

　천재 소년으로 당구 챔피언이다. 계수(癸水) 상관은 기술이고, 정
(丁)은 점이니 목표점이 된다. 묘진(卯辰)천은 운동으로 공을 당구
대에서 표적에 겨냥한다는 뜻이다. 정정(丁丁)은 복음(伏吟)이니
이동을 뜻하고, 정(丁)에 축(丑)이 배치됨은 구멍에 떨어진다는 뜻
이다. 명국에서 상(象)을 통하여 당구치는 전체의 모습을 표현한
것이다. 정(丁)은 관(官)이니 명예를 뜻하고, 정(丁)이 축(丑) 인성
(印星)을 차고 있어 챔피언을 나타낸다. 축(丑)이 진(辰)에 들어가
는 것은 챔피언을 손에 넣는 것이다. 을유(乙酉)(2005)년부터 시작
하여 수차례 세계 챔피언이 되었다.

6. 무(戊)의 상(象)

무(戊)는 높은 산등성(高崗)의 토(土)이다. 하늘에서는 노을(霞)이 되고, 땅에서는 구릉(丘陵)이 되며, 사람으로는 어른스럽(老成)고 신중(愼重)하다. 주로 사용하는 상(象)으로는 정부(政府), 건축(建築), 부동산(地産), 창고(倉庫), 골동품(古董), 고물(舊物), 도료(塗料), 벽돌(磚瓦), 수장품(收藏品), 높은 무대(高台), 무대(舞台), 강단(講台) 등이 있다.

무토(戊土)가 홀로 투(透)한 사람은 선생이 되기 쉽다. 왜냐하면 무(戊)는 강단의 상(象)이 있기 때문이다.

무토(戊土)는 인체로 코(鼻), 위(胃), 피부(皮膚), 근육(肌肉)을 뜻한다.

 예 1. 등려군(鄧麗君)

```
戊 庚 癸 壬 (坤)
寅 辰 丑 辰

        38  28  18  8  (대운)
        己  庚  辛  壬
        酉  戌  亥  子
```

계수(癸水) 상관은 재능·재주이고 무토(戊土) 인성은 무대이다. 무계합(戊癸合)은 석양 노을빛의 상(象)이다. 그래서 한 시대 가요

계의 여왕이 되어 세상에 이름을 떨쳤다. 경(庚)이 축(丑)월에 태어나 차갑고 습냉(濕冷)하니 무인(戊寅)시 양(陽)을 기뻐한다. 음(陰)이 중(重)하고 양(陽)이 적어 인(寅)을 절(絶)하는 유(酉)운은 좋지 않아 양기(陽氣)가 없어졌다. 을해(乙亥)년에 을목(乙木)이 무토(戊土)를 극하고, 해수(亥水)가 인목(寅木)과 합하여 병화(丙火)를 끄니 폐가 습하고 냉하여 혈액이 통하지 않아 폐병으로 사망하였다.

7. 기(己)의 상(象)

기토(己土)는 평원(平原)의 토(土)이다. 하늘에서는 구름(雲)이 되고, 땅에서는 옥토(沃土)가 되며, 사람에게서는 겸손하게 자신을 낮춤을 표시하고, 여자에게서는 풍만함을 나타낸다. 주로 사용하는 상(象)으로는 집(房屋), 묘지(墓地), 시멘트(水泥), 건재(建材), 장식재료(裝飾材料), 열매(果實), 책(書本), 통로(通道), 파이프(管道), 도로(道路), 분진(粉塵), 더러운 것(髒), 얼룩(斑點), 자아(自我) 등이다.

기토(己土)에 식신이 임하면 독서를 좋아함을 표시한다.

기토(己土)는 인체로 보면 식도(食道), 장도(腸道:창자), 비(脾:지라), 복(腹), 피부(皮膚), 췌장(膵臟)이 된다.

 예 1. 한한(카레이서)

```
丁 己 己 壬 (乾)
卯 酉 酉 戌
```

그는 왜 카레이서가 되었는가? 기유(己酉)는 자동차의 상(象)이다. 기(己)는 핸들의 상이고, 유금(酉金) 식신은 운전 기술을 대표한다. 유술천(酉戌穿)은 속도가 되고, 술(戌)은 화고(火庫)이니 발동기인 엔진을 상징한다. 조합하면 자동차 경주의 모습이 나온다.

왜 자동차 사고가 아닌가? 유(酉)가 강하고 술(戌)이 약하기 때문에 술(戌)이 천(穿)을 하더라도 유(酉)가 괴(壞)되지 않는다. 만약 기유(己酉)가 하나라면 차량사고가 있을 수 있다.

정(丁)은 문자를 뜻하고, 정임합(丁壬合)은 문장을 뜻하니 그래서 그는 작가이다.

8. 경(庚)의 상(象)

경(庚)은 도끼(斧鉞)로 만든 금(金)이다. 하늘에서는 서리(霜)가
되고, 땅에서는 금(金)이 되며, 사람에 있어서는 강건(剛健)함을 나
타낸다. 흔히 쓰이는 상(象)으로는 오금(五金), 광재(鋼材), 광산(鑛
山), 기기(機器), 금융(金融), 군대(軍隊), 경찰(警察), 수술(手術),
병원(醫院) 등이다.

경금(庚金)은 화(火)의 제련을 좋아한다. 화(火)의 제련이 있어
야 그릇이 된다. 금(金)이 왕(旺)하고 화(火)가 없으면 완고한 금이
된다.

경금(庚金)은 인체로 대장(大腸), 대골격(大骨骼), 뼈 칼슘(骨鈣),
폐(肺), 치아(牙齒), 목소리(嗓音), 배꼽(臍)을 뜻한다.

 예1. 경(庚)이 단련할 화(火)가 없는 경우

$$
\begin{array}{cccc}
甲 & 庚 & 癸 & 甲 \quad (乾) \\
申 & 辰 & 酉 & 辰
\end{array}
$$

경(庚)일주가 금(金)이 태왕(太旺)하여 완고한 철이 되니 화(火)
의 단련(煉)을 제일 기뻐한다. 화(火)가 없으면 인재가 되기 어렵
다. 월(月)에 계수(癸水)를 본 것은 수기(秀氣)가 아니고 오히려 철
에 녹이 슨다는 뜻이다. 그래서 학교 다닐 때 시험을 보면 거의 0점

을 맞았다. 재성이 허투하여 떠 있으니 돈이 없어 겨우 입에 풀칠
만 한다.

　병자(丙子)의 자운(子運)에, 자(子)는 병(丙) 살(殺)을 차고 있어
머리가 녹슨 것과 같다. 수(水)가 오면 금(金)이 가라앉아 주로 감
옥의 상이 된다. 금(金)이 물밑에 가라앉아 햇빛을 보지 못하니 감
옥의 상(象)이다. 그래서 5년 동안 여러 차례 감옥에 들어갔다.

9. 신(辛)의 상(象)

신(辛)은 장신구(首飾)의 금(金)이다. 하늘에서는 달(月)이 되고, 땅에서는 금(金)이 되며, 사람으로 보면 정밀함과 영활함을 뜻한다. 자주 사용하는 상(象)으로는 보석(珠寶), 옥기(玉器), 금 장식품(金飾品), 침(針), 필(筆), 동전(錢幣), 금융(金融), 정밀가공(精密加工), 법률(法律), 의약(醫藥), 환자(病人) 등이다.

신금(辛金)은 인체로 폐(肺), 피부(皮膚), 호흡기(呼吸道), 목구멍(喉嚨), 비강(鼻腔), 귀(耳朵), 근골(筋骨), 소리(聲音)가 된다.

 예1. 한의사

```
戊 己 辛 癸 (乾)
辰 巳 酉 巳
```

신유(辛酉)를 환자로 보고, 사화(巳火)는 음양을 서로 소통하여 신유(辛酉)의 양기를 도우니 그래서 의사(醫師)이다. 무진(戊辰) 겁재는 손을 뜻하고 유(酉)와 합(合)을 하니 환자의 맥을 짚는 상(象)이다. 진(辰)은 수고(水庫)이자 동방 목(木)의 여기(餘氣)이다. 무진(戊辰)이 유금(酉金) 식신과 합을 해 환자에게 탕약을 복용시키는 것을 표시한다. 신금(辛金)은 침을 뜻하니 이 사람은 침과 탕약을 병행하여 치료하는 훌륭한 한의사다.

10. 임(壬)의 상(象)

임(壬)은 강하(江河)의 水이다. 하늘에서는 운해(雲海), 땅에서는 강과 호수이며, 사람으로는 활달하고 제멋대로인 성향이다. 자주 사용하는 상(象)으로는 통달(通達), 연관(連貫), 책략(運籌), 운산(運算), 숫자(數字), 수채(水彩) 등이 있다.

명리의 응용에서 임수(壬水)는 숫자와 상관이 많고, 다른 조합을 더하면 회계사 직업이 되기 쉽다.

임수(壬水)는 인체에 있어 입(口), 방광(膀胱), 혈액(血液), 순환계통(循環系統)을 뜻한다.

예1. 회계사

```
壬 乙 丁 庚 (乾)
午 丑 亥 子
```

이 명조는 식신에 인성이 배치되고, 정임합(丁壬合)과 임오(壬午) 자합(自合)을 하니 개인의 재능이 회사에 사용될 수 있다는 뜻을 나타낸다. 임수(壬水)와 해수(亥水)는 숫자를 뜻하니, 그래서 회계 일을 한다. 그는 어느 큰 회사의 재무 총감독이다.

11. 계(癸)의 상(象)

계(癸)는 비와 이슬(雨露)의 수(水)이다. 하늘에서는 비(雨)가 되고, 땅에서는 샘물(泉)이 된다. 사람으로는 지모(智謀)와 원만함(圓滑)을 나타낸다. 자주 사용하는 상(象)으로는 눈물(眼涙), 수묵(水墨), 현학(玄學), 지업(智業), 모략(謀略), 미용품(美容品), 정제물(提純物), 양약(西藥) 등이 있다.

계수(癸水)는 인체에서 신장(腎臟), 눈(眼晴), 골수(骨髓), 뇌(腦), 정액(精液), 경혈(經血:월경), 진액(津液:침,타액) 등이 있다.

 예1. 학금양(郝金陽) 맹사(盲師)

丙 己 癸 庚 (乾)
寅 卯 未 午

인(寅)은 머리, 병(丙)은 눈으로 병(丙)에 계(癸)가 배치되면 눈과 눈동자와 같다. 화토(火土)가 너무 건조하면 계수(癸水)가 말라 버리니 두 눈이 실명되었다.

계수(癸水)가 미(未)에 입묘(入墓)하고 있는데[*], 기축(己丑)년에 폭탄에 의하여 두 눈을 실명하였다. 천간의 기토(己土)가 계수(癸水)를 극하고, 지지가 묘(墓)를 충(沖)하여 여니 응기(應期)이다.

● ● ● ●

* 12운성에서 계수(癸水)가 미(未)를 보면 묘지가 된다

왜 산명사(算命師)가 되었는가? 계(癸)는 현학(玄學)이고, 경금(庚金) 상관은 기능을 뜻한다. 상관이 재성을 생하니 일생 이것으로 생업을 삼았다.

제 2절   십이지지(十二地支)의 상(象)

1. 십이지지(十二地支)

봄, 여름, 가을, 겨울 4계절은 윤회(輪回)한다. 태양이 연중 지구를 비추는 각도가 달라지는 관계로, 북반구는 한(寒), 열(熱), 온(溫), 량(凉)의 기온 변화를 일으킨다. 즉 봄은 따뜻하여 주로 생(生)하고, 여름은 더워 주로 장(長)하며, 가을은 서늘하여 주로 수(收)하고, 겨울은 추워 주로 장(藏)한다. 십이지지의 상(象)은 이러한 사계절의 상(象)에 근거한 것인데 단지 더욱 세분화했을 뿐이다.

십이지의 유상(類象)과 십천간의 유상(類象)은 동일하여 한 사람의 직업을 보거나 어느 업종에 종사하는지에 대한 판단의 중요한 근거가 된다. 이것은 명리학의 핵심내용이다. 십이지의 유상(類象)은 우리가 일의 세부 사항과 사물의 발전 과정을 상세하게 풀어낼 수 있는 맥락의 근거를 제공한다.

2. 인(寅)의 상(象)

인(寅)의 상(象)은 갑(甲)과 유사하여 갑(甲)의 상(象) 거의 모든 특징을 갖추고 있다. 자주 사용하는 상(象)으로는, 목재(木材), 가구(家具), 전신주(電杆), 빌딩(高樓), 사당(堂廟), 회의장소(會所), 수령(首領), 공문(公門), 관청(官府), 포상(獎賞) 등이 있다. 그 외에도 화(火)를 포함하고 있기 때문에 그와 유사한 상(象)으로, 창탄(槍彈), 발동기(發動機), 동력(動力), 무장(武裝), 폭력(暴力)이 있다. 상(象)을 더욱 확장하면 고대(高大), 고귀(高貴), 생발(生發), 생기(生機), 초시(初始) 등이 있다.

인목(寅木)을 인체로 보면 머리(頭), 뇌(腦), 마음(心), 손(手), 사지(肢體), 간담(肝膽), 모발(毛髮), 손톱(指甲), 손바닥(掌), 경락(經絡), 맥(脈), 힘줄(筋), 신경(神經)을 뜻한다. 인목(寅木)으로 인해 발생하는 대부분의 병(病)은 중풍(中風), 두질(頭疾)이다. 동물로는 호랑이(虎), 표범(豹), 고양이(猫)를 나타낸다.

 예1. 은행자산 감독관리

丁　丙　丙　丁　(坤)
酉　寅　午　酉

인(寅)은 공문(公門)인데 양(陽)인 인(寅)이 지지(地支)에 앉아 있어 귀(貴)하니 공직에 있을 것이다. 두 개의 정(丁)이 유금(酉金) 재

성을 극주(克住)하니 재(財)를 관리하는 뜻이다. 유금(酉金) 재(財)
는 음의 재(財)이다. 오(午)는 양인(羊刃)으로 법을 집행하는 상(象)
이니, 실제로 은행에서 부실자산을 관리한다.

인유(寅酉)가 서로 절(絶)하니 결혼을 못했다. 결혼해도 오래가지
못한다.

3. 묘(卯)의 상(象)

묘(卯)의 상(象)은 을(乙)과 유사하여 을(乙)의 상(象) 특징을 갖고 있다. 묘(卯)는 음목(陰木)으로 목(木)의 성질을 나타내는 초목(草木), 원림(園林), 등나무줄기(藤條), 긴 막대(木條), 울타리(籬笆), 배(舟船) 등이 있다. 무릇 구불구불하고 부드러운 물건들은 모두 묘목(卯木)의 상(象)과 유사하다고 할 수 있다. 예를 들어 견사(絲線), 밧줄(繩索), 직물(織物) 등이 있다.

주로 사용하는 상(象)으로는 건재(建材), 강근(鋼筋), 문창(門窗), 파(波), 전파(傳播), 결탁·공모(勾連), 만연(漫延), 재정(理財:재산관리), 석방(釋放:에너지 방출), 신문(報刊) 등이 있다

묘목(卯木)은 인체로 보면 간담(肝膽), 사지(四肢), 팔뚝(手臂), 손가락(手指), 발목(腳腕), 목(脖子), 허리(腰), 힘줄(筋), 머리카락(毛髮)을 나타낸다. 묘목(卯木)으로 인해 많이 생기는 질병은 대부분 전근(轉筋:경련), 체통(體痛)이다.

동물로는 너구리(貉), 토끼(兔), 여우(狐)를 나타낸다.

예 1. 묘(卯)는 신문

乙 癸 甲 癸 (乾)
卯 丑 子 未

신문사의 고급기자이면서 편집인이다. 묘(卯)는 부드러운 종이를 나타내고 식신은 사상을 뜻한다. 생각을 종이에 쓰는 것이 되니 문장이다. 년(年)은 묘(卯)의 고(庫)이고, 묘미(卯未)가 공(拱)하여 년(年)부터 시(時)까지 연결되어 서로 통(通)한다. 그래서 신문사에 근무한다. 축(丑)은 살(殺)이고 권력이니 신분 지위가 있다는 것을 나타낸다.

 예 1. 묘(卯)는 밀가루 음식

壬 癸 癸 壬 (坤)
子 卯 卯 子

국수집의 여사장이다. 식신은 식사 혹은 음식을 나타내고, 묘(卯)는 면(麵)이며, 비겁은 손(手)을 나타낸다. 비겁이 양쪽 머리에 있으니 손을 이용해 밀가루를 쳐서 면발(국수)을 뽑는 상(象)이다. 자(子)가 묘(卯)를 파(破)하여 식신을 괴하니 현재까지 아이가 없다.

4. 진(辰)의 상(象)

진(辰)은 양토(陽土)인데 그 성질은 온습(溫濕)하다. 진토(辰土)의 본성을 나타내는 상(象)으로는 진흙(泥巴), 수고(水庫), 연못(池塘), 제방(堤岸), 우물(水井), 전원(田園)등이 있다. 수(水)의 고(庫)로써 안에 계수(癸水)를 포함하고 있으니 계·자(癸·子)와 상관된 상(象)을 인신(引申)하면 차량(車輛), 기계(機器), 계산기(計算機), 휴대폰(手機), 인터넷(網絡), 화공(化工:정밀하게 제순하는 것), 한약(中藥) 등이 있다. 진토(辰土)에 주로 사용하는 상(象)으로는 부동산(地産), 건축(建築), 감옥(牢獄), 한의(中醫), 대기구(大機構), 대시장(大市場) 등이 있다.

진토(辰土)는 인체에 있어서는 방광(膀胱), 신장(腎), 내분비(內分泌), 췌장(膵臟), 근육과 피부(肌膚), 어깨(肩), 가슴(胸), 배(腹), 위(胃), 갈비뼈(肋) 등이 있다.

진토(辰土)로 인해 응(應)하는 병(病)은 융폐(隆閉) 혹은 종양(腫瘤)이다. 동물로는 교룡(蛟), 물고기(魚), 용(龍)을 나타낸다.

戊 甲 丙 癸 (乾)
辰 辰 辰 卯

　자동차 운송회사의 사장이다. 갑진(甲辰)은 차의 상(象)인데 왜 차로 보는가? 진(辰)에 수(水)를 포함하고 있기 때문이다. 수(水)는 인성으로 차를 뜻하고, 자(子)를 장(藏)하고 있어 전동(轉動)을 뜻하며, 진(辰)은 또한 수고(水庫)로써 기계를 뜻하니 종합적으로 추리하면 자동차를 나타낸다. 진(辰)이 많아 연속해서 배열되니 그래서 자동차 운송회사이다. 원국의 묘진(卯辰) 천(穿)은 주공(做功)이 되니, 그래서 권력을 장악할 수 있다.

5. 사(巳)의 상(象)

사화(巳火)는 음의 위치에 자리하고 있지만 양을 장(藏)하고 있어 실제로 음화(陰火)의 특징이 비교적 뚜렷하다. 그 상(象)은 정화(丁火)와 비교적 비슷하여 문명·문화를 나타내며, 사화(巳火)의 상에는 문장(文章), 사상(思想), 환상(幻想), 무허(務虛), 현학(玄學), 중의(中醫)가 있다.

자주 사용하는 상(象)으로는 색채(色彩), 영상(影像), 아름다움(靚麗), 도형(圖像), 인터넷(網絡), 변화(變化) 등 이다. 사(巳)는 팔괘의 손괘(巽卦)와 같다. 그리하여 도관(道觀), 교역(交易), 변화가(鬧市)의 뜻도 있다.

사화(巳火)는 인체에 있어서는 심장(心腸), 삼초(三焦), 인후(咽喉:목구멍), 얼굴(面), 치아(齒), 눈(眼目), 신경(神經), 소장(小腸), 항문(肛門) 등이다.

사화(巳火)가 응(應)하는 대부분의 병(病)은 치통(齒痛), 안질(目疾)이다. 동물로는 뱀(蛇),지렁이(蚓), 바퀴(蟑)가 된다.

癸 丙 乙 庚 (坤)
巳 申 酉 申

병화(丙火)의 록(祿)은 사화(巳火)에 있고, 여자의 신체를 나타낸
다. 록(祿)이 재(財)와 합하고, 재(財)중에 관(官)을 차고 있어 그녀
는 비교적 제멋대로 행동한다. 남자 친구가 많고, 년월일시 모두
록(祿)과 관계가 있어 늙은이부터 젊은이까지 여러 종류의 남자들
이 많다. 사(巳)는 사상(식신 포함)을 나타내는데, 사화(巳火) 위에
계수(癸水) 관성이 있어 쉽게 허튼 생각을 할 수 있고, 또한 신(身)
에 귀신이 붙은 것을 나타낸다. 신운(辛運)에 정신병에 걸려 입원
치료를 받았다.

6. 오(午)의 상(象)

　오화(午火)는 양의 위치에 자리하고 있지만 음을 장(藏)하고 있어 양화(陽火)의 특징을 잘 드러내고 있는데, 그 상(象)은 병화(丙火)와 비슷하다. 화열(火熱)의 상(象)을 나타내는 것으로는 햇빛, 대열(大热), 화기(火器), 동력(動力), 야련(冶煉)이 있다. 자주 사용하는 상(象)으로는 광채(光彩), 전자(电子), 메시지(信息), 광고(廣告), 색채(色彩), 문자(文学), 언어(言語), 문장(文章), 열정(熱情), 격동(激動) 등이 있다. 또한 고혈압, 혈광(血光), 출혈(出血)의 뜻도 있다.

　오화(午火)는 인체에 있어서는 심(心), 소장(小肠), 눈(眼), 혀(舌), 혈액(血液), 신경(神经), 정력(精力) 등을 뜻한다.

　오화(午火)가 응하는 질병은 대부분이 심뇌혈관(心脑血管) 질병이다. 동물로는 노루(獐), 말(馬), 사슴(鹿) 등이 있다.

　🌀 예1. 좌종당(左宗棠)

庚	丙	辛	壬	(乾)
寅	午	亥	申	

　병오(丙午)일은 성격이 격렬하고 매우 직설적이다. 자신의 재능을 믿고 남을 깔본다. 칠살과 양인이 합을 하니 장교가 될 수 있었다. 해수(亥水)는 오화(午火)를 보면 절(絕)이 되고, 신(申)이 경(庚)

으로 변해 인(寅)에 절(絶)하며, 또한 겁살(劫煞)과 망신(亡神)에 임하여 아무리 강한 적이라도 그 기세를 다 꺾을 수 있으니 한 세대의 명장(名將)이 되었으며 청나라 말기에 중신(重臣)이 되었다.

7. 미(未)의 상(象)

미(未)는 음토(陰土)로써 그 성질은 건조하고 수렴하여 온화하면서도 화(火)가 아니다. 미(未)는 주식(酒食:술과 음식), 휴한(休閑:휴식,레저활동)의 뜻을 함유하고 있으며, 주요 상(象)으로는 전원(田園), 공원(公園), 정원(庭院), 과일(果實), 술집(酒店), 휴한(休閑), 정취(情趣), 악세사리(飾物), 음식(食物), 중약(中藥) 등이 있다. 토(土)중에 목(木)을 포함하고 있어 그 상(象)으로는 건축(建筑), 영조(營造), 발코니(樓台), 높은 담(高牆) 등이 있다.

미토(未土)는 인체로 비위(脾胃), 완(腕:손목·발목·팔목), 배(腹), 구강(口腔:입안), 기부(肌膚:피부), 척량(脊梁:등골뼈)을 뜻하며 또한 사람의 힘을 뜻하기도 한다. 미(未)는 주로 비(脾)이고, 비(脾)는 힘을 뜻하기 때문이다.

미토(未土)가 응(應)하는 질병은 신휴(腎虧:신장병), 눈병(眼疾)이다. 동물로는 들개(犴), 양(羊), 매(鷹)이다.

예1. 사기로 수감

```
己 辛 癸 壬 (乾)
未 酉 丑 子        33 23 13 3  (대운)
                  丁 丙 乙 甲
                  巳 辰 卯 寅
```

식신과 상관이 동시에 투(透)하여 하는 말의 전후가 일치되지 않는다. 더욱 중요한 것은 축토(丑土)가 식상을 합하고 또 신유(辛酉)를 묘(墓)한 것이다. 신유(辛酉)가 축(丑)을 보면 흑사회 조합이다. 식상이 왕투(旺透)하여 사상(思想), 언어(言語)를 주로 나타내니 사기범이다. 원국의 미(未)가 축(丑)을 충(沖)하여 묘(墓)를 열어 미(未)중의 재(財)를 취한다. 미(未)는 술집을 뜻하는 관계로 술집을 운영하여 소년시절에 집안을 일으켰다. 진(辰)운은 축미(丑未) 충을 괴하고, 축(丑)은 또다시 진(辰)에 입묘(入墓)하니 뇌옥의 상이다. 사기죄로 감옥에 들어갔다.

8. 신(申)의 상(象)

신(申)은 음(陰)의 시작으로 맑은 기운이 하강 하는 것을 관장한다. 기(氣)를 하강시키고 수렴작용을 하는 숙살과 냉엄의 기운이다. 신(申)은 양금(陽金)으로 금질(金質), 경질(硬質)의 물상(物象)을 나타낸다. 즉 철기(鐵器), 강철(鋼材), 칼(刀), 삽(鍤), 광산(礦産)이 된다. 금질(金質)의 중기(重器)는 모두 신상(申象)이라 할 수 있다. 예를 들어 기계(機器), 차량(車輛) 등이 있다. 주로 사용하는 상(象)으로는 군대(軍隊), 병기(兵戈), 정법(政法), 사법(司法), 율령(律令), 금융(金融), 이성(理性), 이과(理科) 또는 서양의학(西醫)이나 수술(手術)을 뜻한다.

신금(申金)을 인체로 보면 폐(肺), 대장(大腸), 뼈(骨), 척추(脊椎), 기관지(氣管), 식도(食道), 치아(牙齒), 골격(骨骼), 경락(經絡)을 나타낸다. 신금(申金)이 응(應)하는 대부분의 질병으로는 장질환(腸疾), 폐상(肺傷)이 많다. 동물로는 원숭이과로 원숭이(猴, 猿, 猱)가 있다.

예1. 은행장

庚	癸	戊	乙	(乾)
申	卯	子	巳	

43 33 23 13 3 (대운)
癸 甲 乙 丙 丁
未 申 酉 戌 亥

경신(庚申)은 거두어들이고 묘목(卯木)은 빌려줌을 뜻한다. 한쪽으로는 거두어들이고 한쪽으로 빌려주는 것이 되니 은행과 금융의 상(象)이다. 게다가 묘목(卯木) 식신은 재(財)의 원신(原神)이니 은행 돈의 근원과 원천이 된다. 묘신(卯申)합은 식신이 인성과 합을 하니 공(功)이 있다. 그래서 은행장이다. 갑신(甲申)운에 지점장으로 승진하였다.

9. 유(酉)의 상(象)

유(酉)의 상(象)은 신(辛)과 비슷하여 신(辛)의 상(象)의 모든 특징을 갖추고 있다. 따라서, 금질(金質)의 가벼운 용기는 모두 유(酉)의 상(象)으로 사용한다. 예를 들어 금석(金石), 옥기(玉器), 장신구(首飾), 검극(劍戟:칼), 삽·호미(鑯鋤), 그릇(器皿), 시계(鍾表), 손목시계(手表) 등이다. 유(酉)는 음중의 음으로 음의 성질이 아주 많은 사물을 나타낸다. 예를 들어 비석(碑碣), 사원(寺院), 은학(隱學), 현학(玄學), 간사(奸邪), 기녀(妓), 환자(病人), 죽은 사람(死人) 등을 뜻한다. 이것 외에 주로 사용하는 상(象)으로는 술집·호텔(酒店), 법률(法律), 기술(技術), 기교(機巧) 등이 있다.

유금(酉金)은 인체로 보면 폐(肺), 옆구리(肋), 소장(小腸), 귀(耳朵), 치아(牙齒), 골격(骨骼), 방광(膀胱), 정혈(精血) 등이다.

유금(酉金)이 응(應)하는 질병의 대부분은 골병(骨病), 혈질(血疾)이다. 동물로는 꿩(雉), 닭(雞), 새(鳥) 등이 있다.

⊚ 예 1. 율사(律師)

庚 丙 辛 己 (乾)
寅 午 未 酉

병신(丙辛)합하고, 신(辛) · 유(酉)의 재(財)를 취한다. 재(財)가 상관(傷官)을 차고 있는데 상관은 관(官)에 대항하는 뜻이 있다. 예를 들어 당사자의 입장에서 국가기관의 검사와 대항하는 것이 되니 변호사이다. 이것은 변호사 조합중의 하나로, 상관이나 식신을 사용하여 합법적으로 관(官)과 대항한다. 그래서 변호사가 가능하다.

10. 술(戌)의 상(象)

술(戌)은 양토(陽土)로써 따뜻하고 건조한 성질로 그 상(象)으로는 제련하는 가마(窯冶), 난로(爐), 성벽(城牆), 높은 절벽(高崖), 무덤(墳墓), 언덕(崗嶺)이 있다. 화고(火庫)이기 때문에 화열(火熱)과 관련된 상(象)을 도출해 낼 수 있다. 예를 들어 총탄(槍彈), 무기(軍火), 주유소(加油站), 발전소(電站), 동력(動力), 발동기(發動機), 자동차(汽車), 인터넷(互聯網), 탄광(煤礦), 실내 인테리어(室內裝潢) 등이다. 또 술(戌)의 상(象)을 확장해보면 송사(官司), 영화관(影院), 번화가(鬧市), 시장(市場), 가무(歌舞), 색정(色情) 등이 있다.

술(戌)은 무고(武庫)를 나타내는 외에 문고(文庫)를 나타내기도 한다. 화(火)는 주로 문(文)을 뜻하기 때문에 학교(學校), 편집부(編輯部), 교육부문(敎育部門) 등의 뜻을 나타낸다. 또한 술토(戌土)는 건축, 빌딩, 건재(建材), 화공(化工:난로종류 반영), 수학[술(戌)은 건위(乾位), 건(乾)은 수학]등의 상(象)이 있다.

술토(戌土)는 인체에 있어 심장, 심포(心包), 명문(命門), 등(背), 위(胃), 코(鼻), 근육(肌肉), 다리(腿), 복사뼈(踝足) 등을 뜻하며, 응(應)하는 병(病)은 대부분 위열(胃熱)로 인한 당뇨병이 많다. 동물로는 이리(狼), 개(狗), 늑대(豺)를 뜻한다.

예1. 모안영(毛岸英)

```
戊 乙 庚 壬 (乾)
寅 丑 戌 戌

            25 15  5 (대운)
            癸  壬  辛
            丑  子  亥
```

계축(癸丑)운 경인(庚寅)년에 폭탄이 터져 사망하였다. 술(戌)에
는 폭탄의 뜻이 있는데, 2개의 술(戌)에 인(寅)을 더하면 폭탄의 상
(象)이 형성된다. 을축(乙丑)은 을(乙)이 습토 위에서 자라는 이끼
이다. 지지는 온통 불에 그을린 토(土)인 관계로 불에 타 죽음을 당
했다. 축(丑)운은 자신의 도위(到位)이고, 인(寅)년은 술(戌)을 인동
(引動)하는 응기(應期)이다.

 예2. 대립(戴笠)

```
丁 丙 乙 丁 (乾)
酉 戌 巳 酉

            48 38 28 18  8 (대운)
            庚  辛  壬  癸  甲
            子  丑  寅  卯  辰
```

술(戌)이 유(酉)를 천하고, 투출한 2개의 정(丁)은 양인(羊刃)이
니 발사된 총알을 나타낸다. 유(酉)는 곧 피살된 사람을 대표한다.
그래서 그는 살인(殺人)을 직업으로 삼고 있다. 사술(巳戌)은 한 집

이 되어 술(戌)의 힘을 강화한다. 축(丑)운은 유(酉)가 왕(旺)해지고, 술(戌)이 유(酉)를 천하는 공량(功量)이 커져 살인을 많이 할수록 그의 관직이 크게 올라간다. 그래서 축(丑)은 좋은 대운이다. 경(庚)운 병술(丙戌)년에 항공사고로 사망하였다. 명(命)에 망신(亡神)이 있고, 원국에서 병(丙)이 유(酉)를 보면 태양이 지는 상(象)이라 수명이 짧다.

11. 해(亥)의 상(象)

해수(亥水)는 음(陰)의 위치를 점하면서 양(陽)을 장(藏)하고 있기에 음수(陰水)의 특징이 비교적 명확하게 나타난다. 계수(癸水)와 서로 접근하는 관계로 수(水)의 성질을 표시하는 상을 나타낸다. 여기에는 연못(池塘), 우물(井泉), 관개(灌漑), 붓과 먹(筆墨), 술(酒), 수산(水產), 습독(濕毒)이 있다. 술(戌)과 해(亥)는 팔괘(八卦)의 건위(乾位)에 있어 숫자를 나타낸다. 그래서 상(象)을 확장하면 숫자(數字), 운산(運算), 과학기술(科技) 등이 된다. 이 점은 임수(壬水)와 비슷하다.

해수(亥水)를 인체로 보면 머리(頭), 신장(腎), 방광(膀胱), 요도(尿道), 혈맥(血脉), 경혈(經血)이 된다. 해수(亥水)가 응(應)하는 대부분의 병(病)은 담습(痰湿), 간욱(肝郁)이다. 동물로는 돼지(猪), 곰(熊)이 있다.

 예1. 회계사

戊 庚 癸 戊 (坤)
寅 寅 亥 午

무(戊)는 직장이 되고, 계해(癸亥) 식상은 기능을 나타낸다. 무계합(戊癸合)은 자기에게 기능이 있어 직장에서 일할 수 있음을 뜻한다. 인해(寅亥)는 재(財)와 합하니 재무를 관리하는 회계사이다.

해수(亥水)와 관련된 회계 직업에는 몇 가지의 경우가 있는데, 해수(亥水)가 식상으로 재(財)와 합하거나 해수(亥水)가 재(財)인데 입묘(入墓)되거나 해수(亥水)가 재성 혹은 관성을 충(沖)으로 제(制)하거나 해수(亥水) 자체가 재성(財星)인 경우이다.

12. 재(子)의 상(象)

자수(子水)는 양의 위치를 점하면서 음을 장(藏)하고 있기에, 양수(陽水)의 특징을 나타내어 그 상(象)은 임수(壬水)와 서로 비슷하다. 해수(亥水)는 움직이지 않는 수(水)이고, 자수(子水)는 끊임없이 떠돌아다니는 수(水)이다. 그 상(象)으로는 하천(河流), 강과 바다(江海), 유동(流動), 유전(流轉)이 있다. 자수(子水)의 상(象)을 확장하면 바퀴(輪子), 회전(旋轉), 회전하는 기계(轉動的機器), 원형의 물체(圓形之物)가 있다. 자(子)는 동지(冬至)월로써 일양(一陽)이 처음 동(動)하니 시작과 근본의 뜻이 있다. 그리하여 상(象)을 확장하면 종자(種子), 세밀(細微), 미립자(微粒), 꼼꼼함(仔細), 근원(根源), 현학(玄學), 철학(哲學), 숫자(數字), 수학(數學)이 된다.

자수(子水)는 사람의 신체로 보면 신장(腎), 귀(耳), 방광(膀胱), 비뇨(泌尿), 혈액(血液), 정(精), 허리(腰), 목구멍(喉嚨), 귀(耳朵)가 된다. 자수(子水)로 인하여 많이 생기는 질병은 수액(水液) 혹은 혈액(血液)이다. 동물로는 박쥐(蝙), 쥐(鼠), 제비(燕)가 있다.

 예1. 이창호(李昌鎬)

戊 丙 癸 乙 (乾)
子 子 未 卯

자(子)는 작은 구슬과 같은 것이니 흑백(黑白)의 바둑돌을 뜻한다. 자미천(子未穿)은 연산 혹은 계산이나 전투를 대표한다. 자수(子水)가 공망(空亡)이라 허공(虛空)을 대표하니 바둑판에서 싸움을 벌이는 것을 의미한다. 투출한 계수(癸水)는 무토(戊土)에게 합(合)을 당하여 명예나 우승을 뜻한다. 17세 이후 신사(辛巳)운에 무토(戊土)가 왕지(旺地)를 얻으니 전 세계 바둑계를 제패하였다. 이때 수많은 세계 챔피언 트로피를 획득하였다.

 예2. 회계업 종사

己 戊 丁 壬 (坤)
未 申 未 子

정임(丁壬)이 서로 합(合)을 하고, 재성에 인성이 배치되어 직장이 있음을 나타낸다. 자(子)가 재성에 임하고, 미(未)는 비겁(比劫)으로 손을 뜻한다. 자미천(子未穿)은 마치 주판을 놓는 것처럼 구슬을 밀고 당기는 상(象)이니 계산을 뜻한다. 이것을 유추하면 회계직업이 된다. 신금(申金) 식신이 포국(包局)을 형성하여 빈위(宾位)의 재(財)를 생하니 자신의 재능을 사용하여 기업체에서 일한다. 그래서 회사에서 회계를 주관한다.

13. 축(丑)의 상(象)

축토(丑土)는 음토(陰土)로써 그 성질이 한습(寒濕)하여 음중(陰中)의 음(陰)에 이른 것이다. 토질(土質)을 뜻하는 상으로는 동토(凍土), 습토(濕土), 진흙(泥), 늪·습지(沼澤), 제방(堤防)이 있다. 음랭(陰冷) 외에도 어둠을 뜻하는 상(象)이 있는데 지하실(地下室), 하수도(下水道), 화장실(廁所), 갱도(礦井), 석탄(煤炭:색은 흑색), 무덤(墳墓), 감옥(牢獄), 흑사회(黑社會), 사정(私情:은밀한 정), 음란(淫亂), 현학(玄學), 맹인(目盲)이 있다. 이외에도 은행(銀行), 군영(軍營), 부동산(地産), 전원(田園) 등의 뜻이 있다.

축토(丑土)는 인체로 보면 배(腹), 비장과 위(脾胃), 근육(肌肉), 신장(腎), 자궁(子宮), 성기관(性器官)이다. 축토(丑土)가 응(應)하는 병(病)은 대부분 폐옹(肺癰:폐부스럼), 종양(腫瘤)이다. 동물로는 게(蟹), 소(牛), 거북(龜)이 있다.

예1. 가스중독 사망

辛 壬 己 辛 (坤)
丑 寅 亥 酉

16 6 (대운)
辛 庚
丑 子

신유(辛酉)와 신축(辛丑)은 인성으로 년시(年時)에서 포국(包局)

을 형성하여 집을 뜻한다. 축(丑)은 음암(陰暗)으로 집이 빽빽하여 바람이 통하지 않음을 표시한다. 인(寅)은 난방용 난로가 된다. 인(寅)이 해(亥)에게 합(合)을 당하여 난로불이 제대로 타지 않아 매연가스가 생겼다. 축(丑)운 을유년(乙酉年)에 겨울방학으로 집에 왔다가 매연가스 중독으로 사망하였다. 유(酉)년은 축(丑)을 인동하고 음(陰)이 중하여 양(陽)을 상하게 한다. 팔자에 음(陰)이 무리를 이루고 있고 양(陽)은 단지 하나이다. 모두 하나의 인목(寅木)에 의지하여 생명을 유지하는데 이것이 무너지니 수명이 단축된 것이다.

예2. 여자

庚 庚 乙 癸
辰 申 丑 丑

경신(庚申)은 폐(肺)로 축(丑)에 입묘하고, 축(丑)은 한습(寒濕)한 토(土)로 생기(生機)가 없다. 무진운(戊辰運) 십년동안 기침이 심하였고, 기(己)운은 축묘(丑墓)의 도위를 대표한다. 기축(己丑)년에 폐암이 발견되고 경인(庚寅)년에 경(庚)이 절지(絶地)에 이르니 병(病)으로 사망하였다. 여기서 축(丑)은 종양 덩어리 또는 종양을 대표한다.

생전에 경찰이었다. 이는 진토(辰土)가 2개의 축(丑)을 입묘(入墓)한 것으로, 양고(陽庫)가 음고(陰庫)를 제하는 공(功)이 있기 때문이다.

직업의 상(象)을 취하는 방법

상법(象法)은 명리의 핵심으로 직업의 상(象)을 취하는데 있어 여러 요소를 종합하여 판정해야 한다.

첫째, 간지(干支) 본신은 서로 잘 배합되어 있는 것으로, 간지조합 자체로 완전한 상(象)을 형성한다.

둘째, 간지(干支)와 십신(十神)을 종합하여 공동으로 상(象)의 뜻을 판정한다.

셋째, 간지(干支) 관계, 즉 간지의 역할과 변화를 통하여 상(象)의 뜻을 판정한다.

넷째, 전체적인 국상(局象)을 통하여 판정한다.

직업의 상(象)을 판정하는 것은 매우 복잡한 과제이다. 이제부터 실제 사례 분석을 통하여 상법(象法)으로 직업을 판정하는 사고방식과 요점을 상세하게 논술하고자 한다. 이는 명리학을 배우는 중요한 경로이다.

제2장

사업가

사업을 통해 부자가 되는 것

사업을 통해 돈을 버는 방법에는 두 가지가 있는데, 하나는 투자를 하여 창업하는 것과 또 하나는 회사를 설립하여 무역을 하는 것이다. 무역은 상품을 유통시켜 돈을 버는 방식의 하나로, 상품판매 대리점 등이 모두 이에 해당된다.

재부(財富)를 보는 구조

1) 재성(財星)은 당연히 재(財)로써 이때의 재부(財富)는 비교적 급별(級別)이 낮다. 돈은 삶의 원천으로 이는 기본생활에 필요한 것을 유지하는 정도의 돈을 의미한다.

2) 식상(食傷)을 재(財)로 볼 때는 재부(財富)의 급별(級別)이 비교적 큰데, 이는 식상(食傷)이 재(財)의 원신(原神)이기 때문이다. 지지(地支)의 식상(食傷)에 재성(財星)이 포함된 경우는 급별(級別)이 비교적 크다.

3) 관살(官殺)을 재(財)로 볼 때에는 재부(財富)의 급별(級別)이 가장 크다. 재(財)가 관살(官殺)을 생하기 때문에 재부(財富)의 등급이 높아진다.

4) 록(祿)도 재(財)로 볼 수 있는데, 록(祿)은 개인이 누릴 수 있는 재(財)를 의미한다.

사업하는 사주의 구조

1) 명국에서 재부(財富)를 대표하는 자(字)가 허(虛)와 실(實)의 관계로 변화하는 상(象)일 때, 즉 가치가 덜한 곳에서 그 가치를 필요로 하는 곳으로 팔릴 때를 말한다. 이는 사업하는 구조의 가장 일반적인 형태이다.

2) 재성(財星)이 변하여 관살(官殺)이 되면 재부(財富)의 급별이 비교적 큰데, 이를 관통재(官統財)라고 한다. 일주(日主)가 관살(官殺)을 공제(控制)할 수 있으면 대재(大財)가 된다.

3) 명국(命局)에 있는 충(沖)은 교환(交換)의 의사이다. 충(沖)은 본래 왕래호환(往來互換)의 뜻으로 비즈니스 거래를 나타낸다.

4) 인성(印星)은 규모(規模)를 표시하는데, 인성(印星)의 배합이 좋으면 재부(財富)가 방대(放大)해짐을 나타낸다.

제 1절 인테리어 도색기업

丙 丁 癸 丁 (坤)
午 亥 卯 酉   67 57 47 37 27 17 7 (대운)
              庚 己 戊 丁 丙 乙 甲
              戌 酉 申 未 午 巳 辰

이력

학력이 높지 않고 실내장식업(인테리어)을 한다.

분석

정(丁) 일주가 병오시(丙午時)에 태어나면 일주(日主)와 연체(連體)가 되므로, 화(火)는 체(體)가 되고 금수(金水)는 용(用)이 된다. 월령(月令) 계묘(癸卯)가 대상(帶象)으로 인(印)이 살(殺)을 이고 해묘(亥卯)로 합하여 주위(主位)에 이른다. 그러나 묘오(卯午)가 서로 파(破)하니 이것은 인(印)과 록(祿)이 파(破)하여 부서지는 상(象)이다. 여기서 묘(卯)는 일의 단위를 대표하는 까닭에 명주(命主)의 직장이 될 수 없다.

일주(日主)가 비록 묘(卯)의 좋은 것에 도달하지는 못했지만 계수(癸水)가 허투한 것은 길이다. 좌하(坐下)의 해관(亥官)은 관성(官星)으로 당연히 재(財)로 본다. 오해(午亥)가 합(合)하니, 그래서 발재의 명(命)이다. 정화(丁火)가 년에서 유금(酉金)을 공제할 수 있어 재부(財富)의 급별이 비교적 높다.

◎ 직업

팔자는 목화(木火)가 상생하고 병화(丙火)가 문호(門戶)에 이르니 그의 사업은 실내장식과 화장(化粧), 미관, 아름다움, 문화방면과 관련 있는 직업이다. 병화(丙火) 본신(本身)은 또한 아름다움을 나타낸다.

화(火)가 수(水)와 조합하면 화장(化粧)의 뜻이 있다. 그래서 그는 건축 공학에서의 회화(繪畫) 작업, 외벽 장식, 벽화, 그림 그리기 등을 하고 있다. 해(亥)는 잉크, 묘(卯)는 문자 및 문장을 뜻하고, 묘오(卯午)가 서로 파(破)하니 손을 사용하여 가공(加工)하는 뜻이다.

◎ 대운분석

▶ 을사(乙巳)운

이 운(運)의 사운(巳運)에 창업하여 돈을 벌었다. 사해(巳亥) 충(沖)으로 관(官)을 제(制)하고, 사유합(巳酉合)으로 재(財)를 제(制)하니 겁재(劫財)가 재(財)와 합하여 투자로 구재(求財)하는 것이다.

▶ 병오(丙午)운

이 운(運)은 재운(財運)이 아주 좋아 발재(發財)가 시작되고 사업 발전이 순탄하다. 록(祿)이 겁재를 차고 해수(亥水)와 합하니, 재

(財)가 나한데 오는 뜻이다.

록운(祿運)은 신고(辛苦)하고 고생이 많기는 하나 재운은 비교적 좋다. 단 병오(丙午)가 있어서 좋은 것이며, 겁재가 록(祿)에 앉으니 자기가 투자하여 사업을 발전시킨다. 병(丙)이 다른 위치에 앉았다면 겁재(劫財)가 좋다고 말할 수 없다.

▶ 정미(丁未)운

이 운(運)이 가장 좋은 운기(運氣)로, 이 운(運)에 발재(發財)한 것이 수십억 원이다. 정미(丁未)는 자신이 식신(食神)을 깔고 앉아 있는 것으로 미(未)가 이르면 정(丁)이 이른 것을 표시하며, 해묘미(亥卯未) 삼합(三合) 인국(印局)으로, 인성은 주로 방대이니 사업을 크게 했다.

나아가 미(未)운은 원국의 묘오(卯午)파의 문제를 해결했다. 왜냐하면 미(未)는 이미 묘(卯)와 합하고 오(午)와도 합하기 때문이다. 그래서 이 운에 수십억 원을 벌었다.

▶ 무신(戊申)운

무운(戊運)도 역시 좋았다. 신(申)운은 좋지 않은데, 이때는 하는 일이 마땅치 않다. 무운(戊運)은 무계(戊癸)로 상관(傷官)이 살(殺)과 합하니 재(財)를 얻는다. 신운(申運)은 신(申)이 금수(金水)를 왕(旺)하게 하고 묘(卯)를 부수기 때문이다.

무신(戊申) 대운 유년(流年)분석

• 기축(己丑, 2009)년

사업운이 좋지 않다고 예측했는데, 결과 또한 좋지 않았다.

축(丑)이 이른 것은 신유(申酉)가 이른 것과 같다. 축오(丑午) 천(穿)으로 오화(午火)를 괴(壞)하고 金을 입묘시켜 좋지 않은 운이다. 축오(丑午)로 록(祿)을 천(穿)하니 건강도 좋지 않다.

• 경인(庚寅, 2010)년

재운(財運)이 괜찮고 장사도 할만하다. 경(庚)이 이르면 대운(大運)의 신(申)이 허투(虛透)하여 좋게 된다. 깔고 앉은 인목(寅木)은 오화(午火)의 장생(長生)이고 해(亥)와 합하니 사업에 문제가 없다.

• 임진(壬辰, 2012)년

이 해는 좋지 않다고 예측하였다. 임(壬)이 이르면 해(亥)가 이른 것인데, 해(亥)가 천간으로 허투한 것이니 본래는 기쁜 것이나, 단왕(旺)한 것이 정화(丁火)와 합한다. 임(壬)은 정(丁)과 합하는 것을 꺼린다. 또한 신금(申金)이 도위(到位)한 것을 표시하는데, 진(辰)이 이르면 금(金)이 보호받음을 표시하고, 수(水)는 고(庫)로 들어가며 화(火)를 어둡게 하고 국(局)을 부순다. 묘진(卯辰)으로 묘(卯)를 천괴(穿壞)하는데, 묘(卯)는 직장이 되는 까닭에 다시 일을 할 수 없고 마땅히 물러나 쉬게 될 것이다.

🌑 결혼(婚姻)

2번 결혼하는 명(命)이다.

첫 번째 결혼은 계묘(癸卯)인데 싸우면서 세월을 보내고 서로 애정이 없다. 두 번째 결혼은 해(亥)로서 계(癸)와 해(亥)는 곧 2명의 남자이다. 오(午)는 정(丁)의 록(祿)으로 자신을 표시하는데 묘오파(卯午破)는 인(印)이 살(殺)을 이고 록(祿)을 깨니 첫번째 결혼한 남자와는 싸우면서 세월을 보내 사랑이 없다. 해오합(亥午合)은 여명(女命)에서 관(官)이 록(祿)과 합하는 것으로 두번째 혼인은 안정되고 남편과 사이가 좋다. 그녀는 경인년(庚寅年)에 비로소 남자를 찾을 것이라고 예측하였는데, 그 남자는 이혼남으로 아들을 데리고 온다.

신운(申運)은 무(戊)를 차고 오는데 무(戊)는 상관(傷官)으로 남자아이이고, 병무(丙戊)는 일가(一家)로 병(丙)이 자식궁에 있다. 경인년(庚寅年)의 결혼은, 경(庚)은 신(申)이 이른 것을 나타내고, 인해합(寅亥合)으로 부처궁(夫妻宮)과 부처성(夫妻星)이 합동(合動)하며, 인(寅)은 또한 인성(印星)이니 결혼증명서를 갖춘 정식 결혼이다.

🌑 육친(六親)

명주(命主) 자신은 딸을 낳는다.

오(午)중에는 기(己)를 내포하고 있는데, 기(己) 식신(食神)은 딸이다.

제2절 고급 가구기업

```
己 丙 甲 甲 (乾)
丑 午 戌 寅      72 62 52 42 32 22 12  2 (대운)
               壬 辛 庚 己 戊 丁 丙 乙
               午 巳 辰 卯 寅 丑 子 亥
```

◎ 이력

초중교육으로 학력이 낮으며 어린 나이에 일을 시작하였다.

◎ 해석

인오술(寅午戌) 삼합(三合)으로 화국(火局)을 이루어 축토(丑土)
인 재고(財庫)를 제(制)하는 주공(做功)을 하고 있다. 대부분의 부귀
한 명(命)은 모두 당(黨)을 이루거나 세력을 이루어 일방(一方)을 제
(制)하고 있다. 시상(時上)의 상관(傷官)은 문호에서 재고(財庫)에
앉아 있는데, 갑기(甲己)로 인성(印星)과 합(合)하고, 년(年)에 있는
인성(印星)은 점포가 되니 자기가 점포나 공장을 열려고 생각한다.
식상(食傷)이 인성(印星)과 합하면 자기가 투자하거나 장사하려고
상점을 열려는 의사이다.

🎯 직업

목화(木火)가 당국(黨局)을 형성하고 사목(死木)이 왕화(旺火)를 생하니 사목(死木)을 목재(木材)로 이해할 수 있다. 화(火)를 보는 것은 아름다움이고, 문호에서 기토(己土) 상관(傷官)을 보니 기예(技藝)를 표시하며, 고(庫)를 득함은 한 무리의 기술공들이 있음을 나타낸다. 상관(傷官)이 재고(財庫) 위에 앉았으니 전문기술이 있는 물건을 생산한다. 갑기합(甲己合)은 방대이니 큰 규모를 형성한다. 종합하여 판단하면 바로 가구의 상(象)을 표시할 수 있다. 원국의 술(戌)이 축(丑)을 형(刑)함은 고(庫)를 열고 고(庫)를 제(制)하니, 그래서 대운이 축(丑)을 제하거나 제압된 축(丑)의 출현을 기뻐한다.

🎯 대운분석

▶ **정축(丁丑)운**

경진(庚辰, 2000)년 이전부터 다른 사람 밑에서 가구 판매업을 하였다. 정(丁)운은 겁재로 다른 사람이니, 다른 사람을 도와 돈을 버는 것이다. 신사(辛巳, 2001)년에 자기가 심천(深圳)에 투자하여 가구점을 열어 계속 발재(發財)하였다. 신사(辛巳)년의 신(辛)은 축(丑)의 도위로 병신합(丙辛合)으로 재(財)와 합하니 자기가 투자하는 의사를 표시한다. 축운(丑運)은 재고를 여니, 그래서 발재이다. 정축운(丁丑運)에 결혼하는데, 결혼은 비교적 안정적이지만 밖에 애인이 있다.

▶ 무인(戊寅)운

무(戊)는 식신(食神)으로 인(寅)에 앉아 삼합(三合)으로 화(火)가 되어 재고(財庫)를 제(制)하는데 병화(丙火)는 무토(戊土)를 기뻐하니 이 운에 또 발재(發財)하였다.

▶ 기묘(己卯)운

기묘(己卯)운도 좋았는데 특히, 기운(己運)은 매우 좋았다. 갑기합(甲己合)의 응기이다. 가게를 유지하다가 묘운(卯運)에 이르러 접었다. 묘오(卯午)가 파(破)하니, 자기가 인성에게 파(破)를 당하여 행운이 불리해졌다.

◉ 혼인

원국에 드러난 재성(財星)이 없어 식상(食傷)으로 처(妻)를 삼아 술(戌)이 부인이 되는데 부처궁과 삼합(三合)이 되니 혼인에 문제가 없다. 오(午)는 부처궁인데 기(己)로 투(透)하니 또한 여인이며 도화(桃花)이고, 기축(己丑)은 도화(桃花)가 아주 많은 것이다. 왜냐하면 기토(己土)가 재고(財庫) 위에 앉았고, 축오천(丑午穿)은 그로 인해 돈을 쓴다는 의미이기 때문이다.

◉ 성격

팔자에 병화(丙火)가 왕(旺)하고 대부분 양(陽)인데 오직 축(丑)만이 음(陰)이다. 병화(丙火)는 왕(旺)한 것을 두려워하니, 이 사람은 성질이 급하여 남과 의논하지 않고 독단적으로 행동하며, 남성적이고 하는 일에 과단성이 있으며 담대하게 일을 처리한다. 시(時)에 상관(傷官)이 떨어져 있어 머리가 아주 좋고, 상관(傷官)이 인성(印星)과 합하여 두뇌가 있고 일을 잘 처리하며, 하고자 하는 일은 망설이지 않고 곧 바로 처리할 것이다.

제 3절 건축 · 건재 · 호텔업

壬 癸 戊 丁 (乾)
戌 酉 申 未　　80 70 60 50 40 30 20 10 (대운)
　　　　　　　　庚 辛 壬 癸 甲 乙 丙 丁
　　　　　　　　子 丑 寅 卯 辰 巳 午 未

🔵 이력

학력은 대졸이고, 병오운(丙午運)에는 국가기관에서 일했지만 그는 거기서 일하는 것을 좋아하지 않았다. 을사운(乙巳運) 무인(戊寅, 1998)년에 사직하고 자신이 투자하여 사업을 시작하였다. 처음에는 가정용 전기와 건재(建材) 및 인테리어 사업을 차렸고, 이후에는 에어컨 설치 등의 사업도 하였다.

을운(乙運)의 재운(財運)은 보통이고 사운(巳運)의 재운(財運)은 비교적 좋아 발재(發財)하였다. 을유(乙酉年, 2005)년에 또 투자를 크게 하였다. 맵고 얼큰한 중국식 닭 샤브샤브 술집과 양고기 샤브샤브점도 열었다. 장사가 잘되어 지금까지 수억 원을 벌었는데, 정해(丁亥, 2007)년에 예측하기를 투기사업을 벌일 거라고 판단하였다. 그는 도박을 좋아하지만 십중팔구는 잃는 편이다.

이 사람의 혼인은 안정적이지만 도화가 많다. 진운(辰運)이 좋을 것이라고 예측하였는데, 재고(財庫)를 충개(沖開)하여 발재(發財)하니 벤처회사나 부동산에 투자할 것이다.

해석

팔자가 재포국(財包局)의 주공(做功)인데, 술(戌) 재고(財庫)와 미(未)가 신유(申酉) 인성(印星)을 제(制)하지만 인성(印星)을 제(制)하는 것이 좋지 않기 때문에 당관(當官)하지 못한다. 술(戌)이 무(戊)로 변하여 허투하고 관성이 신(身)과 합하니 무(戊)를 당연히 재(財)로 보며, 무신(戊申)은 인(印)이 관(官) 모자를 쓴 것으로 월령(月令)에 있으니 국가단위를 대표한다. 만일 팔자가 임술시(壬戌時)에 태어난 것이 아니라면 공직으로 갈 가능성이 있다. 그러나 술(戌)은 재고(財庫)이며 무(戊)도 또한 재(財)의 뜻이니 자기가 추구하는 것이 재(財)임을 표시한다.

미(未)는 인(印)을 제(制)할 주공(做功)이 안 되고 정재(丁財)로 투(透)하여 겁재(劫財)와 합한다. 정임합(丁壬合)으로 임(壬)이 시(時)에 있고 또 겁재(劫財)이니 손이나 마작(트럼프)을 대표한다.

겁재(劫財)와 재(財)가 합(合)하면 투자(투기)나 도박을 좋아하는데, 정(丁)은 미(未)의 재(財)를 표시하며 주공(做功)은 하지 않고 술(戌)을 형(刑)하며, 술(戌)이 공신(功神)이 될 때에는 미(未)가 와

제2장 사업가 _79

서 형(刑)하는 것을 꺼리는 까닭에 그는 도박을 하면 돈을 따지는 못할 것이다.

무재(戊財)가 인(印) 위에 앉았는데 임(壬)은 신(申)의 상(象)을 표시하고 문호에 떨어져 있으니 임계(壬癸)가 모두 인(印) 위에 앉아 있는 뜻이다. 이것은 여러 가지 종류의 사업을 하는 뜻으로 회사나 가게를 여는 것을 표시한다.

재고(財庫)가 열려 발재(發財)하는 명(命)이다. 무신(戊申) 월령(月令)은 인(印)이 관(官)을 차고 일주(日主)와 합하니 전에 직장이 있었음을 표시한다. 그러나 유술(酉戌) 천(穿)으로 오래하지 못하거나 일하려고 생각하지 않고, 자신이 나와서 투자하여 사업하려고 생각한다.

◎ 직업

팔자 원국은 2개의 가게 혹은 회사를 열수 있다. 왜냐하면 2개의 인성이 있고, 유금(酉金)이 수(水)를 보면 본신이 바로 호텔, 식당, 음식 등의 상(象)을 차고 있는 것이다. 월령의 신(申)이 무(戊)를 찬 것은 술토(戌土) 재고로부터 온 것이고, 술(戊)은 본래 장식, 건축, 건재의 상(象)이 있다. 술(戊)은 또 화고(火庫)로 전기를 표시한다. 그래서 이 사람은 가정용전기와 건재(建材)로 회사를 열었다.

▶ 병오(丙午)운

병(丙)이 이르는 것은 무(戊)가 이른 것과 같으며, 월령(月令)의 재(財)인 까닭에 월급을 받는다.

▶ 을사(乙巳)운

을(乙)이 이르면 미(未)가 이른 것을 표시하지만 공(功)이 없다. 사(巳)는 술(戊)에서 나온 것으로 신(申)과 유(酉)와 합하니 재(財)가 인(印)과 합하면 투자하여 사업하는 뜻이다.

• 무인(戊寅, 1998)년에 인신충(寅申沖)으로 월령의 인(印)을 충파(沖破)하는데, 식상(食傷)이 인(印)을 충(沖)하니 사직을 하고 사업을 한다. 무계합(戊癸合)은 투자하여 사업하는 뜻이다. 이 운에 발재한 것은 사(巳)는 무(戊)를 표시하고 주공을 한다. 그래서 수억 원을 벌었다.

▶ 갑진(甲辰)운

아주 좋아 발재(發財)한다. 다만 갑운(甲運)에는 발재(發財)하지만 진운(辰運)에는 잘 안 된다. 갑(甲)은 식상(食傷)으로 무(戊)는 갑(甲)을 보는 것을 좋아하니 부동산업을 하려고 한다. 현재 그러한 생각을 갖고 있으니 진운(辰運)에 이르면 실행에 옮길 것이다.

- 을유(乙酉, 2005)년에는 사유합(巳酉合)으로 또 술집을 내었는데, 을유(乙酉)는 인성(印星)이 식신(食神)을 끼고 온 것으로 을(乙)은 미토(未土)가 되고 미(未)는 또한 술집의 뜻이 된다.

- 정해(丁亥, 2007)년에는 장사가 아주 잘 되어 재운(財運)이 괜찮았는데, 다만 도박을 하면 절대 안 되며, 한 번 도박하면 많은 돈을 잃게 된다. 왜냐하면, 정해(丁亥)가 자합(自合)하기 때문으로 정(丁)은 재(財)가 허투(虛透)하여 겁재(劫財)와 합하여 달아나기에 도박보다는 장사를 하여 돈을 벌어야 한다.

- 무자(戊子, 2008)년에는 투자하면 안 되는데, 당시의 예측으로는 그가 2008년에 투자할 것이지만 운기(運氣)가 좋지 않아 파재(破財)할 것이라고 보았다. 결과적으로 투자가 성공하지 못하였고, 투자한 것도 회수하지 못하고 결국 반년 만에 손해만 보고 그만 두었다.

  왜냐하면 무자합(戊子合)은 본래 록(祿)이 재(財)와 합한 것으로 무(戊)를 재(財)로 보는데, 자신의 돈을 투자하였으나 자(子) 록(祿)이 신(申)과 공(拱)하고 유(酉)를 파(破)하니 자(子)는 자기를 대표하지 않고 반대로 다른 사람을 대표한다. 그래서 무자(戊子) 자합(自合)은 바로 파재의 뜻이다.

- 기축(己丑, 2009)년 또한 재고(財庫)가 삼형(三刑)을 범하여 좋지 않으니 최선을 다해 관리하라고 하였는데, 사업하면서 관료와 시비를 야기하여 파재(破財)하였으며, 결과적으로 회사의

건재(建材) 사업이 잘 되지 않았고 공정(工程)에서 품질 문제가
나와 사람들의 고발로 손해배상을 해주었다.

- 경인(庚寅, 2010)년에는 좋아져서 문제가 없으며 신경 쓸 필요
가 없다. 이유는 인술(寅戌)이 재(財)를 공(拱)하고 신(申)을 충
(沖)하여 재(財)가 나를 찾아오는 의사이다.

◎ 혼인

팔자가 재포국(財包局)이니 혼인에는 별 문제가 없을 것이다. 다
만 부인의 감시가 심하다. 남명(男命)은 정관(正官)이 자신(自身)과
합하면 딸을 낳는다.

제 4절 부친의 사업을 계승

```
辛 丙 壬 甲(乾)
卯 申 申 寅       75 65 55 45 35 25 15 5 (대운)
                庚 己 戊 丁 丙 乙 甲 癸
                辰 卯 寅 丑 子 亥 戌 酉
```

🌑 간단한 이력

고졸의 학력으로 술운(戌運) 갑술(甲戌, 1994)년에 일을 시작하였는데, 처음에는 다른 사람들의 일을 해주었다.

을해운(乙亥運) 무인(戊寅, 1998)년에 일을 그만 두고 아버지 사업을 인수하였는데, 아버지는 자동차 대여, 건축 자재, 부동산 등에 대한 사업을 하고 있었다. 그는 여러 점포를 운영하고 있었는데, 재운(財運)은 비교적 안정적인 편이었지만 큰 돈은 벌지 못하였다.

해운(亥運) 갑신(甲申, 2004)년과 을유(乙酉, 2005)년에는 투자가 순조롭지 못하여 사업에서 돈은 파재했으며, 병운(丙運)에 이르러서는 보통이었다.

🌑 해석

묘신(卯申)으로 재(財)와 인(印)이 합하여 주공(做功)한다. 문호에 인(印)이 재(財)를 차고 신(身)과 합하는데 인(印)은 가게를 나타낸다. 인(印)이 재성(財星)을 차고 신(身)과 합하면 거의 모두가 가게를 열어 장사를 한다.

월령에 재(財)가 살(殺)을 차고 있는 것은 부친이나 조상의 재(財)인데 복음(伏吟)으로 주위(主位)에 이르니 조업(祖業)을 계승한다.

년(年)에 인목(寅木) 인성(印星)을 본 것은 일찍이 직장생활을 하였음을 의미하는데 인신충(寅申沖)으로 오래하지 않았음을 표시한다. 묘(卯)가 신(申)과 합한 것은 직업을 전환하는 것을 표시하고, 병신(丙辛)으로 재(財)와 합(合)한 것은 자기가 사업하는 것을 표시한다.

◎ 직업

팔자가 인(印)이 재(財)를 포주(包住)하는 국(局)인데, 인(印)이 년(年)과 시(時)의 문호에 있으니 본신(本身)은 차량이나 주택 등에 관련이 있다. 신금(申金)은 금속, 건축자재, 운송수단 등의 상(象)이고, 년(年), 월(月), 일(日)의 역마(驛馬)가 모두 충(沖)을 만난 까닭에 렌터카와 하드웨어 건축자재로 사업하는 것이며, 신금(辛金)은 작은 금속이 된다.

◎ 대운분석

▶ 갑술(甲戌)운

묘술(卯戌)로 식신(食神)이 인(印)과 합하니 자기가 직장에 들어감을 표시한다. 갑술(甲戌, 1994)년이 사업을 시작하는 응기이다.

▶ 을해(乙亥)운

천간에 투출한 을(乙)은 쓸모가 없으며 해운(亥運)은 나쁘다. 인해합(寅亥合)과 신해천(申亥穿)은 인신충(寅申沖)의 주공을 방해한다. 여기서 인신충(寅申沖)은 교역의 의사로 물건을 내다 파는 것인데 해운(亥運)은 충(沖)을 괴한다. 그래서 이 운은 보통 운에 속한다.

▶ 병자(丙子)운

일주(日主)가 살(殺)에 앉아 제(制)할 수 없고 자(子)가 파(破)를 하니 이 운은 좋지 않다고 본다.

☺ 유년분석 ──────────────────────────────

• 무인(戊寅, 1998)년은 을해운(乙亥運)의 을운(乙運)으로 행한다. 인신(寅申)으로 인성을 충(沖)하니 직장을 그만 둔다. 인신충(寅申沖)이 월령에 도달하고, 월령은 부친을 대표하니, 부친의 사업을 승계하는 의사이다. 실제로 도심의 한 구역에서 가옥 등의 부동산을 도급받아 일을 하고 있고, 본인은 관리를 담당하고 있다.

• 갑신(甲申, 2004)년, 을유(乙酉, 2005)년은 재(財)가 인(印)을 충(沖)하니 모두 투자의 상(象)인데, 다만 대운이 좋지 않아 투자하는 것이 순조롭지 못하여 파재(破財)할 것이다. 을유(乙酉)년에 을(乙)은 묘(卯)가 허투(虛透)하는 것을 표시하며, 묘유충(卯酉沖)으로 묘(卯)가 부서지고 갑신(甲申)년도 해(亥)를

천(穿)하니 불리하다.

- 무자(戊子, 2008)년은 식신이 관과 합하여 식신이 관을 제(制)
하는 뜻이 있어 또한 투자하는 상(象)이지만 자묘(子卯)가 서로
파(破)하는 것이 기쁘지 않다. 그래서 불리하다.

- 기축(己丑, 2009)년은 갑기(甲己)가 합하고 인축(寅丑)으로 재
고(財庫)와 인(印)이 합하는데 축(丑)이 이르면 신(申)이 이른
것이다. 오금(五金) 및 택시사업에 크게 투자하였는데, 년(年)
의 인성은 역마성이고 신(申)은 또한 차량의 상(象)을 표시하니
가게를 확대할 것이다.

- 병자운(丙子運)의 자(子)운은 문호의 묘인(卯印)을 파(破)한다.
문호에 있는 정인(正印)인 묘(卯)가 재(財)를 차고 있어 부동산
방면의 상(象)인데 파(破)는 그러한 일을 하지 않는 것을 표시한
다. 그러므로 을해(乙亥)와 병자(丙子) 2개의 대운은 모두 좋지
않으니 투자하여 돈을 벌려고 해서는 안 된다.

◎ 혼인

신금(申金)이 부인인데 무인(戊寅, 1998)년에 인신충(寅申沖)으
로 부부궁에 이르니 상대와 함께 살았다. 기묘(己卯, 1999)년에 결
혼하였는데, 갑기(甲己)로 인성(印星)과 합하고 묘신합(卯申合)으
로 처성(妻星)이 동(動)한 까닭에 결혼증서를 받았다. 부부궁도 안
정된 까닭에 결혼에는 아무런 문제가 없다. 임오(壬午, 2002)년에
딸을 낳고 을유(乙酉, 2005)년에 아들을 낳았다.

제 5절 의류 도매업

```
辛 戊 戊 癸 (坤)
酉 子 午 丑      75 65 55 45 35 25 15  5 (대운)
                丙 乙 甲 癸 壬 辛 庚 己
                寅 丑 子 亥 戌 酉 申 未
```

◉ 간단한 이력

  기축(己丑, 2009)년 여름에 산명(算命)하러 왔다. 이 사람의 학력
은 중·고등학교로 그리 높지 않다. 그는 이전에 돈을 벌기 위해 여
러 가지 일을 하였는데, 경진(庚辰, 2000)년에 자신의 비디오 가
게를 열어 불법복제 CD를 파는 소매업을 하였다. 결과적으로 조
사를 당하여 물건을 빼앗기고 본인도 5개월 동안 구금되었다. 그
당시 수억 원을 잃은 데다 상병재(傷病災)까지 얻었다. 임오(壬午,
2002)년 이후 의류 도소매업에 투자하기 시작하여 현재 광주(廣州)
에 2개의 조그만 점포가 있다.

◉ 해석

  팔자에서 일주(日主)가 재(財)와 합하는데 재(財)가 중(重)하지만
월령이 비견을 보아 일주(日主)의 부담을 줄여준다. 월령의 오(午)인
성이 재(財)를 충하는데 인(印)은 규모가 큰 기업을 뜻하므로 이 조

합은 사업을 하여 돈을 버는 구조이다. 인(印)이 재(財)와 합(合)하거나 충(沖)을 하면 모두 사업을 하고자 하는 뜻이 있다.

◎ 성격

시상(時上)에 상관(傷官)이 떨어졌으니 말을 잘한다. 그러나 상관(傷官)이 주공하지 않고 오유(午酉)가 서로 파(破)하니 본인의 성격이 좋지 않음을 뜻한다. 말할 때는 항상 크게 말하고 생각 없이 말을 해댄다. 유(酉)가 오(午)를 파(破)하고, 오(午) 인성은 심성이고, 팔자의 유일한 양(陽)이다. 오유파(午酉破)는 심성이 좋지 않고 문제를 일으키는 사람이다. 왕한 축(丑)이 정인을 천(穿)하여 엎어버리니 그래서 인품이 좋지 않아 사람들도 싫어하고, 비교적 이기적인 사람이다.

◎ 직업

단순하게 보면 이 명조가 왜 의류사업을 하는지 판단하기가 어렵다. 년상의 재(財)에 문호의 상관이 더하니, 인성을 포국하는 의사이다. 인성이 화(火)이니 또한 아름다움의 의사이다. 팔자가 목화운(木火運)으로 가는 것을 기뻐하니, 목화(木火)에 관한 직업이 적합하다. 다만 의류뿐만 아니라 가정용 전기제품이나 미용방면의 사업도 가능한데, 왜냐하면 팔자가 화(火)를 이용하여 공을 베푸는 것이기 때문이다.

▶ 신유(辛酉)운

신유(辛酉)운은 좋지 않은데 유(酉)가 오(午)를 파(破)하고, 경진(庚辰)년에는 상관운으로 가므로 진(辰)이 와서 상관을 합동(合動)하여 묘(墓)로 들어가게 하고, 축(丑) 상관고(傷官庫) 또한 묘(墓)로 들어간다. 상관이 묘(墓)에 들어가면 본신(本身)이 자유를 잃게 되는 뜻이며, 팔자의 유일한 양(陽)도 파괴를 당하는 까닭에 이 관(官)은 곧 뇌옥이다. 당시에 판단하기를 상병재(傷病災)가 아니고 관재(官災)라고 판단하였다. 왜냐하면 식상이 입묘하면 자유가 없기 때문이다. 계축(癸丑)은 남편인데 계축(癸丑)이 모두 진묘(辰墓)로 들어가니 남편이 감옥에 들어가고 자신도 연루되어 고생하였다.

▶ 임술(壬戌)운

원국(原局)에 있는 재(財)는 꺼리는 것인데 운(運)에서 허투(虛透)하니 길(吉)이 되므로 이때는 좋은 운(運)이다.

- 기축(己丑)년은 겁재가 축(丑)에 앉고, 자축합(子丑合)은 투자하는 뜻을 표시한다. 그러나 겁재가 높이 투(透)한 까닭에 사업이 일반적이며, 이 유년은 투자하기가 적합하지 않고 벌어도 돈이 들어오지 않는다.

- 경인(庚寅, 2010)년은 재운(財運)이 좋은데 인오술(寅午戌) 삼합(三合) 화국(火局)으로 살(殺)을 화(化)하여 인성을 생조하기 때문이다.

◎ 혼인

계축(癸丑)이 첫 번째 혼인 대상인데, 축오천(丑午穿)으로 인성을 천(穿)하는 까닭에 결혼증명서가 없다. 자(子)가 두 번째 남편으로 임오(壬午, 2002)년에 만났다. 그들은 서로 교제하고 있었기 때문에 이혼하자 곧 결혼하였다. 두 번째 혼인은 좋다. 상관(傷官)은 남자 자식인데, 상관이 병(病)이니 자식은 재목이 안 된다.

제6절 소규모 무역상

```
戊 庚 甲 戊 (乾)
寅 戌 寅 申    78 68 58 48 38 28 18  8 (대운)
             壬 辛 庚 己 戊 丁 丙 乙
             戌 酉 申 未 午 巳 辰 卯
```

🌀 간단한 이력

홍콩 사람으로 정해(丁亥, 2007)년에 예측하였다. 진운(辰運)에 남의 밑에서 무역업을 하였고, 사운(巳運) 경진(庚辰, 2000)년부터 자기가 직접 베이징에 가서 판매 및 설치를 하면서 전기제품을 수출입하는 회사를 열었다.

을유(乙酉, 2005)년 이전에는 사업이 좋았으나 무운(戊運) 이후에는 수익이 감소하기 시작하였다. 정해(丁亥, 2007)년에 여러 기업으로부터 주문을 받으려고 했는데, 내가 예측하기를 그게 이루어지지 않을 것이라고 하였다. 결국 좋지 않게 되었다.

기축(己丑, 2009)년에 투자하고 싶어 하는 신규 사업이 있는데 어찌하는 게 좋겠냐고 묻길래 오운(午運)에는 투자하기에 적합하지 않으니 하지 말라고 하였다. 평온하게 발전하는 것이 최고 좋다고 하였다. 본인은 불교문화 연구를 전문적으로 한다.

해석

일간 좌하(坐下)의 관살고(官殺庫)가 열리지 않았고 재(財)가 왕(旺)한데다 관성(官星)을 공합(拱合)하고 있으니 일반적으로 이러한 종류의 조합은 당관(當官)할 수 없다. 왜냐하면 관살고(官殺庫)가 열리지 않았고 제(制)되지 못했으며, 무토(戊土) 인(印)이 재성(財星)을 깔고 문호에 떨어졌기 때문인데, 무(戊)는 인성(印星)이니 집이나 회사 등을 표시한다. 또한 월과 시로 재포국(財包局)이 되는 까닭에 회사를 열어 사업하는 것이다. 팔자는 인신충(寅申沖)에 의지하여 주공하는데 록(祿)이 재(財)를 충(沖)하고, 역마가 충을 만나 세계를 뛰어다니면서 비교적 신고(辛苦)하게 돈을 번다. 인신충(寅申沖)은 사업조합이다.

직업

년과 시에 무토(戊土)가 포국(包局)하였는데 무(戊)는 술고(戌庫)가 천간(天干)에 투(透)한 상(象)이며, 술(戌)은 전기나 부동산, 오락 등의 상(象)이다. 월시의 재(財)가 역마성(驛馬星)을 만나고 년의 신금(申金)은 전송(傳送)을 대표하며, 년은 또한 원방(遠方)이고 인신충(寅申沖)을 하니 대외로 진출하는 상이다. 따라서 전기방면의 무역을 하는 상이다. 무토(戊土) 편인(偏印)은 천간에 투하여 규모를 나타내니 사업을 크게 벌인다.

▶정사(丁巳)운

정(丁)이 투(透)하는 것을 기뻐하지 않아 정운(丁運)은 평평하다. 사운(巳運)은 사신합(巳申合)을 기뻐하여 공(功)이다. 단 인사신(寅巳申) 삼형(三刑)을 범하여 인신충(寅申沖)의 공(功)을 깨니 금전운이 매우 순조롭지 못함을 나타낸다.

▶무오(戊午)운

이 운도 효익(效益)이 좋지 못하다. 무(戊)가 오화(午火) 관살(官殺) 위에 앉았고, 인오술(寅午戌) 삼합(三合)이 살국(殺局)으로 살(殺)을 제(制)하지 못하고 원국에 화(火)가 많으니 좋지 않다. 오운(午運)에는 투자를 하면 안 되는데, 오(午)와 신(申)은 공이 없다. 무(戊)가 생왕(生旺)을 얻어 회사의 규모는 커지지만 수익은 떨어질 것이다.

◉ 유년분석

• 정해(丁亥, 2007)년은 인해(寅亥)로 식상이 2개의 재성(財星)과 합하니 합작하여 재(財)를 얻는 것을 표시한다. 그러나 정관(丁官)이 투출(透出)하는 것은 기쁘지 않은 까닭에 비록 합작은 좋으나 돈은 들어오지 않는다. 만일 정해(丁亥)가 아니고 정(丁)을 다른 글자로 바꾼다면 결과는 달라질 것이다.

• 기축(己丑, 2009)년은 비록 재운(財運)은 좋으나 파재(破財)가 많다. 축(丑)은 신(申)을 대표하므로 축술형(丑戌刑)으로 재

고(財庫)를 열어 득재(得財)하는 뜻이다. 그러나 재(財)를 얻는 것은 없고 대운(大運)이 오운(午運)으로 가는데, 오화(午火)가 태왕하여 유년의 천(穿)으로 인동(引動) 당하고, 관살 오화(午火)는 도적, 소인배, 관비(官非), 상병(傷病) 등을 나타낸다. 관살 오화(午火)를 인동(引動)하니 나쁜 것임에 틀림없다. 과연 이 해에 병(病)을 얻었다.

팔자 원국에서 목(木)이 화고(火庫)를 보는데다 화운(火運)으로 달리니 지나치게 왕(旺)하여 흉하다. 음양이 균형을 잃어 음이 양을 받아들이지 못하니 간열(肝熱)이 상승하여 머리가 어지럽고 정신이 맑지 않으며 우울증에 걸렸다. 병원에서는 당뇨병이라고 하였는데, 나는 아니라고 하였고, 오운(午運)이 지나면 괜찮아질 것이다.

• 경인(庚寅, 2010)년은 건강이 아주 좋지 않은데, 삼합(三合) 화국(火局)을 제(制)하지 못하였기 때문이다. 기운(己運)은 발재(發財)할 것이라고 예측하였는데, 갑기합(甲己合)은 바로 재(財)가 인(印)과 합하니 투자하는 뜻이기 때문이다.

◉ 혼인

혼인은 안정되고 2명의 딸을 둔다. 재성(財星)이 부처궁을 포국(包局)하니 결혼이 아주 좋으며, 정관(正官)은 딸이 된다.

제 7절 가구업

```
庚 丙 庚 辛(乾)
寅 子 子 丑    71 61 51 41 31 21 11  1 (대운)
              壬 癸 甲 乙 丙 丁 戊 己
              辰 巳 午 未 申 酉 戌 亥
```

🌀 간단한 이력

초등학교 학력으로, 10대에 학교를 그만두고 목공생활을 하였다.
술운(戌運)부터 병신운(丙申運) 전까지 목공일을 하였다. 80년대에
가게(家計)가 나쁘지 않아 2층짜리 건물을 지을 수 있었다. 병신(丙
申)운으로 달리자 자기가 공장을 열어 수십억 원을 벌었다. 을미운
(乙未運)에 이르러서는 가족들과 함께 유리공장, 화학공장, 목재공
장 등 4개의 공장을 열었다.

🌀 해석

이 팔자는 금수(金水)가 당(黨)을 이루고 단지 하나의 인목(寅木)
인성(印星)만이 양(陽)인 독양(獨陽)의 팔자이다. 재(財)와 합하는 일
주(日主)가 신약(身弱)하면 궁색한 명인데 신재(辛財)가 년(年)에 떨
어져 있으니 조상이 좋지 않았음을 표시한다. 자신은 좌하(坐下)에
관성(官星)을 깔고 있고, 관(官)이 능히 재(財)를 통솔하니 재부(財

富)의 급별이 비교적 높다. 시상(時上)의 경(庚)은 축(丑)에서 나와 허투(虛透)하였는데, 대도시에서 소도시로 판매를 하는 사업 조합이다. 인(寅) 인성(印星)은 기업의 규모가 큰 것임을 표시하니 능히 발전할 수 있다. 재(財)가 문호에서 인성 위에 앉았으니 인성은 규모가 방대함을 표시하고, 재부의 급별이 비교적 높음을 표시한다.

🌀 대운 및 유년분석

▶무술(戊戌)운

원국에서 병화(丙火)는 비견(比肩)이 없고 축토(丑土) 상관(傷官)을 보고 있다. 년상(年上)의 상관이 재성(財星)을 차고 있으니 자기가 기술이 있음을 표시한다. 대운이 비겁(比劫) 묘운(墓運)으로 가는 것이 기쁘며, 비겁(比劫)을 이용하여 재와 관살을 제(制)하는 주공은 대체적으로 모두 체력을 활용하는 뜻이니 이 운에 목공일을 한 것이다.

▶정유(丁酉)운

겁재(劫財)가 재(財)를 극하여 주공하니 신고(辛苦)하게 돈을 번다.

▶병신(丙申)운

자기가 재성(財星) 위에 앉는 운이다. 원국에서 2개의 경금(庚金)이 천간에 투(透)하였는데 병화(丙火)가 이를 얻을 방법이 없다. 좌하에 깔고 있는 신(申)은 자신의 재(財)를 표시하는데 축(丑)에서 출묘(出墓)하니 급별이 높은 관성으로 변화한다. 더욱 중요한 것은 원국에서 동(動)하지 않던 인목(寅木)이 병신(丙申) 대운이 되면 충(沖)으로 주공을 하여 자기가 직접 공장을 여는 것을 표시한다. 경인(庚寅)은 목공을, 신축(辛丑)은 유리를, 자수(子水)와 해수(亥水)는 수학과 화학을 표시하는데, 자수(子水)는 진(辰)중에서 제련되어 나온 정제물(精製物)로 화공(化工)의 상(象)이다. 한 개의 신(申)이 출현하여 지지(地支) 전부를 인동(引動)시키는 것이다.

▶을미(乙未)운

을미운(乙未運)은 다시 좋은데 이 때 10년이 가장 좋았다. 인성(印星) 을(乙)이 재성(財星) 경(庚)과 합하기 때문이다. 재(財)와 인(印)이 합하면 투자를 주로 하는데 인성이 여러 개 있으니 공장도 여러 개 설립하여 기업을 확장시켰다. 미(未)는 인(寅)을 대표하고 축(丑)과 충(沖)을 하여 인고(印庫)가 재고(財庫)를 열어 주공하는 의사이다. 자미천(子未穿)을 하니 재운(財運)이 아주 좋고, 화공 기업의 이익이 다시 좋아진다고 설명하였다.

▶갑오(甲午)운

오화(午火)가 인(寅)을 인동하고 자(子)를 충(沖)하는 주공이 일어나 재운(財運)이 아주 좋은 운이다.

▶계사(癸巳)운

병(丙)은 계(癸)를 기뻐하지 않으며, 인(寅)은 사(巳)의 천(穿)을

감당하기 어려우니 이 운은 좋지 못하다. 마땅히 은퇴하는 운이다.

- 갑신(甲申, 2004)년과 을유(乙酉, 2005)년엔 공장의 수익이 좋지 않았다.
- 병술(丙戌, 2006)년에 투자를 하여 공장을 또 열었는데 이 해에 10억을 벌었다. 현재 4개의 공장을 갖고 있는데 자산이 총 60억에서 80억이나 된다. 주식회사이며 본인은 대주주이다.

◎ 혼인

명중(命中)에 혼인은 한 번이고 부부의 정도 좋다. 혼인은 상(象)을 보아야 하는데, 천간이 재성 포국(包局)이고 천지합(天地合)으로 부부궁에 이르며 성(星)과 궁(宮)이 안정적이니 결혼에는 아무 문제가 없다.

◎ 육친

자녀는 3명으로 아들 둘과 딸 한 명이다. 구결(口訣)에 ≪財가 고지(庫地)에 임하면 부친이 일찍 돌아가신다≫고 하였다. 원국에서 축(丑) 재고(財庫)가 열리지 않고 자(子)와 합하여 닫혔으니 부친이 일찍 돌아가셨다. 술(戌)운에 축술형(丑戌刑)으로 궁(宮)과 성(星)이 모두 부서져 부친이 돌아가셨다. 미(未)운 기축(己丑)년에 모친이 사망하였는데, 이것은 년(年)의 축(丑)이 미(未)의 충괴(沖壞)를 당해 부서지고, 궁(宮)이 천괴(穿壞)를 당하고 월령의 궁(宮)도 부서졌기 때문이다.

제 8절 화공기업

庚 乙 辛 辛 (坤)
辰 卯 卯 亥　　72 62 52 42 32 22 12 2 (대운)
　　　　　　 己 戊 丁 丙 乙 甲 癸 壬
　　　　　　 亥 戌 酉 申 未 午 巳 辰

🌐 간단한 이력

대학 학위를 갖고 있으며, 갑오(甲午)운 임신(壬申, 1992)년에 취직하여 재무관리 업무를 담당하였다. 병자(丙子, 1996)년에 사직을 하고 상장회사에 투자를 시작하였는데 처음에는 금속기자재에 투자하다가 을미(乙未)운 계미(癸未, 2003)년에 변경하였다. 지금까지 수만 개의 공장과 거래하고 있는데 주로 화학제품 사업이다. 현재 자산이 수십억 원에 달한다.

🌐 해석

을목(乙木)이 록(祿)에 앉아 년(年)의 정인(正印)을 보니 살(殺)을 화(化)하여 본래는 당관(當官:공직)하는 것인데 을경합(乙庚合)과 묘진천(卯辰穿)으로 관(官)을 배척하니 당관(當官)하지 못한다. 해묘(亥卯)로 목국(木局)을 형성하는데 묘진천(卯辰穿)은 진토(辰土) 재성(財星)을 제(制)하고, 진(辰)은 인고(印庫)로써 문호의 인고(印庫)는 공장을 표시하니 주공의 효용이 상당히 크다. 년(年)에서 살인상생(殺印相生)하니 이전에 직장생활을 하였으나 오래가지 못한다. 신해(辛亥)와 경진(庚辰) 두 개의 상(象)은 직업이 하나가 아니고 중도에 바꾸는 것을 암시한다.

직업

팔자에서 신(辛)이 해(亥)를 생하고 해(亥)가 또 신(身)을 생한다. 연월(年月)의 살인(殺印)은 직장을 표시하고 여명(女命)에겐 또한 남자를 표시한다. 일주(日主)가 관(官)과 합하고 관(官)이 재(財) 위에 앉았는데 록(祿)에게 천(穿)을 당하니 관(官)을 하는 명(命)으로 보지 않는다. 해(亥)는 숫자이며 인성(印星)이니 재무 회계 업무이다. 금(金)이 해수(亥水)를 보면 금속이나 옥기(玉器) 등의 섬세한 물건을 표시한다. 따라서 금속기자재 사업을 한다.

년의 해(亥)와 시의 진(辰)이 년시로 포국(包局)을 형성하였는데, 해(亥)는 수(水)이고 진(辰)은 수고(水庫)이니 차량, 선박, 화공, 화학 등의 상이며, 묘진천(卯辰穿)은 진토(辰土) 수고(水庫)를 동(動)하게 하니 곧 화학제품을 표시한다. 또한 해상무역업을 한다.

대운분석

▶갑오(甲午)운

해오(亥午)가 합하지만 묘오(卯午)가 파(破)하니 자신을 깨뜨린다. 이는 자기가 원하지 않는 직장에서 일함을 표시한다. 병자(丙

子, 1996)년은 자오(子午)로 충하여 오화(午火)를 인동(引動)하는 응기(應期)이다. 여기서 병신합(丙辛合)은 남편이 투자하여 사업하는 것이며 그녀 자신도 관리나 경영분야의 일을 담당한다.

▶을미(乙未)운

을운(乙運)으로 가면 자기가 출현하여 경(庚)과 합해 재(財)를 취한다. 계미(癸未, 2003)년부터 수억 원을 투자하여 현재 화학 공장을 운영하는데 수익이 아주 좋다. 즉, 을운(乙運)에는 발재(發財)한다. 미운(未運)은 본래 해묘미(亥卯未) 합국이 되어 좋으나 중신(中神)이 두 개 있어 삼합(三合)이 불성립하고, 묘(卯)가 미(未)에 입묘(入墓)되고 묘진천(卯辰穿)을 파괴하니 불길하다. 실제로 미운(未運)은 안 좋았는데 친구한테 사기를 당해 많은 돈을 날렸다.

▶병신(丙申)운

병(丙)이 투(透)했으나 쓸모가 없고 신운(申運)은 사업하기에 적합하지 않은데, 묘진천(卯辰穿)의 주공을 묘신합(卯申合)으로 깨뜨리는 반국(反局)이 되기 때문이다.

◉ 혼인

혼인은 안정적이며 아들을 둔다. 여명(女命)에서 인성(印星)이 록(祿)을 보면 남편복이 있다.

제3장

교사(선생, 강사)

선생하는 사주의 구조

1) 식상이 왕(旺)하고 포국(包局)을 형성한 경우이다. 식상은 사람의 두뇌, 사상, 구재(口才:말재주)를 대표하고 학생을 의미하니, 식상이 왕(旺)하고 포국(包局)을 형성한 경우 선생이 가능하다.

2) 무토(戊土)는 무대와 강단의 상(象)으로 무토(戊土)가 투출하여 무토(戊土)의 양(陽)이 음(陰)을 통솔하는 형국이 되면 마치 한 사람은 강단에서 강의를 하고 학생들은 그 밑에서 듣는 것과 같으니 선생이 된다.

3) 12지지 중에서 인(寅)과 술(戌)은 학교를 대표한다. 대부분의 선생들은 이 두 개의 글자와 밀접한 관련이 있다.

4) 천간의 기토(己土)는 책의 상이고, 지지의 미(未)에는 묘(卯)가 암장(暗藏)되어 있어 책장(책꽂이)을 대표한다. 이 두 글자도 선생과 관련성이 있다.

5) 시주의 신묘(辛卯) 역시 선생의 상으로, 신(辛)은 분필이고 묘(卯)는 교편이다. 이 두 글자도 서로 관련성이 있으면 선생이다.

6) 일반적으로 선생의 담당 과목은 목화(木火)는 문과, 금수(金水)는 이과로 구별할 수 있다.

제1절 초등학교 영어 교사

己 甲 戊 戊 (乾)		
巳 子 午 午	72 62 52 42 32 22 12 2 (대운)	
	丙 乙 甲 癸 壬 辛 庚 己	
	寅 丑 子 亥 戌 酉 申 未	

◎ 이력

기축(己丑, 2009)년에 상담하였는데, 그의 직업을 선생이라 판단하였다. 실제로 초등학교에서 영어를 가르친다.

학력은 전문대졸이고 20세 때인 신운(申運) 병자(丙子, 1996)년에 선생이 되었다. 신사(辛巳, 2001)년에 현재의 학교로 직장을 옮겼다. 기축(己丑, 2009)년은 운기가 보통으로 하는 일이 잘 안될 것이다. 실제로 직장을 옮기려고 하였는데 잘 안되었다. 경인(庚寅, 2010)년에 이동할 수 있는데, 이때는 학교의 윗사람을 찾아가 선물을 보내야한다. 신유(辛酉)운의 유(酉)운은 좋지 않아 기분도 우울하고 상사와의 갈등도 있다.

◎ 해석

목화상관(木火傷官)은 인성의 배치를 좋아하고 자수(子水) 인성을 깔고 앉아 본래는 관이 가능하다. 그러나 명중에 재성이 과중한

데다 갑기(甲己)가 서로 합하니 재(財)가 중(重)하여 격이 괴(壞) 되어서 공직이 불가하다. 식상이 포국을 형성했기 때문에 주변이 모두 학생의 무리로 이루어진 상(象)이니 선생이 가능하다. 간지(干支)의 상(象)으로 보아도, 기(己)는 입(口)이고 또 책(書)이니 가르치는 선생이다.

목화(木火)는 주로 문과이고 금수(金水)는 주로 이과이니 고로 문과선생이다. 신(申)운에 사신합(巳申合)으로 식신이 살(殺)과 합(合)하니 직장에 들어가는 의사이다.

🐢 유년분석

- 신운(辛運) 신사(辛巳, 2001)년에 직장을 옮기는데, 이 해는 신사(辛巳)자합으로 관살을 제하는 뜻이다.
- 기축(己丑, 2009)년은 직장을 옮기려 하지만 좌하의 살고(殺庫)가 자축합(子丑合)하고, 축오천(丑午穿)이 일어나며, 사축(巳丑)은 왕한 살성을 공(拱)하니 살성을 제할 방법이 없어 이루어지지 못함을 나타내고, 갑기합(甲己合)은 선물을 보내는 의사이다.
- 경인(庚寅, 2010)년에는 일이 성사되는데, 원국의 갑기합(甲己合)은 경금(庚金)이 충(沖)하는 것을 기뻐한다. 인(寅)은 사(巳)를 천하고 오(午)와 합(合)하니, 이 학교를 떠나 다른 학교로 옮겨가는 상(象)이다.

◉ 성격

목화(木火)상관인 사람은 매우 총명하여 배우기를 좋아하고, 사상이 활발하며 직무 이외에도 하고 싶어 하는 일들이 아주 많다. 피아노, 거문고, 서예를 좋아하며 또한 시(詩)와 글쓰기를 좋아한다. 상관의 성격은 자유를 즐기고 타인에게 구속받는 것을 싫어한다. 화(火)가 왕(旺)하면 성격이 급하고 한쪽으로 치우치며 정력이 왕성하다.

◉ 혼인

늦게 결혼하는 명(命)으로 일찍 결혼하면 이혼한다. 신유(辛酉)운에는 결혼하지 못하는데 오유파(午酉破)로 자유(子酉)가 서로 관계가 없기 때문이다. 임술(壬戌)운이 되어야 비로소 결혼할 수 있다. 1차 혼인은 비교적 안정적이다.

◉ 비슷한 명조

丁 甲 丁 癸 (坤)
卯 子 巳 卯

중학교 교감으로 문과 선생을 겸하였다. 재성이 혼잡하지 않기 때문에 관직이 있을 수 있다. 상관이 포국하니 그래서 선생이다.

제 2절 중학교 교사

癸 庚 丙 己 (坤)
未 戌 寅 未　　77 67 57 47 37 27 17 7 (대운)
　　　　　　　甲 癸 壬 辛 庚 己 戊 丁
　　　　　　　戌 酉 申 未 午 巳 辰 卯

◉ 이력

　본인이 정해(丁亥, 2007)년에 와서 상담하였다. 무진(戊辰)대운 정축(丁丑, 1997)년 대학시험에 떨어져 재수를 하고 무인(戊寅, 1998)년에 입학하여 임오(壬午, 2002)년에 졸업하였다. 중학교 선생으로 직업에 만족하고 수입도 안정적이다. 계미(癸未, 2003)년에 상대를 만났고, 부친은 일하다가 갑자기 사망하였다. 갑신(甲申, 2004)년에 결혼하였다. 당시에 자식이 없었고, 남편이 병원에서 치료 중이었는데 줄곧 임신이 안 되었다.

◉ 해석

　좌하의 관살고에 공(功)이 없어 공직이 아니다. 명국 중에서 인술(寅戌)을 보니 학교의 상이다. 게다가 기토(己土)와 미토(未土)를 보니 책의 상이고, 전체적인 간지조합으로 판단하면 선생이 제일 적합하다. 상관이 홀로 있으면 귀하고 주로 총명과 지혜를 나타낸다.

상관이 미토(未土) 인성 위에 있고, 미토(未土)가 포국을 형성하니 선생이 평생 직업이다. 팔자에 목화(木火)가 왕(旺)하여 주로 문과 이니 그래서 문과선생이다.

🌀 대운 유년분석

▶무진(戊辰)운

무계합(戊癸合)으로 상관(傷官)이 인(印)과 합하니 공부하는 상(象)이다. 정축(丁丑, 1997)년은 관(官)이 인(印) 위에 앉았는데 축술미(丑戌未) 삼형(三刑)을 범하여 대학에 들어가지 못하였다. 무인(戊寅, 1998)년에 다시 대학시험을 쳤는데, 무계합(戊癸合)은 상관이 인성과 합하니 명예에 이롭다. 계미(癸未, 2003)년에 졸업하였는데, 시상의 계미(癸未)가 응기이다. 그래서 한 단계 더 나아가 학교에 들어간 것이다.

🌀 결혼

계미(癸未, 2003)년에 남자와 함께 산다. 병인(丙寅)이 남편으로 갑신(甲申, 2004)년에 결혼하였다. 원국이 공하여 술(戌)에 이르고 신년(申年)은 인(寅)을 충동하여 응하니 혼인이 안정되었다.

계미(癸未)년에 부친이 세상을 떠났다. 인(寅)은 부친으로 원국의 년시에서 미묘(未墓)를 만나니 부친의 양쪽이 묘(墓)이다. 부친성은 원신이 와서 생해주지 않고 있다. 결에 이르기를 ≪재(財)가 묘(墓)

에 임하면 부친이 조기사망 한다≫라고 하였다. 계미(癸未)년은 미토(未土) 묘지의 응기이다. 상관 계수(癸水)가 미토(未土) 위에 앉아 있어 계수(癸水) 앞에 화토(火土)의 불이 타고 있는 관계로 자식을 양육 할 수 없다.

제 3절 고등학교 외국어 교사

```
戊 戊 辛 癸 (坤)
午 午 酉 亥     74 64 54 44 34 24 14 4 (대운)
              己 戊 丁 丙 乙 甲 癸 壬
              巳 辰 卯 寅 丑 子 亥 戌
```

◉ 이력

이 사람은 고등학교 외국어 선생이다. 남편은 정식 직장이 없고 인터넷 카페를 열었으나 돈이 안 되어 이 여자가 집안을 부양한다. 부부간에는 정이 없고 늘 다툰다. 감정 당시 남편이 돈만 낭비하고 있어 부부간 감정이 좋지 않다고 하였더니 그렇다고 하였다. 정해(丁亥, 2007)년에 결혼하고 그 해에 임신하였다. 무자(戊子, 2008)년에 아들을 낳았다. 기축(己丑, 2009)년에 파재하고, 감정이 불화하고 부부관계가 좋지 않아 이 해에 이혼하였다.

◉ 해석

팔자가 토금상관(土金傷官)으로 재(財)를 생하고, 재(財)와 인(印)이 합(合)하여 주위(主位)에 이르는 주공(做功)을 한다. 오(午)는 인성(印星)이니 직장을 표시하고, 토금상관은 인(印)을 보는 것을 기뻐한다. 인성(印星)이 재(財)와 합하는 것은 직장에서 일하여 돈을 버는 것을 표시한다. 무토(戊土)는 무대이고, 좌하의 오(午)는 문직(文職)이나 직장을 표시한다. 그래서 선생이 적합하다.

상관과 인성이 배치되고 격을 이루면 공문으로 들어간다. 그런데 재성이 격을 훼손하여 공문으로 들어가지 못한다. 좋은 것은 재성이 년에 떨어져 있어 능히 학력이 있고, 대학을 나와 선생이 될 수 있다.

◉ 혼인

해수(亥水)가 남편으로 해(亥)중에 살(殺)이 감추어져 있으며, 정해(丁亥)년은 정(丁)인 부부궁과 부처성이 합하는 까닭에 결혼한다. 여명에 상관은 남편을 극한다. 비록 신유(辛酉)는 해수(亥水)를 극하지 못하지만 오유파(午酉破)를 기뻐하지 않고, 부부궁을 파한다. 그래서 부부감정이 좋지 않다. 매일 싸우면서 하루하루를 지내다가 최종적으로 이혼하였다.

해수(亥水) 안의 임수(壬水) 재(財)는 자신의 돈이며 해수(亥水) 안의 갑목(甲木) 살(殺)은 남편이다. 갑목(甲木) 살(殺)이 임수(壬水) 재(財)의 생을 받는 까닭에 그녀가 버는 돈으로 남편이 먹고 산다.

▶갑자(甲子)운

갑자(甲子)운에 갑목(甲木) 남편이 천간으로 투출하고 자수(子水) 유랑(流浪) 위에 앉아 그릇이 될 수 없다. 기축(己丑, 2009)년은 겁재가 상관고에 앉고, 축오천(丑午穿)으로 부부궁을 괴하고, 갑기합(甲己合)은 비견쟁부(比肩爭夫)이니 이혼이다.

좌하의 인성은 능히 관기(官氣)를 설하고 독립성을 표시하니 다시는 혼인하지 않는다. 그래서 이혼 후 다시 재결합하지 않고 독신으로 살 것이다.

🉑 자녀

여명에서 상관이 아들이 된다. 상관이 재(財)를 만나니 확실히 아들이다.

제 4절 초중학교 생물 교사

```
庚 乙 乙 庚 (坤)
辰 卯 酉 戌     78 68 58 48 38 28 18  8 (대운)
              丁 戊 己 庚 辛 壬 癸 甲
              丑 寅 卯 辰 巳 午 未 申
```

🌀 이력

기축(己丑, 2009)년에 감정한 명조로 본인은 안정된 일이 있고, 학력은 전문대졸이며 초중학교 생물선생이다. 미운(未運)에 결혼하고 얼마 안 되어 이혼하고, 갑신(甲申, 2004)년에 재혼하였다. 을유(乙酉, 2005)년에 딸을 낳고, 병술(丙戌, 2006)년에 다시 이혼하였다. 재혼한 남자도 역시 이혼한 남자이고 아이도 있었다. 일생 혼인이 좋지 않고, 좋은 남자를 찾을 수 없다. 찾은 남자들은 바람기가 있고, 자기의 돈을 낭비한다.

▶임오(壬午)운

마음이 편하질 못하다. 오화(午火) 식상은 마음이고 묘오(卯午)가 서로 파(破)하기 때문이다. 이 운에 감정생활도 불순하고 직장생활도 재미없어 기분이 우울했다. 경인(庚寅)년에 이혼한 남자를 만날 기회가 있는데, 만약 결혼한다면 다시 이혼할 것이다. 신묘(辛卯,

2011)년에는 관(官)이 동(動)하니 어문(語文) 선생 혹은 주임을 맡으라고 건의하였다.

◉ 해석

을경합(乙庚合)으로 년의 관(官)이 좌하(坐下)에 식신고(食神庫)인 술토(戌土)를 차고 있는데, 술토(戌土)는 화고(火庫)이고 또한 식신고이다. 식신고는 학교를 대표하고, 묘술합(卯戌合)은 일이 있음을 표시하니 그래서 선생이다. 술토(戌土) 재성은 또한 월급이니 수입이 안정적이다.

▶계미(癸未)운

임신(壬申, 1992)년에 직장에 들어갔다. 신(申)은 년상의 경(庚)을 대표하니 직장이고, 신(申) 위에 인성이 있으니 묘신합(卯申合)은 직장에서 일함을 대표한다. 신사(辛巳)운은 임오(壬午)운에 비하여 많이 좋아졌다. 직장은 좋으나 혼인은 번뇌이다.

◉ 혼인

이 사람은 일생동안 혼인운이 좋지 않은데 경술(庚戌)이 첫 번째 남편으로 술(戌)이 합(合)으로 부부궁에 이르지만 유술(酉戌)이 천(穿)하니 반드시 이혼한다. 유금(酉金)은 2번째 남편인데 비견 밑에 있으므로 다른 여자의 남자인데 유(酉)를 충(沖)하고 록을 극하니 흉신이고 자기를 좋아하지 않으니 반드시 이혼하게 된다. 시(時)의 경진(庚辰)은 3번째 남편으로 을경합(乙庚合)하나 단 묘진천(卯辰穿)하니 다시 결혼하면 이혼하고, 애인관계라면 결혼할 수 없다.

왜 이 팔자는 관살포국(官殺包局)인데 다혼(多婚)하게 되는가? 가장 중요한 원인은 부부궁이 괴당하고, 월령에 비견이 있어 비견쟁부하니 세 번의 남편이 모두 쟁부한다. 그래서 원만한 결혼생활이 이루어질 수 없다. 단지 자식에게 희망을 걸어야 한다.

◎ 건강

록은 신체를 대표하는데 록이 손상을 받으면 신체상 병(病)이 있다. 목(木)이 금(金)한데 손상을 당하면 근골통증이나 풍습병, 관절통, 심할 경우 반신불수가 될 수 있다. 현재는 화운(火運)으로 가서 금(金)을 제복하고 나이가 젊으니 신체는 괜찮으나 진운(辰運) 이후에는 신체에 문제가 생길 수 있다.

◎ 성격

명국에서 살(殺)이 양쪽 머리에서 합(合)하여 일주를 구속한다. 그래서 예의 바르고 신용을 잘 지키며, 담이 적고 성실하며 말을 잘 듣는다. 록이 있는데 인성이 없어 평생 신고하고 지출이 너무 많다. 묘술합(卯戌合)에서 술토(戌土)는 재성으로 여인의 정감을 표시하니 남자들과 다정하게 지낼 수 있다. 단, 남자들이 모두 그녀를 등지니 감정의 손상이 심하다.

관성이 신(身)과 합(合)하니 의타심이 심하고 자기주장이 없다.
술(戌)은 식상고이고, 식상은 학생을 대표하니 이것이 명국에서 가
장 중요한 자(字)이다. 이는 곧 그녀가 학생을 좋아하는 것을 나타
내니, 일에 대한 책임감을 가지고 한마음으로 학생들을 가르치려고
한다.

제 5절 중·고등 영어교사

壬 丙 丙 丁 (坤)	
辰 午 午 巳	76 66 56 46 36 26 16 6 (대운)
	甲 癸 壬 辛 庚 己 戊 丁
	寅 丑 子 亥 戌 酉 申 未

◎ 이력

기축(己丑, 2009)년의 사례이다. 그녀의 학력은 대졸이 아닌 전
문대 졸업이고 후에 대졸을 보충할 것이라고 하였다. 갑신(甲申,
2004)년, 을유(乙酉, 2005)년에 직장에 들어갈 것이라고 추단하였
다. 실제로 을유(乙酉, 2005)년에 직장에 들어갔다. 그녀의 직업은
선생 혹은 미디어 직업이 적합하다고 하였는데, 실제로는 중·고등
영어선생으로 수입이 안정적이었다.

을유(乙酉, 2005)년에 결혼하고, 병술(丙戌, 2006)년에 아들을
낳았다. 남편도 중고등학교 선생이다. 기축(己丑, 2009)년에 부부
간 감정이 좋지 않아 이혼 문제로 다투고 싸워, 유운(酉運)에 이혼
하지 말고 서로 떨어져 살라고 충고하였다. 유운(酉運)이 지나자
바로 사이가 좋아졌다. 명주(命主)가 경인(庚寅, 2010)년에 대학원
에 진학할 수 있겠느냐고 묻길래 합격할 수 있다고 말하였다.

해석

팔자가 화국(火局)으로 임진(壬辰)시를 보아 임병(壬丙)이 서로 충(沖)하니 수화(水火)가 교융(交融)한다. 왕한 화(火)가 수(水)를 보니 휘황찬란하여 영상과 미디어 직업의 상(象)을 취할 수 있고, 또한 선생의 상(象)도 취할 수 있다. 진토(辰土) 식신이 문호에 있어 입술과 입이 되기 때문에 직업을 말하자면 선생이 가능하다.

진(辰)은 살고(殺庫)로 열리지 않았고 또 제복(制服)할 수 없어 당관(當官:공직)하는 명(命)이 아니고 사업을 하는 명(命)도 아니다. 그 전에는 줄곧 공부만 하였고, 기유운(己酉運)의 을유(乙酉)년에 직장에 들어갔다. 진(辰)은 일로써 유년이 와서 합(合)을 하니 응기이다. 경인(庚寅)년은 인성의 생(生)을 득하니 연구생으로 합격할 수 있었다. 인(印)은 집·건물을 표시하니 집·건물을 구할 수 있었다.

혼인

임진(壬辰)을 남편으로 본다. 갑신(甲申, 2004)년에 상대방과 같이 지냈는데, 신진(申辰)이 공(拱)하여 진(辰)이 동(動)한다. 을유(乙酉, 2005)년은 진유합(辰酉合)으로 관성을 동(動)하게 하고, 천간이 인성을 차고 있으니 결혼의 의사이다. 진토(辰土) 식신은 본신이 딸이다. 단, 결혼후 상관운으로 가는 까닭에 먼저 아들을 낳았다.

어째서 부부가 서로 싸워 관계가 좋지 않은가? 운이 유운(酉運)으로 가니 기유운(己酉運)은 바로 상관(傷官)이 생한 재(財)가 합(合)으로 년(年)의 사(巳)에 이르고, 록(祿)이 년(年)에 있어 부모를 표시한다. 또한 오유(午酉)가 서로 파(破)하여 혼인궁을 파(破)하니 부모 때문에 부부간의 싸움이 일어난 것이다.

기축(己丑)년에 축(丑)은 유(酉)가 이른 것을 표시하고 부부궁을 천(穿)하는 까닭에 두 사람이 이혼 문제로 크게 싸울 것이다. 이미 따로 산지가 몇 개월이나 되었지만 아직 이혼하지는 않았다. 왜냐하면 원국(原局)의 부부궁인 2개의 오화(午火)가 왕상하여 유(酉)가 궁을 괴하기에 부족하기 때문이다.

제 6절 민영교사에서 공공교사로 전환

```
丁 壬 癸 丁 (乾)
未 寅 丑 酉    76 66 56 46 36 26 16  6 (대운)
             乙 丙 丁 戊 己 庚 辛 壬
             巳 午 未 申 酉 戌 亥 子
```

◉ 이력

　2009년의 사례이다. 당시 직장이 안정적이고 문직에 종사한다고 하였는데, 결과는 어문 선생이였다. 해(亥)운 무오(戊午, 1978)년에 직장에 들어갔다. 이전에는 민영 교사였으나, 후에 공공 교사로 전환되었다.

　이 사람은 선생이 된 것을 달가워하지 않고, 투자하여 장사 할려고 하였다. 무신(戊申)운 계미(癸未, 2003)년에 동업하여 담배와 술 사업을 하였으나 1년만에 이천오백만원 손해를 보았다. 병술(丙戌, 2006)년에 복권사업을 하다가 많은 돈을 사기당하여 운기가 매우 좋지 않았다. 신운(申運)은 부부간에 싸움이 많았고 심정이 좋지 않고 하는 일이 좋지 않았다. 단, 혼인은 이혼은 아니고 2명의 여자아이와 1명의 남자아이가 있다.

🌀 해석

명국의 인목(寅木) 식신은 두뇌로 사상이고 학당이다. 인축(寅丑)은 식신이 관(官)과 합(合)하니 용(用)하고, 관은 인고(印庫)를 만나니 직장이다. 그래서 그는 수입이 안정적인 선생이다.

인목(寅木) 식신이 입묘하고, 정임합(丁壬合)은 외부에서 돈을 벌려는 의사를 표시한다. 단 재와 합(合)하는데 재가 중(重)하여 일주가 편약하니 재를 잡을 수 없어 병(病)이다. 그래서 투자하여 사업하는 것은 맞지 않다. 월령의 겁재가 재를 보면 빼앗으려고 호시탐탐 노리기에 도박을 하면 마침내 빈털터리가 될 수 있다. 명국에서 식신을 사용하여 주공하는데, 식신은 머리를 많이 쓰게 되어 신고하다. 그래서 그는 자기 본업인 직장에 충실하면서 돈을 벌어야 한다.

🌀 대운 유년분석

▶무신(戊申)운

무신(戊申)운으로 가면 무계합(戊癸合)으로 겁재와 합(合)하여 인동되니, 신금(申金) 편인이 식신을 빼앗아 반드시 파재한다. 신운(申運)은 또 부부궁을 괴하니 부처관계도 불화한다. 사람의 일생은 무엇을 해야 할지 이미 선천적으로 정해져 있다. 운명으로 받아들이지 않고 마구 소란을 피우면 결국에는 반드시 실패한다.

제 7절 통계학 대학교수

己 辛 己 乙 (乾)
亥 酉 丑 卯　71 61 51 41 31 21 11 1 (대운)
　　　　　　辛 壬 癸 甲 乙 丙 丁 戊
　　　　　　巳 午 未 申 酉 戌 亥 子

◎ 이력

기축(己丑, 2009)년의 사례이다. 명주(命主)는 학력이 높고, 대학
교수로 통계학을 가르친다. 당시에는 결혼하지 않았다. 정축(丁丑,
2007)년에 애인과 함께 지냈는데 그 애인은 다른 사람과 결혼하였다.

◎ 해석

신유(辛酉)일주가 기해(己亥)시를 보니 상관배인(傷官配印)이다.
기(己)는 책의 상이고 상관은 사상인데 기해(己亥)가 배치되니 독
서를 좋아하고 성적이 좋다. 기토(己土) 인성이 포국을 형성하는데
여기서 인성은 학교를 대표하니 선생이 될 수 있다. 더욱이 기토
(己土)는 입(口)의 상(象)이 되니 선생의 직업이 확실해진다.

시상의 해수(亥水)는 수학을 표시한다. 따라서 수리능력에 탁월
하고, 그가 가르치는 통계학 분야와도 부합한다.

원국에서 묘유(卯酉)가 충(沖)하니 옆에서 묘(墓)를 열어준다. 신유(辛酉)가 축(丑)을 보면 본래는 입묘(入墓)하는데 충(沖)은 자유자재로 드나드는 의사와 같으니 묘(墓)되는 어려움에 들어가지 않는다. 록·인(祿·印)이 서로 따르니 직장 업무가 홀가분하고 압박이 없어 일생이 평온하다.

◉ 혼인

묘유충(卯酉沖)은 록(祿)이 재(財)를 충하는 상이니 묘(卯)는 애인이고 해(亥)가 처(妻)이다. 왜냐하면 해수(亥水)에 인성이 배치되고, 인성은 결혼증서인데, 묘(卯)가 투한 을(乙)이 인성을 괴하니 혼인증서가 아니기 때문이다.

병술(丙戌)대운은 술(戌)이 유(酉)를 천(穿)하니 부부궁을 괴하여 결혼이 불가능하다. 을유(乙酉)대운에 이르러 애인 을목(乙木)이 비견에 앉아서 오는데 이 유(酉)는 다른 남자를 대표하고 또한 그의 혼인궁을 대표한다. 그래서 애인과 같이 지내지만 결혼은 불가능하다. 결국에는 비견에게 빼앗긴다. 최후로 해수(亥水)를 찾지만 시간이 너무 늦는 데다 나이 차이가 많이 나는 젊은 여자이다.

제 8절 수학 교사

```
丙 戊 甲 辛 (坤)
辰 午 午 酉    79 69 59 49 39 29 19  9 (대운)
             壬 辛 庚 己 戊 丁 丙 乙
             寅 丑 子 亥 戌 酉 申 未
```

🔘 이력

정해(丁亥, 2007)년의 사례로, 학력은 대졸이며 중학교 선생이다.
직장도 안정되고 수입도 안정적이다. 임오(壬午, 2002)년, 계미(癸
未, 2003)년은 애인과 같이 지냈다. 정해(丁亥, 2007)년에 약혼식까
지 하였으나 결혼 직전에 파혼하였다. 미혼 당시 신(申)운과 정유(丁
酉)운에는 결혼할 수 없고, 39세 무술(戊戌) 대운 이후에나 가능하
다고 하였다. 명중(命中)에는 평생 교사만 하는 것이 아니라, 나중에
사업을 하여 돈을 버는 것이 나타나 있다.

🔘 해석

명국의 무오일(戊午日)은 인성이 좌하고, 월령의 인성은 살(殺)을
차고 있으니 대상(帶象)이다. 단, 상관 신금(辛金)이 갑목(甲木)을 극
괴하니 관직이 없다. 토금(土金)상관은 인성을 보는 것을 기뻐한다.
년상의 상관이 순수하고 인성이 배치되어 격의 성립에는 문제가 없

다. 왜 선생인가? 음포양국에 상관배인(傷官配印)이 성립되고, 무토(戊土)는 높은 상(象)이 되니 강단이 된다. 상관은 학생이고 진유합(辰酉合)하니 진(辰)은 낮은 곳을 대표한다. 이는 곧 선생은 높은 곳에서 강의하고 학생은 아래에서 조용하게 듣는 상이다.

왜 사업을 하려고 하는가? 진토(辰土) 재고 때문인데 원국의 진고(辰庫)가 열리지 않아 재를 끄집어내어 활용하기가 어렵다. 대운이 술운(戊運)에 이르면 진고(辰庫)를 충개(沖開)할 수 있어 이 운에 발재가 가능하다. 뒤따르는 해(亥)·자(子)대운도 모두 진중(辰中)의 재를 인출하여 합(合)으로 자기에게 도달한다. 그래서 전업하여 사업을 하면 발재할 수 있다. 만약 스스로 전업하지 않으면 돈 많은 남편을 찾을 수 있는데 남편이 곧 사업하는 사람이다.

◉ 혼인

월령의 갑오(甲午)가 남편인데 신금(辛金)이 갑목(甲木)을 극한다. 여명의 상관은 극부(克夫)가 엄중하다. 그래서 첫 번째 결혼은 문제가 있다. 첫 번째 상대와는 비록 혼인신고를 하지 않았지만 동거관계가 장기간 지속되었기 때문에 1차 혼인으로 본다. 신(申)운도 상관의 왕지이니 혼인에 불리하고, 정유(丁酉)운의 유(酉)운은 직접 혼인궁을 파하니 이 두 운에는 결혼이 이루어 질 수 없다. 무술(戊戌)운으로 행할 때 무토(戊土)가 상관을 천도(穿倒)하니 더 이상 관을 괴(壞)하지 않아 비로소 혼인할 수 있다. 그래서 이 사람은 매우 늦게 결혼하는 명이다.

제 9절 외국어 교사

丁 丁 丁 己 (坤)
未 亥 丑 未   77 67 57 47 37 27 17 7 (대운)
           乙 甲 癸 壬 辛 庚 己 戊
           酉 申 未 午 巳 辰 卯 寅

◎ 이력

정해(丁亥, 2007)년의 사례이다. 학력이 높지 않고 전문대를 졸업하였다. 묘(卯)운 무인(戊寅, 1998)년에 직장에 나갔는데 중학교 외국어 선생이다. 경(庚)운에는 직장과 수입이 안정되었다.

정해(丁亥, 2007)년은 원숭이띠와 사귀었지만 혼인은 이루어지지 않고, 무자(戊子, 2008)년에 헤어졌다. 혼인은 늦게 이루어지는데 37세 이후 신(辛)운에 비로소 혼인할 수 있다. 재운은 보통으로 돈이 들어왔다 나간다.

◎ 해석

정일(丁日)이 하나의 기(氣)로 배열되고 정(丁)은 주로 문자이니 문화인이다. 정일(丁日)은 정인을 기뻐하고 편인을 기뻐하지 않는다. 기묘(己卯) 대운은 학습에 불리하여 전문대졸이다. 미(未)는 인고(印庫)이고 식신이니 책을 표시하고 또한 학생을 표시한다. 식신

포국이니 그래서 선생이 직업이다.

해(亥)관성이 인(印)을 차고 있어 직장이 되고, 무인(戊寅, 1998)년은 해(亥)와 합(合)하니 직장에 들어간다. 병술(丙戌, 2006)년은 축미술(丑未戌) 삼형을 범하고, 천간의 병화(丙火) 겁재가 있어 방해하니 직장생활이 순조롭지 않고 파재(破財)를 당하여 심정이 좋지 않다.

◉ 혼인

원국의 해(亥)가 남편인데 정위(正位)를 득하여 안정적이다. 단, 대운이 진(辰)운으로 가는 것을 기뻐하지 않고, 부부궁의 부처성이 입묘한다. 전에 같이 동거하던 남자와 헤어졌다. 정해(丁亥)년은 자기가 관을 차고 자합(自合)하니 남자와 같이 지내는 의사이다. 무자(戊子)년은 살성(殺星)을 자미천(子未穿)하니 혼인이 이루어질 수 없다. 반드시 진(辰)운이 지나야 비로소 결혼이 가능하다. 늦게 결혼하는 명이다.

제 10절 캐나다의 미녀교사

```
辛 庚 辛 壬 (坤)
巳 辰 亥 辰    78 68 58 48 38 28 18 8 (대운)
             癸 甲 乙 丙 丁 戊 己 庚
             卯 辰 巳 午 未 申 酉 戌
```

⊚ 이력

캐나다 사람으로 대학을 졸업하였다. 유(酉)운 병진(丙辰)년에 일을 시작하였고, 수학과 화학을 가르치는 선생이다. 병오(丙午)운에 교무주임으로 승진한 후 강의는 하지 않았다. 키가 크고 미인이며 피부도 곱다. 50살이 넘었는데도 30세처럼 보인다. 무신(戊申)운 경신(庚申, 1980)년 28세에 결혼하였는데 혼인은 좋지 않다. 그러나 이혼은 아니다. 본인은 도화가 많은데 정미(丁未), 병오(丙午), 을사(乙巳)대운 30년간은 도화운이다. 도화가 끊이지 않고 남편에게도 외우(外遇)가 있다.

⊚ 해석

금수상관은 관(官)을 기뻐하는 조합인데, 원국은 사해충(巳亥沖)으로 상관이 관(官)을 제(制)하는 구조이다. 신사(辛巳)는 살(殺)과 양인이 합하니 명(命)에 소관(小官)이 있음을 표시한다. 그러나 상관이 빈위(賓位)에 떨어지고 겁재(劫財)가 투(透)하니 이것은 다른 사람을 보조하는 보좌직이다. 명국의 식신은 학생이고, 2개의 진토(辰土)는 식신의 묘고(墓庫)로 학교이니, 고로 선생이 가능하다. 시상에 칠살이 배치되었는데 사해충(巳亥沖)이 공(功)이다. 해(亥)는 진(辰)으로부터 나왔으니 학교 교직원이 될 수도 있다.

기유(己酉)대운은 진유합(辰酉合)으로 인성이 동(動)하고, 병진(丙辰, 1976)년은 관(官) 아래에 인성이 도위하여 직장에 들어가는 응기이다. 무신(戊申), 정미(丁未) 대운은 큰 문제가 없다. 병오(丙午)운은 관에 앉아 천간의 양인과 합살(合殺)하고, 병(丙)은 사(巳)의 도달과 같다. 양인합살(羊刃合殺)은 권력을 대표하니 당관(當官:공직)하고자 하는 의사이다. 이후 운은 줄곧 좋았다.

◉ 혼인

결에 이르기를 《금수(金水)가 만나면 필히 얼굴이 아름답다.》고 하였다. 금백수청(金白水淸)이니 피부가 백옥같이 아름답다. 사(巳)는 남편으로 시상(時上)에 있는데, 본래 살성(殺星)은 하나만 있어야 좋다. 단, 국에 비겁이 가득차고 왕(旺)하여 쟁부(爭夫)한다. 사화(巳火) 관성이 비겁지에 떨어져 있어 이중의 의사가 있다. 즉, 한편으로는 남편에게 외우(外遇)가 있음을 표시하고, 다른 한편으로 사화(巳火)는 다른 남자를 표시하니 본인에게 도화가 많음을 설명한다. 화운(火運)으로 갈 때 도화가 매우 많다.

공무원

공무원 조합은 일반적으로 아래의 몇 가지 경우가 있다.

1) 팔자의 년월에 인성(印星), 인고(印庫), 관살(官殺), 살고(殺庫), 관(官)이 재(財)를 끼고 있거나, 인(印)이 관(官)을 끼고 있으면 모두 공공단체(公家) 혹은 직장을 대표하고 재(財)는 월급을 표시한다. 아울러 주위(主位)와 관계가 형성되고 일주가 사용할 수 있어야 한다. 여기서 관·인(官·印)은 일주의 희신(喜神)이어야지 기신(忌神)이면 공문(公門:공직)과 무관하다.

2) 인(寅)과 갑(甲)은 공직을 대표하는데, 인(寅)과 갑(甲)이 명국

안에서 중요한 지위를 점유할 때이다.

3) 상관배인(傷官配印)격이 성립된 경우에도 직위가 있다.

4) 팔자의 구조가 양(陽)이 음(陰)을 포위하여 국을 제(制)하거나, 혹은 반포국(半包局)이 되거나, 팔자에 인목(寅木)이 축토(丑土)나 유금(酉金)과 배합하거나, 혹은 축토(丑土)나 진토(辰土)가 인고(印庫)나 인성으로 주공(做功)하면 또한 공문(公門:공직)을 대표하는 뜻이다. 인(寅)은 공문(公門:공직)이 되는데 이러한 유형의 조합은 대부분 공무원 직업에 속한다.

제 1절 처장급 공무원

```
甲 戊 乙 甲 (乾)
寅 子 亥 辰        71 61 51 41 31 21 11  1 (대운)
                  癸 壬 辛 庚 己 戊 丁 丙
                  未 午 巳 辰 卯 寅 丑 子
```

◎ 이력

기축(己丑, 2009)년에 감정한 사례이다. 이 사람은 임술(壬戌, 1982)년에 군대에 가고, 갑자(甲子, 1984)년에 직장에 들어갔으며, 병인(丙寅, 1986)년에 결혼하였다. 갑술(甲戌, 1994)년에 부친이 세상을 떠나고, 을해(乙亥, 1995)년에 정부의 재정부분에서 일하였다. 승진을 거듭하여 현재는 처장급이다.

그는 늘 문제를 일으켜 일이 순탄하지 않았고, 상사의 꾸지람을 받아 일의 효율이 좋지 않았다. 현재 정부의 토지, 부동산, 건물, 공장 등을 임대하거나 판매하는 일을 한다. 무자(戊子, 2008)년에 경제 위기의 영향으로 직장에서 실적이 좋지 않아 수십억 원의 은행 빚을 지고 있다. 기축(己丑, 2009)년은 운기가 좋지 않아 파재하고 순조롭지 못하였다.

🔵 해석

무토(戊土)일주는 갑인(甲寅)시를 기뻐하는데, 재성이 살성으로 전화(轉化)한다. 그래서 살성은 대급별(大級別)의 재부이다. 왜 권력이 가능한가? 갑목(甲木)이 년에서 진토(辰土)를 공제하는 공(功)이 있기 때문이고, 해(亥)·자(子)는 또 진(辰)에 입묘하니 갑목(甲木)이 그의 권력이 되는데 빈위에 떨어져 있어 정부의 돈을 관리한다. 을해(乙亥)가 월령에 있는데 무토(戊土)는 을(乙)을 싫어하니 늘 문제를 일으키고 그로 인한 상사의 압박이 강하다. 이러한 원인 때문에 직무성과가 좋을 수 없다.

을목(乙木)은 기신(忌神)이기 때문에 학업에 불리하다. 무인(戊寅) 대운으로 행할 때 자기가 인지(寅地)에 앉고, 인(寅)은 공문이니 군대를 갔다 온 후에 공문에 들어갈 수 있다.

🔵 대운 유년분석 ─────────────────

▶기(己)운

겁재운은 불리하고, 묘운(卯運)을 기뻐하며, 묘진천(卯辰穿)은 능히 승진하여 권력을 잡을 수 있다. 경진(庚辰)운에 식신이 재고에 앉아 관과 합(合)하니, 관성이 합(合)을 만난 것은 해(害)가 아니고 이 운은 좋은 운으로 설명한다. 신(辛)운 이후에는 불리하다. 왜냐하면 신(辛)은 을(乙)을 제하는 것이 완벽하지 않고 오히려 격앙시키는 뜻이 있어 잘못하면 사직할 수 있다.

• 기축(己丑, 2009)년은 겁재 유년으로 갑기합(甲己合)하니 자금 회전이 힘들어 모든 일이 불순하다. 경인(庚寅, 2010)년에 전기(轉機)가 있고 재운 역시 아주 좋아 많은 것들이 순리적으로 된다.

◉ 혼인

혼인은 안정적이며 병인(丙寅, 1986)년에 결혼하였다. 단 밖에 애인이 있다. 자재(子財)가 정위(正位:일지)에 있으니 부인이 된다. 부부궁과 성이 모두 안정적이니 이혼 할 수 없다. 월령의 편재는 비겁의 묘(墓)로 들어가니 다른 사람의 여인이다. 묘고가 열리지 않아 주로 도화가 많다. 이전에 작은 부인이 자식 하나를 낳았는데 자식을 데리고 떠났다. 이것은 해(亥) 위에 을(乙)을 보고, 을(乙)은 자식인데 기신이다. 그래서 이 여자와 자식은 나와 인연이 없다. 이외에 다른 여자가 있다.

기운(己運) 갑술(甲戌, 1994)년에 부친이 세상을 떠났다. 결에 《재가 묘지에 임하면 부친이 조기사망한다.》라는 구결 그대로 일어났다. 월령의 재성이 년의 묘(墓)로 들어가 고(庫)가 열리지 않았으니 부친의 수명에 장애가 있다. 갑술(甲戌)년은 진(辰)을 충(沖)하여 묘고(墓庫)를 여는 응기이니, 이 1년은 묘(墓)의 문이 열리는 것과 같다.

제 2절 과장급 공무원

```
癸 乙 丙 甲 (乾)
未 酉 子 寅     79 69 59 49 39 29 19  9 (대운)
              甲 癸 壬 辛 庚 己 戊 丁
              申 未 午 巳 辰 卯 寅 丑
```

◉ 이력

경인(庚寅, 2010)년에 본 사례이다. 시주가 잘못된 팔자로, 신시(申時)라고 하였으나 결과가 모두 맞지 않았다. 신시(申時)는 공무원이 될 수 없다. 다음날 시가 잘못 되어 미시(未時)라고 알려주었다. 미시(未時)는 공무원 사주에 부합한다. 대학본과 졸업후 원래 시위원이었다가 후에 조직부 부과급으로 이동하였다. 인운(寅運) 경진(庚辰, 2000)년에 승진하였다. 신사(辛巳, 2001)년에 시장의 당비서가 되었다. 갑신(甲申, 2004)년에 반급이 올라 시위원으로 승진하였다. 본인은 말도 잘하고 문필도 좋고 재화도 있으나, 단 성격이 좋지않고 심성이 오만함이 있다.

무인(戊寅, 1998)년에 상대와 동거하다가 기묘(己卯)년에 결혼하였다. 혼인이 좋고 남자아이를 낳았다. 처도 공무원이고, 현재 정과급이고 향당위서기이다. 기묘(己卯)운에 전문적으로 주식투자를

하여 돈을 좀 벌었다. 그러나 병술(丙戌, 2006)년 이후에는 운기
가 좋지 않아 주식으로 돈을 벌지 못하였다. 정해(丁亥, 2007)년에
도 다시 파재하여 주식으로 돈을 손해 보았다고 한다. 병술(丙戌,
2006)년에 신경쇠약과 심장으로 몸이 좋지 않았는데 후에 많이 좋
아졌다.

💮 해석

월령의 상관이 인성을 배치하여 재화(才華)가 있고, 자미천(子未
穿)을 기뻐하니, 재성이 인성을 제하는 주공이다. 년상의 인(寅)과
미(未)는 포국을 형성하고, 인(寅)은 공문이니, 미(未)와 인(寅)은
동일한 상으로 권력을 표시한다. 인성을 제하니 권력을 얻는다. 그
래서 권력부분의 관원을 설명한다. 상관이 투출하여 기쁘지 않고
제(制)가 없어 병(病)이다. 그래서 관직이 크지 않다.

💮 대운 유년분석

팔자의 조합이 비겁상관(比劫傷官)인 까닭에 투기를 좋아한다.

▶인(寅)운

경진(庚辰)년에 을경(乙庚)으로 관(官)과 합(合)하고, 진(辰)이 이
른 것은 자(子)가 이른 것을 표시하는 까닭에 승진하며, 갑신(甲申)
년의 신(申)이 이르면 자수(子水) 인성을 장생(長生)하니 또 승진한
다.

▶기묘(己卯)운

재(財)가 록(祿)을 끼고 허투(虛透)하고, 갑기합(甲己合)은 투기를 표시하는데, 재성이 허부(虛浮)하여 대재(大財)의 상(象)이 없다. 원국에 자(子)가 묘(卯)를 보니 파(破)하고 또 록(祿)을 충(沖)한다.

• 병술(丙戌)년은 상관이 재(財)를 깔고 묘(卯)와 합동(合動)하여 유(酉)를 천하고, 미(未)를 형(刑)하니 국이 깨진다. 그래서 신체가 좋지 않고 또한 파재(破財)하여 순탄하지 않았다.

• 묘운(卯運)의 정해(丁亥)년에 해묘미(亥卯未)합으로 비견국이 되어 파재하는 유년이다.

• 무자(戊子, 2008)년은 자묘(子卯)가 파(破)하여 인성을 파(破)하고, 병(病)이 생기고 좋지 않은 일을 범한다. 이 두 해에 몇 십만 위안 파재하였다.

• 기축(己丑, 2009)년은 축(丑)이 유(酉)를 대표하며 미(未)를 충(沖)하니 당관(當官:공직)을 생각하여 뇌물을 보냈으나 그러나 묘운(卯運)은 좋지 않은 대운으로 아무런 성과도 없이 고생만 한다.

제 3절 기상청 공무원

```
己 丁 戊 甲 (乾)
酉 未 辰 辰    72 62 52 42 32 22 12 2 (대운)
             丙 乙 甲 癸 壬 辛 庚 己
             子 亥 戌 酉 申 未 午 巳
```

◎ 이력

이 사람은 중졸 학력으로 뒤늦게 대학에 갔다. 오운(午運) 계해
(癸亥, 1983)년에 직장에 들어갔고, 공무원에 해당하는 국가 기상
국에서 일하고 있다. 임신(壬申)운 을해(乙亥)년에 부과(副科)로 승
진하고, 기묘(己卯, 1999)년에 정과(正科)로 승진하였다.

현재까지 승진은 없지만 일은 아주 안정적이다. 신미(辛未, 1991)
년에 결혼하여 임신(壬申, 1992)년에 딸을 낳고 결혼생활은 아주
안정적이다. 본인은 술수, 풍수, 육효 방면의 고수로 여유 시간에
괘를 봐주고 돈을 번다. 겸허하고 성실한 불교도이다.

◎ 해석

정화(丁火)는 갑목(甲木)을 기뻐하니 상관배인(傷官配印)이 성립
된다. 갑목(甲木)은 공문의 상으로 그래서 공무원이다. 갑(甲)인성
이 년상에 멀리 떨어져 있어 사용하려고 해도 잡을 힘이 없어 어떠

한 권력도 없다.

▶임신(壬申)운

임신(壬申)운은 정임합(丁壬合)으로 관(官)과 합하는데, 관이 장
생지에 앉고, 임수(壬水)가 갑목(甲木)을 생하니 이 운에 승진할 수
있다. 이전의 신운(辛運)에는 갑목(甲木)을 극하니 직무가 없다. 임
신(壬申)운의 을해(乙亥)년에 바로 승진하였다.

기묘(己卯)년은 갑기합(甲己合)이 응기로 년상의 갑목(甲木)을 끌
어와 자기의 식신하고 합(合)한다. 역시 응기이다. 이 해에는 묘신
합(卯申合)으로 대운에 도달함을 기뻐하니 그래서 승진할 수 있다.

다시 계유(癸酉)운으로 가니 무계(戊癸)가 합하여 계수(癸水)가
갑목(甲木)을 생하지 못하고, 진유합(辰酉合)으로 목(木)의 근을 괴
(壞)한다. 후운(後運)에 다시 승진할 수 없다.

기토(己土) 식신은 책을 대표하고 갑기합(甲己合)은 독서를 좋
아한다. 갑(甲)과 정(丁)은 모두 현학의 상(象)이 있다. 유(酉)는 음
(陰)의 재(財)이니 그래서 풍수나 점복 방면의 수입이다.

◉ 결혼

유(酉)가 부인으로 부처성과 궁이 안정하여 혼인이 아주 좋다. 신
미(辛未)년은 부부성 신(辛)이 미토궁(未土宮)에 떨어지니 결혼이다.

제 4절 세무 공무원

```
壬 辛 甲 癸 (乾)
辰 丑 子 丑   78 68 58 48 38 28 18 8 (대운)
              丙 丁 戊 己 庚 辛 壬 癸
              辰 巳 午 未 申 酉 戌 亥
```

◉ 이력

대학을 졸업하고 술운(戌運)에 직장에 들어갔다. 현(縣)의 세무국 과장급 간부로 정부 공무원에 속하며 일은 안정되어 있다. 임오(壬午, 2002)년에 직장을 옮기고, 병술(丙戌, 2006)년에 승진하였다. 23세인 을해(乙亥, 1995)년에 결혼하여 계미(癸未, 2003)年에 아들을 낳았다. 임신(壬申, 1992)년에 모친이 사망하였다.

◉ 해석

일반직 공무원은 명(命)에서 관성 혹은 인성의 주공을 요한다. 이 명조의 좌하 축토(丑土)는 인성인데, 이 인성에 공(功)이 있어야 당관이 가능하다. 임진(壬辰)시에 태어나 인성이 입묘하고, 지지 자·축(子·丑)이 모두 진(辰)에 입묘하는데, 입묘 그 자체가 주공이다. 축(丑)이 진(辰)으로 변함은 방대해지는 의사이다. 진(辰)은 상관고(傷官庫)로서 임진(壬辰)은 상관배인(傷官配印)이니 권력의 의사이다.

월의 정재는 월급을 표시하니 그래서 공무원이다. 원국에 관성이 없고, 음(陰)이 중하고 양(陽)이 없으며 또 합이 많으니 안정적이다. 그래서 종종 양이 와서 충(沖)해주는 것이 필요하다. 그래야 직장이 동하여 승진할 수 있다. 명국은 식상이 혼잡하고 관살을 보지 못했기 때문에 관직이 크지 않다.

🍵 대운 유년분석

▶신유(辛酉)운

인 · 록(印 · 祿)이 서로 따르니 남녀불문하고 록(祿)이 있으면 인성이 있어야 한다. 그래야 운기가 나쁘지 않고 신고하게 고생하지 않으며 일이 안정된다. 유(酉) 록(祿)이 합(合)하여 진토(辰土) 인성 권력기구에 도달한다. 그래서 이 운에 관직이 있을 수 있다.

- 임오(壬午, 2002)년에 자오(子午) 충동하고 임오(壬午) 자합하며 상관제관(傷官制官)하니 이동할 수 있다.
- 병술(丙戌, 2006)년은 병신합(丙辛合)하니 관이 와서 나하고 합(合)한다. 진술충(辰戌沖)하고 인성을 대표하는 권력이 동하여 승진하였다.

▶ 경신(庚申)운

경운(庚運)에 갑경충(甲庚沖)하니 문제가 없고, 원국에서 갑(甲)은 공이 없으니 충극(沖克)을 두려워하지 않는다. 상관이 왕투하고 겁재가 생하여 상관이 왕해지니 길운으로 논한다. 단, 신운(申運)은 나쁘다. 신자진(申子辰) 삼합 수국(水局)으로 진토(辰土)를 소해(消解)하기 때문이다. 이 운에는 진토(辰土)가 축토(丑土)를 묘(墓)하는 주공이 없어 승진이 불가하고 승진을 추구해도 직책이 강등된다.

▶ 기미(己未)운

직장을 떠나 사업하는 의사이다. 갑기합(甲己合), 자미천(子未穿), 축미충(丑未沖)하니 월령의 식신을 천(穿)하여 엎어버린다. 그래서 자미천(子未穿)은 직장에 있지 않고 사직함을 설명한다. 축미충(丑未沖)은 축(丑)이 진(辰)에 입묘하는 관계를 파괴하여 권력기관을 떠나는 의사이다. 갑기합(甲己合) 아래의 미토(未土)는 재고이니 투자하는 의사이다. 축미충(丑未沖)하여 재고를 여니 재(財)를 구하는 의사이다.

◉ 결혼

갑자(甲子)가 부인인데 자축합(子丑合)으로 부부궁에 이르고, 2개의 축(丑)이 자(子)와 합(合)하니 술운(戌運)을 필요로 한다. 형(刑)으로 합(合)을 깨면 결혼이 이루어지기 때문이다. 응기는 갑술(甲戌)년이 아니면 을해(乙亥)년에 결혼한다. 갑술(甲戌)년은 재(財)가 인(印)에 앉아 응기이고, 을해(乙亥)년은 해(亥)가 이르면 갑(甲)이 이르는 것을 표시하는 응기이다. 실제로 갑술(甲戌)년에 상대와 같이 지내다가 을해(乙亥)년에 결혼하였다.

◎ 육친

자(子)는 모(母)가 되는데 년과 일 2개의 축묘(丑墓)에 합(合)을 당하고 묘(墓)에 협(夾)을 당하니 흉이다. 고로 모친이 조기사망이다. 임신(壬申)년에 신(申)이 2개의 축(丑)을 인동하니 이것이 응기이다.

제5절 공무원과 사업을 겸함

```
壬 庚 甲 甲 (乾)
午 戌 戌 辰    73 63 53 43 33 23 13  3 (대운)
            壬 辛 庚 己 戊 丁 丙 乙
            午 巳 辰 卯 寅 丑 子 亥
```

🔵 이력

정해(丁亥, 2007)년의 사례이다. 당시 그는 부처(副處)급 직급의 국가공무원이었다. 그의 직종은 재세(財稅) 혹은 상공(商工)분야일 것이라고 추단했는데, 실제로는 재정국(財政局)에 근무하였다. 무진(戊辰, 1988)년에 재정국에 들어갔고 그 전에는 다른 직종에서 근무하였다.

축운(丑運)의 을해(乙亥, 1995)년에 원래의 직장을 떠나 다른 지방으로 옮길 것이라고 판단하였다. 결국 상사와의 불화로 직위가 강등되어 국영공장의 공장장으로 파견되어 하루를 10년처럼 지냈다. "인운(寅運) 갑신(甲申, 2004)년에 관직이 동하여 과장급으로 승진하여 복귀"할 것이라고 판단했다.

이 사람은 공직뿐만 아니라 갑신(甲申, 2004)년에 가구사업에 투자하였다. 인운(寅運) 이후에는 컴퓨터 소프트웨어 사업을 하여 수십억 원을 벌었다.

일주(日主) 좌하의 관살고가 년상의 진토(辰土) 식신고를 충(沖)하여 주공하고, 좌하의 관살이 용(用)을 발휘하니 권력을 표시한다. 또한 진(辰) 인성이 재(財)를 차고 있어 그는 정부조직에서 월급을 받고 있음을 설명한다. 시상의 임수(壬水) 식신이 오화(午火) 관을 자합(自合)함은 자기의 생각이 관(官)을 추구하여 귀함을 얻겠다는 뜻이다[구관득귀(求官得貴)]. 원국에서 재(財)가 투출하여 관(官)을 생하지만 관(官)을 제(制)함이 좋지 않아 관직이 크지 않다. 대운이 중년에 재운(財運)으로 행하여 재성이 왕(旺)한 관성을 생하니 관직이 높게 이르지 못함을 설명한다.

년상의 재성이 인(印)을 제(制)하고 갑진(甲辰)은 활목이다. 년은 정부의 돈을 대표하고, 재 · 인(財 · 印)의 조합은 일반적으로 재정 혹은 세무 부분의 일이다. 재성이 2개인데 두 개의 재가 서로 다른 상을 취한다. 갑술(甲戌)의 재는 사목이 화(火)를 본 것이니 가구, 장식, 인테리어 부류의 직업을 나타낸다. 술(戌)이 진(辰)을 충(沖)하는 공(功)이기 때문에 사업조합을 대표한다. 고로 능히 가구방면 사업에서 발재할 수 있다.

◎ 대운 유년분석 ─────────────────

▶ 축(丑)운

축운(丑運)에 축술(丑戌)이 서로 형(刑)하고, 술(戌)은 상사(上司)

를 대표한다. 그래서 상사와 사이가 좋지 않아 원래의 부서에서 전출당하여 자기가 원하지 않는 지방으로 갔다.

▶ 무인(戊寅)운

무운(戊運)의 운기도 좋지 않다. 무(戊)는 술(戌)을 대표하니 상사(上司)이다. 무토(戊土)가 임수(壬水)를 극하기 때문에 상사가 그를 좋아하지 않음을 표시한다. 그래서 그를 외지로 보냈다.

갑신(甲申, 2004)년에 복귀하였는데 이때는 인운(寅運)으로 바뀌어 인술(寅戌)이 서로 공(拱)하니 상사와 서로 합(合)했다. 갑신(甲申)년은 인(寅)을 충(沖)하는 응기로, 충운(沖運)은 동(動)하는 의사이다.

동시에 이 해에 가구점을 열어 투자하였다. 역시 인목(寅木)을 충동하고, 삼합 화국(火局)은 공장개업이 가능하다. 기운(己運)으로 행하니 갑기합(甲己合)은 재성에 인성이 배치되어 기쁘다. 크게 이익이 나는 재운이다.

◉ 혼인

갑진(甲辰)은 처(妻)로 재(財)가 년에서 부부궁으로 충(沖)하여 들어오니 조기결혼이 가능하다. 또한 혼인이 안정되어 이혼하지 않는다. 갑술(甲戌)의 갑(甲)은 다른 남자의 여자이다. 허투하여 근(根)이 없기 때문에 도화이다. 이 사람은 군인이고 또 돈도 많아 여자들이 좋아한다. 당시 그는 젊은 미녀를 데리고 와서 간명하였다. 그녀의 관심은 그와 혼인이 가능한지, 이 남자가 이혼이 가능한지

를 물었다. 나는 이혼은 불가능하고, 혼인이 안정적이다라고 말하
여 그녀의 지나친 생각을 지워버렸다.

제 6절 국가공무원 향당위원회 서기

```
癸 丙 庚 辛 (乾)
巳 寅 寅 亥     72 62 52 42 32 22 12  2 (대운)
              壬 癸 甲 乙 丙 丁 戊 己
              午 未 申 酉 戌 亥 子 丑
```

◉ 간단한 이력

기축(己丑, 2009)년의 사례이다. 이 사람은 국가공무원 향당위
원회 서기로 정해(丁亥, 2007)년에 부과(副科)로 승진하였다. 무인
(戊寅, 1998)년이나 신사(辛巳, 2001)년에 결혼한다고 판단하였는
데 결과는 무인(戊寅, 1998)년에 결혼하였다. 계미(癸未, 2003)년
에 아들이 태어난다고 하였다. 병술(丙戌)운 중 계미(癸未)년에 어
머니가 세상을 떠나고 병술(丙戌)운 중에 부친도 세상을 떠났다.

◉ 해석

병(丙)이 장생지(長生地)에 앉고 복음(伏吟)으로 월령(月令)에 이
르러 재(財)를 찬 년상의 살(殺)과 합하여 인성에 도달한다. 살인상
생(殺印相生)은 주로 권력이고 또한 인(寅)은 공문이다. 본래 많으
면 귀하지 않으니 2개의 인(寅)을 천(穿)하는 사(巳)를 기뻐한다. 인
(寅)은 용(用)을 발하는 공(功)이니 권력을 발휘하는 상(象)을 대표

한다. 그래서 그는 권력부분에서 일하는 공무원이다. 살(殺)이 재성을 차고 있는 것은 직장에서 월급을 받는 상을 설명한다.

대운 유년분석

▶ 병술(丙戌)운

병(丙)일주가 식신에 앉아 술(戌)이 인(寅)을 공(拱)하여 인목(寅木)의 기(氣)를 설한다. 또 술운(戌運)은 인(寅)이 사(巳)를 천(穿)하는 공(功)에 영향을 준다. 그래서 이 운은 평평한 운에 속한다. 일주(日主)가 비교적 신고하여 힘들고, 나가는 것이 많고, 승진의 기회도 많지 않다.

• 정해(丁亥, 2007)년에 인해합(寅亥合)하여 살성을 동하니 인목(寅木)을 강하게 하여 비로소 승진의 기회가 있다.

▶ 을유(乙酉)운

이 운은 비교적 좋다. 을경합(乙庚合)은 재성에 인성이 배치되어 월급을 표시하며 또한 승진의 의사를 표시한다. 을(乙)은 유금(酉金) 재(財)를 차고 있는데, 이 재(財)는 년상의 신금(辛金)이 지지로 떨어진 것으로 해수(亥水) 살성을 생하니 권력을 공고히 하는 것이 되어 좋은 운이다.

◉ 혼인

해운(亥運) 무인(戊寅, 1998)년에 결혼하였는데, 원국의 신해(辛亥) 부인이 합으로 부부궁에 이르고, 신해(辛亥)는 모두 부인을 대표한다. 왜냐하면 천간이 지지를 생하면 하나의 상(象)이 되기 때문이다. 무인(戊寅)년은 부부궁이 도위하여 부처성을 합(合)하여 동(動)하게 하는 응기이다. 월령에 허투한 경금(庚金)은 도화이다. 을운(乙運)에 경금(庚金)과 합(合)하여 도위하니 도화가 있을 수 있다.

◉ 육친

월령의 인목(寅木)이 모친이고, 인(寅)은 해수(亥水)에게 합(合)을 당하여 양(陽)이 꺼지니 모친의 심뇌혈관 질병을 표시하고, 계미(癸未) 묘고(墓庫)년을 만나면 재난이 있게 된다. 일지 인(寅)은 자기를 대표하는데 해(亥)는 멀리 떨어져 있어 자기에게 일어나는 일이 아니다. 부친은 경(庚)으로 인목(寅木) 절지에 앉아 기(氣)가 없다. 병술(丙戌)의 극을 받아 괴(壞)되기 때문이다.

제 7절 지방 세무국장

甲 戊 丁 甲 (乾)
子 寅 卯 辰   72 62 52 42 32 22 12 2 (대운)
                乙 甲 癸 壬 辛 庚 己 戊
                亥 戌 酉 申 未 午 巳 辰

◉ 이력

명리를 공부하는 학생의 팔자로 전문대를 졸업하고 후에 대학을 들어갔다. 사운(巳運) 계해(癸亥, 1983)년에 지방세무국에 들어가 일을 하였다. 무진(戊辰, 1988)년에 부소장으로 승진하였다. 경오(庚午, 1990)년에 정소장으로 승진하고, 오운(午運) 갑술(甲戌, 1994)년 부과(副課) 간부로 승진하였다. 신미(辛未)운 신미(辛未, 1999)년에 지역을 바꿔 정과로 승진하였는데 현(縣)급 세무국에 있다가 지방세무국으로 이동하였다. 을유(乙酉, 2005)년 임신(壬申) 대운으로 바뀔 때 부처급으로 승진하였다. 경인(庚寅, 2010)년은 관직이 동하여 동일 직급 내에서 이동할 거라고 하였는데 정확하였다. 임진(壬辰, 2012)년에 또 한 차례 승진 기회가 있는데 더 이상은 승진이 안 되고 여기서 머물 것이다. 현재 지방세무국 부국장이다.

🌀 해석

무토(戊土) 일간이 아래에 칠살을 깔고 월에 관(官)을 보았다. 무토(戊土)는 인목(寅木) 칠살을 기뻐하고 묘목(卯木) 정관을 보는 것을 기뻐하지 않는다. 그러나 묘(卯)위에 정(丁)이 투(透)하여 있으니 인(印)이 살(殺)을 화(化)하여 일간을 생한다. 더욱 중요한 것은 명국에 묘진천(卯辰穿)이 있고, 묘목(卯木)이 발하여 사용하는 것이 주공이니 권력을 표시한다.

년에서는 갑(甲) 살(殺)이 진(辰) 재고 위에 앉았고, 갑(甲)은 주위(主位)에 있는 인(寅)의 원신(原身)이 투(透)한 것을 대표한다. 그래서, 년의 재고(財庫)는 자기의 권력으로 통제하는 재부이다. 그러나 빈위에 있어 자기의 돈이 아니고 국가의 돈을 관리하는 것을 대표한다. 인(寅)과 갑(甲)은 주로 공문이니 공무원에 해당한다. 자진(子辰)이 일가로 포국(包局)을 형성하여 권력이 비교적 큼을 설명한다.

🌀 대운 유년분석

▶ 경오(庚午)운

식상에 앉은 인성 오(午)가 인(寅)을 공(拱)하니 인(寅)을 대표하는 오(午)가 자(子)를 충한다. 인성이 재(財)를 충하는 주공은 권력이 발용(發用)됨을 표시하니 이 운에 승진하는 상이다.

- 무진(戊辰, 1988)년은 원국의 진토(辰土)가 도위하여 자수(子水) 재(財)를 인동시켜 인성과 충한다. 이 해는 승진하는 응기이다.

- 경오(庚午, 1990)년은 인성이 도위하여 자오충(子午沖)이 응하니 승진한다.
- 갑술(甲戌, 1994)년은 인오술(寅午戌) 삼합 인국(印局)으로 자수(子水) 재성을 충동(沖動)하니 이 해에 승진한다.

▶ 신미(辛未)운

관직이 승진하는 운기이다. 미(未)는 원국의 인·묘(寅·卯)를 대표하기에 인·묘(寅·卯)의 권력이 미(未)에 집중된다. 미(未)가 와서 자(子)를 천하는 공으로 자기의 권력을 발용(發用)함에 해당된다. 자수(子水)가 진(辰)으로부터 나와 주위로 오는데, 천(穿)으로 자수(子水)를 제압하는 공은 직접적인 권력을 표시한다.

- 기묘(己卯, 1999)년은 묘진(卯辰)천이 응기로 지역을 옮기는 표시이고, 갑기합(甲己合)은 겁재가 살과 합하니 역시 승진이다. 갑(甲)이 많아 합(合)을 두려워하지 않는다. 만약 갑(甲)이 하나라면 기토(己土)의 합(合)을 기뻐하지 않는다.

▶ 임신(壬申)운

승진할 수 있는 좋은 운으로 정임(丁壬)으로 재(財)와 합하여 권력이 광대해짐을 표시한다. 지지의 신자진(申子辰) 삼합 수국(水局)은 관의 재부가 더욱 커짐을 표시한다. 인신(寅申)충은 권력의 발용(發用)으로 더욱 큰 권력을 장악하는 의사이다. 그래서 승진이 가능하다.

- 임운(壬運)의 을유(乙酉)년은 진유합(辰酉合)으로 진(辰)을 인동하고, 묘유충(卯酉沖)으로 유(酉)를 인동하여, 이 해에 묘진천(卯辰穿)이 발용(發用)하니 그래서 승진한다.
- 경인(庚寅)년은 대운 신(申)을 충하니 관직이 동함을 표시한다.
- 임진(壬辰)년은 정임(丁壬)이 합하니 또 한 차례 승진의 기회가 있다.

▶ 계유(癸酉)운

이 운은 나쁘다. 먼저 무계합(戊癸合)을 기뻐하지 않는다. 원국의 자수(子水)는 지지에서 화(化)를 당하고 대운에서 제복되어야지 계유(癸酉)의 왕투가 신(身)과 합하는 것을 싫어하여 관직에 불리하다. 유운(酉運)은 묘(卯)를 충하니 상관견관(傷官見官)이라 번민이 끊이질 않는다. 이 운에 사직하기 쉽다. 그 후로 연락이 안 되어 실제정황은 알 수가 없다.

제 8절 법무 공무원

辛 壬 丁 甲 (乾)
丑 午 丑 辰   72 62 52 42 32 22 12 2 (대운)
            乙 甲 癸 壬 辛 庚 己 戊
            酉 申 未 午 巳 辰 卯 寅

◉ 이력

대학을 졸업하고 현재 법무공무원이다. 경진(庚辰)운 무진(戊辰, 1988)년에 건설은행에서 10년간 일했다. 신사(辛巳)운 정축(丁丑, 1997)년에 가족계획위원회로 옮기고 바로 그 해에 부과(副科)로 승진하였다. 신사(辛巳, 2001)년에 정과로 승진하여 기검위 서기가 되었다. 계미(癸未, 2003)년에 부처급 간부로 승진하고, 임오(壬午)운 병술(丙戌, 2006)년에 지역을 옮겨 10년 이상 기검위에 있었다. 경인(庚寅, 2010)년에 나를 찾아와 일을 계속할 수 있는지 물었는데 음력 6월에 이동이 가능하다고 하였다. 결국 소서(小暑) 이후에 정부기관으로 옮겨 일하였다. 갑오(甲午, 2014)년에 대외 파견 직무를 담당하는 상무 부현장을 맡았다. 정유(丁酉, 2017)년 1월에 국장자리로 옮겼다. 혼인은 안정되고 아들 1명을 두었다.

🌀 해석

　임(壬) 일주(日主)의 좌하(坐下)에 정재(正財)가 정관을 품고 있는데, 지지의 축(丑)·진(辰) 음의 무리가 하나의 양을 포(包)하고, 양쪽의 축(丑)이 협(夾)하여 오화(午火)를 천(穿)한다. 협천(夾穿)은 오화(午火)를 천(穿)하여 괴할 수 없고 오히려 독양(獨陽)의 귀함을 드러낸다.

　년월의 갑(甲)·정(丁)이 하늘에 투하고 정임(丁壬)이 합(合)하니 그 상(象)은 양이 음을 제(制)하는 국이다. 갑(甲)은 능히 진(辰)을 공제하고, 정(丁)은 축(丑)을 공제할 수 있다. 식상이 살(殺)을 제하니 권력이고, 정화(丁火)가 인고(印庫)를 제하니 또한 권력이다. 갑(甲)은 공문을 대표하니 공무(公務)하는 사람들을 관리하는 권력이다. 시상의 신축(辛丑)은 제압이 불가능하니 그래서 관직이 크지 않다.

　이 명조는 장기간 기검집법 부문에서 일을 했는데 거기에는 명리적 필연성이 있다. 첫째는 식상이 살국(殺局)을 제(制)하기 때문이고, 둘째는 양(陽)이 음(陰)을 제(制)하는 국이기 때문이다. 진(辰)·축(丑)은 음(陰)으로 뇌옥이며, 갑(甲)·정(丁)은 양(陽)으로 광명·정의이다. 이러한 종류의 조합은 다수가 공안·검찰·서기 부문의 직업이다.

▶ 경진(庚辰)운

무진(戊辰)년에는 은행에서 일하였는데, 이것은 축토(丑土)가 금(金) 고(庫)의 상(象)이고 진(辰)에 입묘하는 공(功)이기 때문이다. 경갑(庚甲)이 충(沖)하므로 갑목(甲木)은 작용을 발휘하기 어렵다. 그래서 이 운에는 어떠한 권력도 없다.

▶ 신사(辛巳)운

- 정축(丁丑, 1997)년에 직장을 옮기고 당년에 부과(副科)로 승진하였다. 신(辛)은 축(丑)을 대표하는데 대운에서 허투하였으니 능히 정화(丁火)가 제복할 수 있다. 정화(丁火)는 발용의 뜻이 있는 고로 관직이 있다.

- 신사(辛巳, 2001)년은 대·세운이 출현하여 정화(丁火)가 신(辛)을 극하는 응기이다. 고로 승진할 수 있다.

- 계미(癸未, 2003)년에 부처(副處)로 승진하는데, 오미합(午未合)하여 좌지의 관성을 더욱 강하게 하기 때문이다. 계미(癸未)년은 겁재가 투출하여 다른 사람의 관이다. 만약 다른 사람의 관이 자기에게 도달 할 수 있다면 곧 자기가 승진하는 의사이다. 정계충(丁癸沖)은 한 방면은 자기가 위치를 이동한다는 표시이고, 또 한 방면은 다른 사람이 충을 당하여 나간다는 것이다. 그래서 관위(官位)를 자기에게 남겨두는 것이다.

▶ 임오(壬午)운

자기가 앉은 관이 도위한 운으로 길운이다. 이 운에 승진하는 의
사를 대표한다.

- 병술(丙戌, 2006)년은 병신합(丙辛合) 진술충(辰戌沖)으로 살
  고를 충동(沖動)하니 직장을 옮긴다.
- 경인(庚寅)년은 오화(午火) 관성이 장생을 득하고, 인(寅)은 년
  상의 갑(甲)을 대표하여 자기를 생하니 권력이 광대해지는 의
  사이다. 경금(庚金)이 갑(甲)을 충동하니 갑목(甲木)이 발용하
  여 직장이 동한다. 갑오(甲午)년에 재차 이동하는데 오(午)가
  도위했기 때문이다.

▶ 계미(癸未)운

길운이다. 계미(癸未)는 겁재가 관에 앉은 것으로 정계(丁癸) 상
충하여 계(癸)를 충거(沖去)하고, 계(癸)아래 미(未)가 오(午)와 합
(合)하여 도위하니 자기가 권력을 얻는 의사이다. 병신(丙申)년 말
에 승진하여 정처(正處)로 지금에 이르렀다. 유년의 병신합(丙辛
合)은 응기이다.

◎ 혼인

오재(午財)가 부인인데 축(丑)이 포국(包局)하는 까닭에 혼인은
안정된다. 협천(夾穿)은 천(穿)이 불가하여 혼인에 별 문제가 없다.

제 9절 지방 공무원

己 甲 戊 甲 (乾)
巳 寅 辰 辰   71 61 51 41 31 21 11 1 (대운)
               丙 乙 甲 癸 壬 辛 庚 己
               子 亥 戌 酉 申 未 午 巳

◎ 이력

이 사람은 국가공무원으로 정과급 간부이다. 신미(辛未)운에 직장
에 들어가고, 경오(庚午, 1990)년에 가족계획위원회로 옮겼다. 임신
(壬申)운 무인(戊寅, 1998)년에 부현장으로 옮겼다. 계유(癸酉)운 갑
신(甲申, 2004)년에 당위 부서기로 승진하였다. 정해(丁亥, 2007)년
에 향의 장으로 승진하려고 했으나 이루어지지 않았다. 혼인은 안정
되고 아들이 있다.

◎ 해석

갑(甲)이 진월(辰月)에 태어나고 월령이 인고(印庫)이니 직장이다.
일주의 좌록(座祿)은 진(辰)과 관계가 없고 년상의 갑(甲) 비견을 보
는 것을 기뻐한다. 갑(甲)이 진(辰)에 앉아 권력이 있다. 일주가 상
(象)을 빌리면 용(用)이 되므로 부직(副職)을 담당할 수 있다. 갑인(甲
寅)일은 사(巳)의 천(穿)을 보는 것을 기뻐하지 않는데, 몸은 힘들고

문제를 쉽게 야기한다. 원국의 목화상관은 배인격(配印格)에 속하나 드러난 인(印)이 보이지 않아 진토(辰土) 인고(印庫)가 권력이다. 갑기합(甲己合)으로 탐재괴인(貪財壞印)하니 손격(損格)이다. 다행히 관살을 보지 않아 재난에 이르지는 않았다.

🌀 대운 유년분석

▶ 임신(壬申)운

칠살배인(七殺配印)으로 인성 임수(壬水)가 화살(化殺)하여 신(身)을 생하는 것이 길이다. 단, 지지 신(申)운은 인사신(寅巳申) 삼형을 범하는 것을 기뻐하지 않아 오히려 승진에 불리하다.

▶ 계유(癸酉)운

무계합(戊癸合)은 재성에 인(印)이 배치되는 것이니 길이다. 단, 지지운이 진유합(辰酉合)하여 관이 빈위에 도위하니 자기와 관계가 없어 유운(酉運)에 승진할 수 없다.

• 정해(丁亥)년에 승진하려고 하였으나 사해(巳亥)로 인성이 충을 당하여 승진하지 못하였다. 갑술(甲戌)운은 승진할 기회가 없다.

🌀 혼인

원국 팔자에 재성이 많아 여자가 많으나 기사(己巳)를 처(妻)로 본다. 인사천(寅巳穿)하니 혼인은 불화한다. 단, 이 팔자는 재성이 록을 포위하고 부부궁을 포주(包住)했다. 그래서 혼인이 비록 이상적이지는 않으나 이혼은 아니다.

제 10절 시의 토지국장

丙 甲 丁 辛 (乾)							
寅 寅 酉 丑	73	63	53	43	33	23	13	3 (대운)
	己	庚	辛	壬	癸	甲	乙	丙
	丑	寅	卯	辰	巳	午	未	申

◎ 이력

대학을 졸업하고 토지세 분야에서 일하였다. 미운(未運) 신유(辛酉, 1981)년에 직장에 들어갔다. 갑자(甲子, 1984)년에 관(官)이 동(動)하고, 갑오(甲午)운 병인(丙寅, 1986)년에 승진하였다. 신미(辛未, 1991)년, 임신(壬申, 1992)년에 연거푸 승진하여 주임이 되어 현의 모국장을 담임했다. 계사(癸巳)운 갑술(甲戌, 1994)년에 지시국 부국으로 옮기고, 임진(壬辰)운 계미(癸未, 2003)년에 실권이 있는데서 일하였다. 갑신(甲申, 2004)년에 지시국 정국장으로 승진하였다. 을유(乙酉, 2005)년 해(亥)월에 동일 직급 내에서 이동하여 국장을 담임했다. 신묘(辛卯, 2011)년, 임진(壬辰, 2012)년에 한 급별씩 승진하였는데, 관운이 여기에 이르자 더 이상 승진하지 못하였다.

이 사람은 인품이 좋고, 일을 세심하게 처리하며, 기억력도 좋고, 글을 잘 쓴다. 혼인은 안정되지만 도화가 있다. 처(妻)도 역시 관직인데 시정부 단위이다. 병인(丙寅, 1986)년에 결혼하고 정묘(丁卯, 1987)년에 아들을 낳았다.

🔘 해석

갑목(甲木)이 2개의 록(祿)을 보고 丙(병)·丁(정)이 투출하여 목화통명(木火通明)이다. 월령의 상관은 관위에 앉아 관을 제(制)한다. 제복된 관살은 신(身)과 합(合)이 가능하고, 천간에서 병신합(丙辛合), 지지에서 인축합(寅丑合)하여 주위에 이른 것은 내가 관리 공제하는 뜻이다. 이 명조 역시 양이 음을 제하는 국으로 축(丑) 재성이 돈이다. 그래서 그는 집법 부분이 아니고 재정·세무 방면에서 관리하는 공무원이다.

만약 이 명조가 월령에 정화(丁火)가 없다면 관성이 제복되지 않는 상태에서 합(合)으로 주위에 도위한다. 이때는 명국이 크게 무너지고, 자기에게 합(合)하여 도위한 것은 신(身)에 모병(毛病)이 있음을 표시한다. 즉 재난이 계속 일어나게 된다.

🔘 대운분석 ─────────────────────────

▶ 을미(乙未)운

미운(未運)에 직장에 들어가고, 축미(丑未)는 관살고를 충동(沖動)한다. 신유(辛酉)년은 관이 도위하여 직장(일)을 표시한다. 갑자(甲子)년은 자기가 인성을 차고 와서 축토(丑土) 관고를 합동하니 관(官)이 동한다. 병인(丙寅)년은 식신이 살(殺)과 합하고 록(祿)을 깔고 앉아 승진하는 의사이다.

▶ 갑오(甲午)운

상관이 왕(旺)을 득하여 승진에 이롭다. 신미(辛未)년과 임신(壬申)년 모두 관살이 출현하여 관고를 동(動)하니 승진하는 응기이다. 신(申)년은 축(丑)의 도달을 대표하고, 정임합(丁壬合)은 상관을 인동하는 의사이다.

▶ 계사(癸巳)운

계(癸)가 천간에 투출하기 때문에 갑일(甲日)은 기뻐하지 않고, 사운(巳運)은 인(寅)을 천하니 자기에게 불리하다. 이 운의 갑술(甲戌)년은 축토(丑土)를 형(刑)하여 동(動)하니 지방을 바꾸지만 평범한 운에 속한다.

▶임진(壬辰)운

이 운은 좋은 운으로, 정임합(丁壬合)을 기뻐하고 상관배인(傷官配印)이다. 진(辰)은 또 축(丑)을 거두어 입묘시킨다. 관(官)이 인고에 귀속됨은 방대해지는 뜻이다. 임진(壬辰)의 인성은 내가 사용하는 것이니 승진에 이롭다.
- 계미(癸未)년은 또 관고를 충개(沖開)하니 정식으로 직무를 주관하는 실권이 있다.

- 갑신(甲申, 2004)년은 갑목(甲木)이 칠살을 차고오니 이 해에 승진했다.
- 을유(乙酉, 2005)년은 인고(印庫)를 합동하니 직무를 바꾸는 평범한 이동이다.
- 임진(壬辰)년은 정임합(丁壬合)이 응기하니 또 승진의 기회가 있다.

▶ 신묘(辛卯)운

관성이 허투하여 병(丙)과 합하는데 허명(虛名)은 실권이 없음을 표시한다. 이후에 다시 승진이 가능하지 못한다. 식신이 높이 투하여 문호에 있으니 재화(才華)이고, 팔자가 목화상관 조합으로, 목화(木火)는 주로 문(文)이니 구재(口才)와 문필(文筆)이 좋다. 목화(木火)의 기가 충만하니 이 사람은 기질이 있고 충분한 활력이 있다.

◉ 혼인

팔자에서 축(丑)이 부인인데, 암합(暗合)으로 부부궁에 이르고, 성(星)과 궁(宮)이 모두 부서지지 않은 까닭에 혼인은 안정된다. 축(丑)은 부인이고, 인(寅)은 부인의 관(官)이며, 인(寅)은 또한 공문(公門:공직)이라 처(妻)도 관직이 있다. 병정화(丙丁火)인 식상이 모두 몸에 붙어 생(生)하니 자기의 도화(桃花)이며, 또 이것은 감정이 있는 도화이다.

제5장

부대의 군관
(軍官)

군인 사주는 공무원 사주 조합과 비슷하다. 역시 명국에 인성(印星), 인고(印庫), 관살(官殺), 살고(殺庫), 관대재(官帶財), 인대재(印帶財), 인대관(印帶官) 등과 주공을 함께 참조하는데, 이때 일주(日主)인 내가 관련성을 가져 사용할 수 있어야 한다. 군관의 명격에는 아래의 몇 가지 특수한 조합이 있다.

1) 비겁 양인 혹은 비겁 양인고가 주공에 참여해야 한다.

2) 명중에 인(寅)과 술(戌)은 무고(武庫)로써 그것이 주공에 참여해야 한다.

3) 신(申)은 군인과 경찰이 되니 화금(火金)이 출현하여 서로 극하는 조합이다.

참 고

대부분 군관(軍官)의 사주는 일반적으로 아래 몇 가지 종류의 주공(做功) 방식이 있다.

  1) 비겁고(比劫庫)가 주공하는 것

  2) 관살고(官殺庫)가 주공하는 것

  3) 관살(官殺)이 비겁(比劫)과 배합하여 주공하는 것

  4) 식상(食傷)이 관살(官殺)을 제(制)하는 주공을 하는 것

  5) 화금(火金)이 조합하여 주공하는 것

  6) 화금수(火金水)가 조합하여 주공하는 것

  7) 사(巳), 술(戌)이 주공하는 것

제 1절 혼인이 불행한 부대의 단장

```
戊 甲 壬 丁 (乾)
辰 寅 子 未    73 63 53 43 33 23 13  3 (대운)
              甲 乙 丙 丁 戊 己 庚 辛
              辰 巳 午 未 申 酉 戌 亥
```

◉ 이력

　정해(丁亥, 2007)년에 본 명조이다. 이 사람은 부대의 병사를 거느리고 있는 군관이다. 술운(戊運) 정묘(丁卯, 1987)년에 군인이 되었다. 기유(己酉)운 신미(辛未, 1991)년에 소대장으로 승진하고, 임신(壬申, 1992)년에 조직의 말단부서에서 기관으로 이동하였다. 계유(癸酉, 1993)년에도 승진하고, 병자(丙子, 1996)년에도 정연(正連)으로 승진하였다. 정축(丁丑, 1997)년에 단위를 바꿨다. 무신(戊申)대운 기묘(己卯, 1999)년에 부영(副營)으로 승진하고, 임오(壬午, 2002)년에 정영으로 승진하였다. 갑신(甲申, 2004)년에 부단장으로 승진하고, 무자(戊子, 2008)년에 정단장으로 승진하였다.

　정해(丁亥, 2007)년에 예측할 당시 무자(戊子, 2008)년의 승진은 정확하였다. 경인(庚寅, 2010)년에 또 승진하였다. 정미(丁未)운을 예측하자면 사단급 간부까지도 가능하다.

이 사람은 비교적 고뇌가 많은 생활을 하고 있다. 기유(己酉)운의 무인(戊寅, 1998)년, 기묘(己卯, 1999)년에 결혼하였다. 갑신(甲申, 2004)년에 바로 이혼문제로 시끄러웠고, 병술(丙戌, 2006)년에 정식 이혼하였다. 정해(丁亥, 2007)년 두 번째 처(妻)를 만났고, 다음 해에 헤어졌다. 전처가 딸 1명을 낳았다.

🌀 해석

임자(壬子) 인성(印星)은 권력이고, 미(未)가 자(子)를 천하니 재성이 인(印)을 제(制)하여 권력을 얻는다[제인득권(制印得權)]. 그래서 공직을 할 수 있는 명이다. 대운과 유년은 재제인국(財制印局)을 인동하거나 강화를 요하는데, 이때가 승진하는 시기이다. 미(未)는 비겁과 양인고로 주공하는데 비겁고이니 군대에 근무하고자 하는 뜻이 있다. 이러한 조합은 일반적으로 군대 혹은 경찰류의 조합이다. 임자(壬子)와 무진(戊辰)이 인포국(印包局)을 형성하여 군대에서의 위치가 비교적 높다.

🌀 대운 유년분석

▶ 술운(戌運)

비겁·양인고를 형개(刑開)하고, 정묘(丁卯)년은 미고(未庫)를 인동하니 군대에 들어가 군인이 되었다.

▶ 기유(己酉)운

이 운은 관성이 재(財)를 차고 갑기합(甲己合)하여 이 관(官)과 자기가 관련성을 갖는다. 진유합(辰酉合)은 인고(印庫)가 관(官)과 합하는데 역시 관련성을 가지니 이 운에 승진할 수 있다.

- 신미(辛未, 1991)년은 미토(未土)가 자(子)를 천(穿)하는 응기로 승진할 수 있다.
- 임신(壬申, 1992)년은 신자진(申子辰) 삼합으로 인고(印庫)를 동하니 이 해에 관(官)이 동하여 큰 지방으로 이동하였다. 자(子)는 월령에 있어 큰 지방이다.
- 계유(癸酉, 1993)년에 관인(官印)이 모두 도위하여 또 승진이다.
- 병자(丙子, 1996)년은 인(印)이 도위하여 자미천(子未穿)을 인동하니 또 승진이다.
- 정축(丁丑, 1997)년은 축미충(丑未沖)하니 지역을 바꾼다.
- 기묘(己卯, 1999)년은 대운·유년이 전(轉:회전)하고, 묘년(卯年)은 미(未)의 도위를 대표하며, 갑기합(甲己合)은 자기가 유년에 합하여 도위하니 역시 승진하는 응기이다.

▶ 무신(戊申)운

이 운 역시 승진하는 대운이다. 무토(戊土)가 임수(壬水) 인성을 극제(克制)하니 길이고, 신자진(申子辰) 삼합 인국(印局)이니 인성의 역량을 강화시킨다. 단, 미토(未土)가 자수(子水)를 천(穿)하는 공(功)을 괴하지 않으니 그래서 더욱 권력이 커지는 의사이다.

- 임오(壬午, 2002)년 혹은 계미(癸未, 2003)년은 인성을 제(制)하
  니 승진한다.
- 갑신(甲申, 2004)년 자기가 살(殺)에 앉아 권력을 얻는 상(象)
  이다. 비록 유년·대운이 신(申)을 만나 寅 록(祿)을 충(沖)하
  지만 국중에 자(子)가 화(化)하니 무사하다.
- 무자(戊子, 2008)년도 승진하는데 자미천(子未穿)의 응기가 도
  위이고 나아가 무자(戊子) 자합한다.

▶ 丁未운

원국의 丁未가 도위하여 바로 子未穿이 응기되니 능히 승진할 수
있어 관이 사급(師級:사단장)에 이른다.

◉ 혼인

인(寅)이 미(未) 묘(墓)에 들어가니 정미(丁未)가 처(妻)이다. 자
미천(子未穿)이 있으므로 이혼을 요한다. 무진(戊辰)은 두 번째 처
(妻)이다. 무신(戊申)운에 무(戊)가 신(申)에 앉아 록(祿)을 충(沖)하
니 헤어진다. 정미(丁未)운에 이르면 만약 결혼했다면 이혼을 요한
다. 병오(丙午)운의 오운(午運)에 이르면 부부궁이 서로 합하니 비
로소 안정될 수 있다.

제 2절 부군급(副軍級) 간부

己 乙 癸 戊 (乾)
卯 巳 亥 戌   74 64 54 44 34 24 14 4 (대운)
            辛 庚 己 戊 丁 丙 乙 甲
            未 午 巳 辰 卯 寅 丑 子

◉ 간단한 이력과 해석

목화상관은 인성을 기뻐하는데, 사화(巳火)와 술(戌)은 한 집안으로 계해(癸亥)를 포위하고 있다. 재성이 인성을 제(制)하여 권력을 얻는다. 시상의 묘(卯)가 와서 戌土를 공제하니 주공의 등급이 올라간다. 즉 묘(卯)가 술(戌)을 제(制)하는 것이 1층 공(功)이고, 무술(戊戌)이 계해(癸亥)를 공제하는 것이 또 1층 공(功)이다. 명국에서 술(戌) 화고(火庫)를 보고, 술(戌)의 본의는 화약, 총, 포탄의 뜻이니 그래서 부대의 군관이다.

◉ 대운 유년분석

▶ 을축(乙丑)운

자기가 앉은 곳에 관살고(官殺庫)가 와서 자기가 공직에 들어감을 뜻하니 승진한다.

• 병진(丙辰, 1976)년에 입대하였는데, 진(辰)은 역마성의 도위

이고 또한 해(亥)가 도위함을 대표한다.

- 무오(戊午, 1978)년에 부대장으로 승진하였는데, 무계합(戊癸合)과 오해합(午亥合)은 천지합이 인성에 도위하여 승진하였다.

- 경신(庚申, 1980)년에 연대장으로 승진하였는데, 을경합(乙庚合)하니 자기가 관과 합하고, 사신합(巳申合)은 식상이 관(官)을 제(制)하는 것이다.

▶ 병인(丙寅)운

병(丙)은 무(戊)를 생하고, 인(寅)은 술(戌)을 공하니, 원국 무술(戊戌)의 역량을 강화하여 길운이다.

- 무진(戊辰, 1988)년에 부영(副營)으로 진급하였다. 무계(戊癸)로 인(印)과 합하고 무(戊)가 인고(印庫)에 앉아 인(印)을 보니 진급한다. 제인득권(制印得權)의 응기이다. 대운과 유년에서 인(印)을 보거나 재(財)를 보면 진급한다.

- 경오(庚午, 1990)년에 정영(正營)으로 진급하였다. 을경합(乙庚合)으로 관(官)이 신(身)과 합하고, 해오합(亥午合)은 식상이 인(印)과 합하는 것이다.

▶ 정묘(丁卯)운

정(丁)이 이르면 술(戌)이 이른 것인데, 묘술(卯戌)합은 원국의 주공이니 길운이다.

- 임신(壬申, 1992)년에 부단(副團)으로 진급하였다. 임신(壬申)

년은 대운의 정(丁)과 유년의 임(壬)이 합(合)하는 응기로, 식
상은 인성의 합을 기뻐한다. 사신합(巳申合)은 식상이 관살을
합제(合制)한다.

- 경진(庚辰, 2000)년에 정단(正團)으로 진급하였다. 경진(庚辰)
  년에 관(官)이 인고(印庫)에 앉고, 을경합(乙庚合)으로 신(身)
  과 합하였다.

▶ 무진(戊辰)운

진급하는 좋은 운기(運氣)로 진(辰)은 해(亥)를 대표하고 적포구
조를 형성하는데, 무(戊)는 포신이고 진(辰)은 적신이다. 제국(制
局) 중의 제압당한 신(神)이 도위함을 기뻐한다.

- 임오(壬午, 2002)년에 부사(副師)로 진급하였다. 임오(壬午)년
  은 바로 자합(自合)으로 식상이 인(印)과 합하고, 임(壬)이 이
  르면 해(亥)가 이르니 해오합(亥午合)은 식상이 인(印)과 합하
  는 것이다.
- 갑신(甲申)년에 정사(正師)로 진급하였다. 갑신(甲申)은 겁재
  가 살(殺)에 앉아 다른 사람의 관(官)이지만 갑기합(甲己合)과
  묘신합(卯申合)을 하니, 이것은 다른 사람은 멀리 이동하고 자
  기가 진급하는 것으로 기묘(己卯)가 없다면 안 되었을 것이다.
  사신합(巳申合)은 식상이 관살과 합하니 또한 자기가 승진하려
  고 생각하는 것이다.
- 무자(戊子, 2008)년에 부군(副軍)으로 진급하였다. 무자(戊子)

년은 바로 재(財)가 인성을 합제(合制)하는데, 무(戊)는 주공
(做功)에서 중요한 자(字)로, 무토(戊土)가 출현하는 것을 보거
나 인(印)이 이르러 제(制)를 당하거나 혹은 인고(印庫)가 출현
하거나, 관살(官殺)이 출현하여 제화(制化)를 당하면 곧 진급
하게 된다.

▶ 기사(己巳)운

무진(戊辰)운에 비교하면 이 운은 약간 안 좋을 것이다. 원국은
무계합(戊癸合)에 의지하는데 기토(己土)를 보는 것은 무용하다.
그래서 이 대운에서는 승진이 어렵다.

◎ 혼인

일지의 사화(巳火)가 부인이 되며, 포국(包局)의 상(象)이 있고,
사(巳)가 무(戊)로 투(透)하고 좌(坐)가 술(戌)이니 한 사람의 상(象)
으로 혼인이 안정적이다.

◎ 자녀

아들 하나 딸 하나인데 모두 재목이 될 것이다.

제 3절 부대 부참모장

```
甲 己 辛 丁 (乾)
戌 卯 亥 未    71 61 51 41 31 21 11 1 (대운)
              癸 甲 乙 丙 丁 戊 己 庚
              卯 辰 巳 午 未 申 酉 戌
```

🌀 간단한 이력과 해석

먼저 이 명조의 공(功)이 무엇인지 보아야 한다. 좌지 묘목(卯木) 칠살은 공(功)이 있어야 비로소 권력으로 본다. 맨 처음 해묘미(亥卯未) 삼합 살국(殺局)이 보이는데 또 자세히 보면 이 명조의 공(功)은 포국에 있다. 즉, 묘미(卯未)가 해(亥)를 포(包)하여 양제음국(陽制陰局)으로 형성되어 있다. 정(丁)이 신(辛)을 제하고, 묘술합(卯戌合)하여 술(戌)과 미(未)가 해(亥)를 극하니, 자기의 권력이 재성 해수(亥水)와 식신 신금(辛金)을 공제하는 것을 대표한다. 명국의 술(戌)은 군대이고, 미(未)와 술(戌)은 비겁성이니 그래서 군관이다. 이 사람은 모 부대의 부참모장이다.

🌀 대운 유년분석

▶ 기유(己酉)운

유(酉)가 살(殺)을 충동(動)하고, 유(酉)는 역마성(驛馬星)이다.

고등학교 졸업 후 대학은 가지 않았다.

- 을축(乙丑, 1985)년에 군대에 갔다. 축(丑)이 이르면 유(酉)가
  이르러 묘유충(卯酉沖)하고, 축미충(丑未沖)은 년의 원방에 이
  르고, 축(丑)은 역마성이 이른 것이다. 유운(酉運)이 술(戌)을
  천하기 때문에 그래서 진학하는데 불리하다.

▶ 무신(戊申)운

묘신(卯申)이 합하여 상관합살(傷官合殺)하니 승진을 표시한다.

- 임신(壬申, 1992)년에 반장(班長)으로 진급하고 결혼도 하였
  다. 식상이 이르러 살(殺)과 합하고, 정임(丁壬)으로 인(印)과
  합하여 인성이 동(動) 하였다.
- 계유(癸酉, 1993)년에 소대장으로 진급하였다. 묘유충(卯酉沖)
  으로 살성이 발용(發用)하는 공(功)으로, 계유(癸酉)는 원국의
  신해(辛亥)가 도위함과 같아 더욱 강함을 얻어 승진하는 응기
  이다.
- 갑술(甲戌, 1994)년 딸이 태어났다.

▶ 정미(丁未)운

원국에 정미(丁未)가 도위(到位)하여 주공하니 비교적 빠르게 승
진하는 대운이다.

- 정축(丁丑, 1997)년에 사령관[連長]으로 진급하였다. 정화(丁
  火)가 신금(辛金)을 제(制)하는 응기이다. 축(丑)은 신(辛)을 대

표하니 그래서 승진이다.

- 기묘(己卯, 1999)년에 정영(正營)의 정과급(正科級)으로 진급하였다. 자기가 앉은 살(殺)이 도위하니 진급하였다.
- 임오(壬午, 2002)년은 파재(破財)로 순조롭지 않고, 부인이 차 사고가 났다. 해(亥)는 부인인데, 임(壬)이 이르면 해(亥)가 이르고, 임(壬)이 앉은 오(午)는 원국의 묘(卯)를 파(破)하니, 살이 록(祿)을 파(破)하여 부인 때문에 파재(破財)하였다.
- 을유(乙酉, 2005)년에 부처(副處)로 진급하였다. 을(乙)은 미(未)와 묘(卯)의 도위이고, 묘유충(卯酉沖)은 살성(殺星)의 발용이다.
- 정해(丁亥, 2007)년에 정처급으로 승진할 기회를 포기하였다

▶ 병오(丙午)운

왕(旺)한 병(丙)이 신(辛)과 합(合)하고, 인성이 식신을 제(制)하는 공(功)이다. 오(午) 대운은 좌지 살성 묘(卯)가 강하기 때문에 묘오파(卯午破)가 발용(發用)하여 자기가 권력을 발휘함을 표시한다.

- 무자(戊子, 2008)년에 외부로 이동하여 정처(正處)로 승진하였다. 무(戊)는 술(戌)의 상(象)이고, 무자(戊子) 자합하고 자미(子未)천하니 미(未)는 권력을 대표하는데 발용(發用)되어 공(功)이다.
- 기축(己丑, 2009)년에 부참모장으로 진급하였다. 축미충(丑未沖)은 역시 권력의 발용을 뜻한다.

- 신묘(辛卯, 2011)년에 부청급으로 승진할 것이라고 예측하였는데, 응험하였다.

▶ 을사(乙巳)운

을목(乙木)은 묘(卯)가 천간에 허투함을 표시하고, 권력이 허투하니 무용함을 표시한다. 사운(巳運)은 사해충(巳亥沖)을 보니 해묘합(亥卯合)에 불리하여 을사(乙巳)운 전체가 나쁜 운이다. 승진의 가능성은 없고 나아가 한직으로 밀릴 가능성이 많다.

◉ 자녀

남명은 관살을 자식으로 삼는데, 정관 해수(亥水)중 갑목(甲木)이 딸이다. 수(水)는 묘(卯)로 인하여 상(傷)함을 두려워하고, 또 궁위의 술토(戌土)가 극한다. 그래서 딸이 8세에 조기 사망하고, 1명의 여자아이를 입양하였다.

◉ 妻子

아이를 낳다가 갑자기 자궁을 절제하여 다시는 아이를 낳지 못했다. 해(亥)는 부인이고, 궁·성(宮·星)이 안정하니 혼인은 좋다.

제 4절 최연소 젊은 군관

辛 乙 乙 乙 (乾)
巳 酉 酉 卯   79 69 59 49 39 29 19 9 (대운)
                      丁 戊 己 庚 辛 壬 癸 甲
                      丑 寅 卯 辰 巳 午 未 申

◉ 간단한 이력과 해석

부대에서 나이가 가장 적은 군관이다. 원국이 상관합살(傷官合殺)로 살(殺)을 제(制)하고, 년상의 을묘(乙卯)는 연결된 근(根)으로 쌍층성(雙層性)이 있어 전우(戰友)로 표시하니 곧 자신의 의사를 대표한다.

묘(卯)가 사(巳)를 생하여 비겁상관조합을 형성하는데 상관은 주로 사상으로, 사상(思想)이 그 안에 있으니 한 무리의 사병(士兵)이 붙어 있어 부대에 적합한 상이다. 대운은 사화(巳火)가 왕(旺)을 득하는 것을 기뻐하며, 살(殺)을 제(制)하면 권력이다.

◉ 대운 유년분석

▶ 갑신(甲申)운

임신(壬申, 1992)년에 군인이 되었다. 사신합(巳申合)이 응기이다.

▶ 계미(癸未)운

계(癸)운은 평범한 대운이다. 미(未)운은 비견의 묘운(墓運)으로 미토(未土)가 인성을 차고 있어 승진에 이롭다.

• 갑술(甲戌, 1994)년에 반장(班長)으로 진급하였다. 술(戌)은 사화(巳火)의 발용(發用)을 대표한다. 유술천(酉戌穿)이 응기이다.

• 을해(乙亥, 1995)년에 부연(副連:부사령관)으로 진급하였다. 유년 해수(亥水)가 사화(巳火)를 충하는 충동(沖動)의 응기이다.

• 정축(丁丑, 1997)년 정연(正連:사령관)으로 진급하였다. 식신 정(丁)이 살고(殺庫)에 앉아 축(丑)을 누르고 있어 역시 살성이 제압되는 응기이다.

• 경진(庚辰, 2000)년에 부영(副營)으로 진급하였다. 을경합(乙庚合)하고 진유합(辰酉合)은 살성을 동한다. 유년의 합(合)은 인동(引動)의 뜻이다. 미(未)운은 묘진천(卯辰穿)을 싫어하지 않는다. 묘(卯)가 미(未)중에 있고 진(辰)은 미(未)를 능히 묘(墓)하기 때문에 오히려 방대해진다. 관할하는 사람들이 많음을 대표한다.

• 임오(壬午, 2002)년에 정영(正營)으로 진급하였다. 식신이 인(印)과 합하여 승진에 이롭다

▶ 임오(壬午)운

식신에 인성이 배치되는 대운으로 승진에 이롭다.

- 을유(乙酉, 2005)년에 부단(副團)으로 진급하였다. 자기가 살 (殺)에 앉았다.
- 병술(丙戌, 2006)년에 정단(正團)으로 진급하였다. 술(戌)은 사(巳)를 대표하여 동(動)하니 유술천(酉戌穿)으로 발용한다. 오(午)운도 역시 승진이 가능함을 예측할 수 있다.

▶ 신사(辛巳)운

원국의 신사(辛巳)가 도위하여 승진할 수 있다. 관직이 사급(師級)까지 도달할 수 있다.

▶ 경진(庚辰)운

경진(庚辰)운은 마땅치 않은데, 대운의 왕한 경금(庚金)의 합(合)은 통제를 당하는 의사이다. 지지에 진(辰)이 이르러 묘(卯)를 천(穿)하고 사(巳)를 끄니 뇌옥지재를 두려워한다.

◉ 혼인

사(巳)는 부인이고, 혼인은 안정된다.

제 5절 연대급 군관

庚	庚	丙	丁(乾)
辰	午	午	未

79 69 59 49 39 29 19 9 (대운)

戊 己 庚 辛 壬 癸 甲 乙
戌 亥 子 丑 寅 卯 辰 巳

◎ 간단한 이력과 해석

경금(庚金)은 완금(頑金)으로 화(火)의 단련을 기뻐한다. 병오(丙午)월에 태어난 것이 기쁘고, 시상의 경진(庚辰)은 인성(印星)에 앉아 관인상생(官印相生)하는데, 인성(印星)은 직무이다. 단, 년상의 정미(丁未)는 기뻐하지 않는데, 멀리 떨어져 있어 영향이 크지 않아 좋다. 화금(火金)조합은 소위 군관이다.

◎ 대운 유년분석

▶ 갑진(甲辰)운

갑(甲)이 병(丙)을 생함은 기쁨이고, 진(辰)은 인성이 도위한 운이니 승진하는 대운이다.

• 을축(乙丑, 1985)년에 군대에 들어갔다. 축오천(丑午穿)하니 집을 떠나는 의사이고, 축(丑)은 진(辰)의 도달을 대표한다.

• 무진(戊辰, 1988)년에 작은 지방에서 큰 지방으로 이동하였

다. 무진(戊辰)은 원국의 인성이 도위한 것으로 직장(일)이
다. 본래 승진할 수 있는 해이지만, 천간의 갑(甲)이 무토(戊
土)를 극하여 승진할 수 없다.

- 임신(壬申, 1992)년에 승진한다. 정임합(丁壬合), 병임충(丙壬
  沖)하는데, 병(丙)은 임(壬)이 충동(沖動)함을 기뻐하고, 신(申)
  이 진(辰)인성을 공(拱)하니 승진이다.
- 을해(乙亥, 1995)년에 승진한다. 을경합(乙庚合)은 자기가 도
  위하고, 亥午合을 기뻐한다. 해(亥)는 진(辰)을 대표하니 승진
  한다.

▶ 계묘(癸卯)운

길운으로 계(癸)는 진(辰)이 도위함을 대표한다. 묘운(卯運)에 오
(午)가 묘(卯)를 파함은 오화(午火) 관성이 발용(發用)하여 승진에 이
롭다. 묘진천(卯辰穿)은 진토(辰土)가 발용하니 승진하는 뜻이다.

- 경진(庚辰, 2000)년에 부사령관으로 진급하였다. 경(庚)이 진
  (辰)에 앉아 원국의 인성이 도위하여 승진하는 응기이다.
- 갑신(甲申, 2004)년에 정영(正營)으로 진급하였다. 신진(申辰)
  이 공(拱)하여 진(辰)을 인동하는데, 신(申)은 자기를 대표하고
  진(辰)은 직무이다.

▶ 임인(壬寅)운

임(壬)운은 정(丁)을 합(合)하고 병(丙)을 충하여 거관유살(去官留

殺)의 뜻이니 승진에 이롭다. 인(寅)운은 왕한 오화(午火)를 생하니 평온한 운에 속한다.

- 정해(丁亥, 2007)년에 부단(副團)으로 진급하였다. 식신이 관과 합하여 거관유살(去官留殺)하고, 해수(亥水)가 진토(辰土) 인성으로부터 나오니 승진을 인동한다.

- 임진(壬辰, 2012)년에 정단(正團)으로 진급한다고 예측하였다. 정임합(丁壬合)은 식신이 관과 합하는 응기이고, 좌하의 인성이 도위하니 주로 승진한다.

▶ 신축(辛丑)운

신축(辛丑)대운은 기뻐하지 않는다. 신(辛)은 다른 사람이고, 병신합(丙辛合)은 다른 사람이 권력을 탈취하는 뜻이다. 이 운에는 중용(重用)될 수 없다.

제 6절 전업(轉業)한 군관(軍官)

```
乙 甲 丙 己 (乾)
丑 寅 子 未     72 62 52 42 32 22 12 2 (대운)
               戊 己 庚 辛 壬 癸 甲 乙
               辰 巳 午 未 申 酉 戌 亥
```

🌀 간단한 이력과 해석

기축(己丑, 2009)년의 사례이다. 기축(己丑)년은 유운(酉運)의 마지막 1년으로 원래 부대의 영장(營長)으로 근무하고 있었는데 전업하여 지방관청에서 일하기 위해 적지 않은 돈을 썼지만 성사되지 않았다. 이미 군대를 그만두고 1년 동안 집에서 쉬고 있었다. 그 당시, 그 해에 직장을 구할 수 있는지 물었는데, 일시적으로 직장을 구할 수 없다고 추단하였다. 원국은 자축합(子丑合)으로 인성이 관고와 합하여 직장을 대표하고, 미(未)가 자(子)를 천하니 제인득권(制印得權)이다. 미(未)는 비겁 양인고(羊刃庫)라 군관이 되었다. 유운(酉運)에 자유파(子酉破)가 출현하여 중용(重用)을 받지 못하기에 전업하여 지방으로 돌아가려고 생각하였다.

기축(己丑)년은 갑기합(甲己合)하여 재(財)와 합(合)하고, 을목(乙木) 겁재가 천간에 있어 재성을 겁재에게 빼앗기는 의사이다. 축미충(丑未沖)은 미토(未土)가 자수(子水)를 천(穿)하는 주공을 괴한다[유운(酉運)은 축(丑)을 강하게 한다]. 그래서 직장을 잡을 수가 없었다. 집에 멍하니 있다 보니 답답하고 기분이 안 좋고 몸도 안 좋았다.

🌀 대운 유년분석

▶ 갑술(甲戌)운

정축(丁丑, 1997)년에 입대하였다. 자축합(子丑合)으로 인성을 인동하고, 축미충(丑未沖)으로 비겁고를 인동하니 군인이 되었다.

▶ 계유(癸酉)운

계수(癸水)는 일주인 갑(甲)이 싫어한다. 일주가 왕한 재(財)인 기토(己土)와 합하는 것은 좋고, 기토(己土)가 계수(癸水)를 극하는 것은 발용(發用)이다. 그래서 길로 논한다. 유운(酉運)은 축(丑)의 도위를 대표하는데, 출현하여 자유파(子酉破)하니 한 단계 승진하는데 불리하다.

- 경진(庚辰, 2000)년에 진급한다. 을경합(乙庚合)은 양인에 살(殺)을 더하고, 진(辰)은 또 인성을 공(拱)하여 동(動)하게 하니 승진이다.
- 갑신(甲申, 2004)년에 부영(副營:부사령관)으로 진급하였다. 자기가 살(殺)에 앉아 도위(到位)하였다.
- 정해(丁亥, 2007)년에 결혼하였다.
- 무자(戊子, 2008)년에 정영(正營:사령관)으로 진급하였다. 무자(戊子)자합으로 재(財)가 인(印)을 제(制)하는 응기이다.

▶ 임신(壬申)운

임운(壬運)은 좋지 않다. 왕(旺)한 임수(壬水)가 병(丙)을 극하는 것은 효신탈식(梟神奪食)이다. 신운(申運)은 자수(子水)를 장생하니 인성이 왕해져 권력을 얻을 수 있다. 그래서 신운(申運)에 승진할 수 있다.

- 경인(庚寅, 2010)년에 비로소 안배(按排)가 좋아 일할 것이다. 을경합(乙庚合)하고 일주가 록(祿)에 앉으니 부대의 상관을 찾아가 도움을 청하면 공검법 부문에서 일을 할 수 있다.

▶ 신미(辛未)운

다시 승관(升官)할 것인데, 예측하기를 관(官)이 청급(廳級)에 이를 것이라고 하였다.

◉ 혼인

두 번 결혼하는 명(命)이며, 또한 도화(桃花)가 있다. 신운(申運)에 혼인을 하지만 신운(申運)을 벗어나지 못하고 이혼할 것이라고 예측하였다. 다시 찾은 상대는 이혼한 사람이지만, 두 번째 결혼은 안정된다. 갑기(甲己)로 재(財)와 합(合)하니 년의 기미(己未)가 첫 번째 부인인데 자미천(子未穿)으로 헤어질 수 있음을 표시하여 좋지 않다. 인축(寅丑)이 합하니 축(丑)이 두 번째 부인으로 을(乙) 아래에 있기에 한 번 이혼했던 사람이다.

제 7절 부대 사령관급 간부

```
甲 癸 壬 甲 (乾)
寅 卯 申 午    78 68 58 48 38 28 18 8 (대운)
             庚 己 戊 丁 丙 乙 甲 癸
             辰 卯 寅 丑 子 亥 戌 酉
```

간단한 이력과 해석

정해(丁亥, 2007)년의 사례이다. 수목상관(水木傷官)이 세를 이루어 계수(癸水)가 갑(甲)을 보니 귀하고 임수(壬水)가 돕는다. 월령의 인성은 직장인데, 묘신합(卯申合)하고 인신충(寅申沖)하니 상관배인(傷官配印)이 성립되었다. 신금(申金)의 머리 위에 겁재가 있고, 신금(申金)이라는 군대의 상을 더하니 군관이 된다.

명국은 상관이 인성을 포국(包局)하여 격국이 비교적 크다. 대운과 유년에 인성을 득하면 발용되어 권력을 얻는데 유리하다.

대운 유년분석

▶ 갑술(甲戌)운

갑운(甲運)은 귀(貴)를 득하니 기뻐하여 공문으로 들어가고, 술운(戌運)은 삼합 화국(火局)으로 중신(中神)이 빈위에 있어 실권이 없고 다른 사람을 보좌하는 의사이다.

- 고등학교를 졸업하고 갑인(甲寅, 1974)년에 결혼 후 군인이 되었다. 삼합 화국(火局)으로 식상이 도위하는 해에 군인이 되고, 유년에 삼합 재성이 성립되니 혼인이 이루어졌다.
- 무오(戊午, 1978)년에 소대장으로 승진한다. 재(財)가 관(官)을 이고 신(身)에 합하고 갑(甲)이 무(戊)를 극하니 상관이 발용한다.
- 기미(己未, 1979)년에 부연(副連)으로 진급한다. 갑기(甲己)합으로 상관이 칠살과 합한다. 왕한 상관은 살(殺)과의 합을 기뻐하는데, 제권(制權)은 권력이다.
- 경신(庚申, 1980)년에 정연(正連)으로 진급한다. 묘신(卯申)이 합(合)하여 도위하고, 식신이 인성과 합(合)하여 권력을 얻는 뜻이다.

▶ 을해(乙亥)운

을(乙)이 투하여 상관을 혼잡하게 함이 좋지 않고, 해운(亥運)은 좋을 때도 있고 나쁠 때도 있다. 신해천(申亥穿)은 좋지 않아 승진에 불리하다. 해묘합(亥卯合), 오해합(午亥合)을 기뻐하니 관을 얻는 뜻이다. 이 운에 원만하게 승진하였다.

- 을축(乙丑, 1985)년에 부영(副營:부사령관)으로 승진하였다. 축(丑)이 이르면 신(申)이 이르고, 축오천(丑午穿)은 다른 사람의 관을 천거(穿去)하니 과하탁교이다.
- 정묘(丁卯, 1987)년에 정영(正營)으로 진급하였다. 정임합(丁壬

合)을 기뻐하고 묘신합(卯申合)하니, 식신이 인성과 합하는 응기이다.

▶ 병자(丙子)운

병운(丙運)은 병임(丙壬)이 서로 교접하여 휘황찬란하니 길하고, 자운(子運)은 모병(毛病-결함)이 있어 자묘(子卯)가 파하니, 식신이 록(祿)을 파하여 불리하다. 식신은 심정으로, 심정이 좋지 않아 잘못을 저지른다. 자오(子午) 상충은 주공하니 기쁘고, 과하탁교이다.

- 신미(辛未, 1991)년에 지역을 바꿔 부대기관에서 일하고 영예가 많았으며 업무성적도 좋아서 상도 받고 부단(副團)으로 진급하였다. 병신합(丙辛合)이 좋고, 오미합(午未合)으로 년에 이르니 직장부서를 바꾸었다.

- 임신(壬申, 1992)년에 상관의 도움을 받았다. 병임충(丙壬沖)이 응기이다.

- 계유(癸酉, 1993)년에 정단(正團)으로 진급하였다. 계유(癸酉)는 자기가 인성에 앉아 오유파(午酉破)하니 과하탁교이다.

- 갑술(甲戌, 1994)년에 2개의 부대가 합병하여 권력과 관리범위가 확장되었다. 갑술(甲戌)은 상관이 관을 제하니 상관이 발용(發用)하였다.

- 을해(乙亥, 1995)년은 일이 순조롭지 않고 잘못을 범한다. 신해천(申亥穿)하니 유년이 불리하다.

- 병자(丙子, 1996)년 역시 일이 순조롭지 않고 잘못을 범한다.

자묘(子卯)로 록(祿)을 파하니 대운이 좋지 않은 가운데 유년에
서 응기를 보았다.

• 무인(戊寅, 1998)년에 부사(副師)로 진급하였다. 원국에 상관이
왕하고 관이 신(身) 과의 합을 기뻐하니 상관이 발용되는 유년
이다.

• 기묘(己卯, 1999)年에 정사(正師)로 진급하였다. 원래는 핵심부
분의 부사(副師)였으나, 이 해에 하부직의 정사(正師)로 이동하
였다. 나는 당시에 그의 상관이 도움을 주어 그 해에 이동할 것
이라고 판단하였는데, 적중하였다. 기묘(己卯)년은 갑기합(甲
己合), 묘신(卯申)으로 상관이 살(殺)과 합하고 식신이 인(印)
과 합하여 승진하는 응기이다. 단, 이 해는 자운(子運)이니, 자
묘파(子卯破)가 출현하여 주위의 식신을 파(破)하니 심정이 좋
지 않다. 나아가 묘오파(卯午破)의 출현은 오(午)가 바로 자기
의 상급자를 나타내는데, 갑(甲)을 차고 있으므로 자기의 귀인
(貴人)을 도와주는 것을 표시한다. 그래서 이와 같이 판단한 것
이다. 이 해에 비록 승진은 하였지만 심정은 좋지 않았다.

▶ 丁丑운

정운(丁運)은 오화(午火)가 허투하여 임수(壬水)와 습함을 대표
하며, 겁재가 발용하여 다른 사람에게 이롭고 자기는 불리하다. 축
(丑)은 신(申)이 도위함을 대표하고, 축오천(丑午穿)을 기뻐하니 과
하탁교로 승진한다.

- 갑신(甲申, 2004)년에 작은 부서의 책임자가 되었다. 인(印)이 이 도위하여 묘신합(卯申合)하니 인(印)이 응기 되었다.

- 을유(乙酉, 2005)년은 같은 직장의 동료로 인해 일이 잘못 되었다. 을(乙)은 묘(卯)가 허투하여 천간으로 도위함을 대표하고, 유금(酉金)이 묘목(卯木) 식신을 충파(沖破)하니 일이 꼬인다.

- 병술(丙戌, 2006)년도 같은 직장의 동료로 인해 일이 잘못 되었다.

- 정해(丁亥, 2007)년과 무자(戊子)년에 승진이 가능한지 물었다.

- 무자(戊子, 2008)년에는 승진하지는 못하지만 하나의 영예는 얻을 수 있다. 자묘파(子卯破)로 록(祿)과 식신이 서로 파(破)하니 승진하지 못하고 실권이 없으며, 천간의 무계합(戊癸合)으로 조그만 영예를 얻을 수 있다.

◉ 혼인

묘(卯)가 부인인데 원래의 국중에 목(木)이 많이 나타나 있으나 그렇다고 다혼(多昏)은 아니다. 왜냐하면 식상이 부부궁의 부처성을 포국했기 때문이다. 묘오파(卯午破)는 싸움하는 상(象)이다.

◉ 자녀

2명의 아이가 있는데, 큰 아이는 딸이고, 작은 아이는 아들이다.

제 8절 모부대 군 간부

庚 丙 庚 丁 (乾)			
子 辰 戌 酉			

```
          71 61 51 41 31 21 11  1 (대운)
          壬 癸 甲 乙 丙 丁 戊 己
          寅 卯 辰 巳 午 未 申 酉
```

⚘ 간단한 이력과 해석

정해(丁亥, 2007)년의 사례이다. 시를 교정하여 야자시(夜子時)로
확정하였다. 학력은 고졸이고, 최근까지 부대의 정사급 간부였다. 키
는 크지 않고, 아주 맑고 수려하며, 문(文)과 질(質)을 갖춘 보기 드문
부대의 관(官)이다.

병진(丙辰)일이 살고(殺庫)에 앉고, 진술충(辰戌沖)이 공으로 비겁
고를 제한다. 술(戌)은 화고(火庫)이니 군영이다. 비겁고로 역시 군영
이 되니 그래서 군관이다. 명국은 1층 공인데, 정(丁)이 유(酉)를 제하
고 또한 술(戌)이 유(酉)를 천하니 비겁고가 유금(酉金) 재성을 제한
것으로 표시하여 명국의 급별이 올라갔다. 진(辰)은 살고로 권력의
중심이니 실권을 장악 할 수 있다. 팔자에 재(財)가 왕하고, 또 조년
에 재운으로 행하니 학업에 불리하다. 재성 허투는 재화(才華)를 표
시하니, 문필과 강의 수준이 아주 높다.

▶ 무신(戊申)운

평평한 운으로, 재(財)가 왕한데 또 재운으로 행하니 집안형편이 일반적임을 설명한다. 원국에 인성이 없어 학력이 높지 않다. 신(申)운은 진토(辰土) 식신을 설(洩)하고 전화(轉化)하여 관성이 되니 학업에 불리하지만 공문으로 들어갈 수 있다. 무(戊)가 이르면 병(丙)이 이른다.

- 을묘(乙卯, 1975)년에 입대하였다. 묘유충(卯酉沖)으로 년지를 충동하니 먼 곳으로 갔다. 묘술합(卯戌合)은 술토(戌土)를 인동하니 군대에 갔다.

▶ 정미(丁未)운

승진에 이롭다. 정(丁)은 원국의 정(丁)이 도달함을 대표하여 주공이 가능하니 길이다. 미(未)운은 자(子)를 천(穿)할 수 있어 과하탁교로 승진에 더욱 유리하다.

- 무오(戊午, 1978)년에 소대장으로 진급하였다. 오(午)의 도달은 술(戌)의 도달이고, 또한 오(午)는 능히 미(未)를 합하니 대운의 주공을 인동한다.
- 경신(庚申, 1980)년에 정배(正排)로 진급하였다. 신자진(申子辰) 수국이니 관살의 공을 더욱 강하게 한다.
- 임술(壬戌, 1982)년에 결혼하고, 계해(癸亥, 1983)년에 딸을 낳았다.
- 갑자(甲子, 1984)년에 부연(副連:부사령관)으로 진급하였다. 미

(未)운에 자(子)년을 보니 자미천(子未穿)의 응기가 되어 승진한다.

▶ 병오(丙午)운

자기가 양인 겁재에 앉아 주공(做功)하는데, 양인이 도위(到位)하여 주공하니 바로 본인이 군권을 장악하는 상(象)이며, 왕(旺)한 화국(火局)이 재관(財官)을 제(制)한다.

- 무진(戊辰, 1988)년에 정연(正連:사령관)으로 진급하였다. 진(辰)이 도위하여 진술충(辰戌沖)하니 권력이 발용한다.
- 임신(壬申, 1992)년에 부단(副團)로 진급하였다. 천간에서 양인(羊刃)이 살(殺)과 합하고, 지지의 신(申)은 진토(辰土)를 인동한다.
- 을해(乙亥, 1995)년에 정단(正團)으로 진급하였다. 천간은 을경합(乙庚合)을 기뻐하고, 지지의 해(亥)는 진(辰)의 도달을 대표하며, 관살이 발용하는 응기이다. 만약 을해(乙亥)년에 승진하지 못하면 병자(丙子)년에는 필히 승진한다. 자(子)년의 응기는 진(辰)의 도달을 표시하고, 자오충(子午沖)은 대운을 충동하니 발용이다.

▶ 을사(乙巳)운

을(乙)운은 기쁘고, 사(巳)운은 기쁘지 않다. 을경합(乙庚合)은 재성과 인성의 습이니 명예도 이롭고 관도 이롭다. 사(巳)운은 술(戌)을 대표하는데, 원국의 술(戌)이 유(酉)를 천(穿)한다. 처성을 상하게 하니 처(妻)를 극하는 대운이다. 자기에게도 또한 심뇌혈관 질병이 발병하였다.

- 경진(庚辰, 2000)년에 부사(副師)로 승진하였다. 천간에서 을경합(乙庚合)을 기뻐하고, 지지의 진(辰)이 도위하여 발용한다.
- 신사(辛巳, 2001)년에 부인이 병을 얻어 세상을 떠났다.
- 갑신(甲申, 2004)년에 정사(正師)로 진급하고 다시 결혼하였다. 신(申)이 도위하여 진(辰)을 인동하고, 진(辰)은 권력을 대표하며 2번째 처를 대표한다.

▶ 갑진(甲辰)운

인성에 관살고가 앉고, 원국의 진(辰)이 도위하였다. 인성 갑목(甲木)이 배치되어 승진에 유리한 대운이다. 이 운에 정군급(正軍級)까지 승진할 수 있다고 예측하였다.

◉ 혼인

유(酉)가 첫 번째 부인인데 술(戌)에 천(穿)을 당하고 또 양인 정(丁)한데 극상을 당하여 백년해로하기가 힘들다. 진(辰)은 2번째 처(妻)인데 식신이 임하여 나이가 적다. 관성과 합하여 아이를 낳을 수 있고, 2번째 혼인은 문제가 없다.

◉ 자녀

자(子)는 정관이며 딸이 된다.

제 9절 군관으로 퇴직 후 사업

```
甲 壬 甲 乙 (乾)
辰 子 申 巳    76 66 56 46 36 26 16  6 (대운)
              丙 丁 戊 己 庚 辛 壬 癸
              子 丑 寅 卯 辰 巳 午 未
```

🔅 간단한 이력 및 해석

정해(丁亥, 2007)년의 사례이다. 고졸출신의 모부대 단장으로, 부대에서 군대를 인솔하는 장교이다. 임자(壬子)일에 갑진(甲辰)시가 배치된 진(辰)은 비겁 양인고이다. 신자진(申子辰) 삼합 양인국(羊刃局)에다 살성과 양인이 배치된 조합이다. 삼합수국(三合水局)으로 살기를 설하는 것은 바람직하지 않다. 년상의 을사(乙巳)를 기뻐하는데, 상관이 화(化)하여 권력이 되었다. 사신합(巳申合)으로 인성과 합하여 권력이 되니 군관이다. 원국은 식상이 혼잡 되었기 때문에 관직이 크지 않다.

🔅 대운 유년분석

▶ 임오(壬午)운

원국에 상관이 많고 혼잡 되어 학업에 불리하니 고졸학력이다. 이 운 중에 군인이 되었다. 자오충(子午沖)과 역마를 범하였다.

- 임술(壬戌, 1982)년에 군인이 되었다. 술(戌)은 사(巳)를 대표하고 공문인데, 임(壬)이 술(戌)에 앉았다. 그래서 자기가 부대로 진입하는 의사이다.
- 을축(乙丑, 1985)년에 소대장으로 승진하였다. 축(丑)은 신(申)을 대표하고 합하여 자기에게 도달하니 승진이다.
- 병인(丙寅, 1986)년에 부연(副連)으로 승진하였다. 원국의 사신합(巳申合)은 권력을 얻는 것이고, 충(沖)은 응기이다. 충(沖)은 인동(引動)의 뜻이 있다.
- 무진(戊辰, 1988)년에 결혼하였다.

▶ 신사(辛巳)운

신운(辛運)은 평범한 대운이다. 사운(巳運)은 원국 사신합(巳申合)의 응기로 승진에 이롭다.

- 임신(壬申, 1992)년에 정연(正連)으로 승진하였다. 원국 사신합(巳申合)의 응기로, 유년의 신(申)은 대운을 인동한다.
- 을해(乙亥, 1995)년에 부영장(副營長)으로 승진하였다. 유년이 대운을 충(沖)하여 대운을 인동시켜 사(巳)가 와서 신(申)과 합(合)하니 승진하였다.
- 무인(戊寅, 1998)년에 영장(營長)으로 승진하였다. 합(合)은 충(沖)이 응기이다.

▶ 경진(庚辰)운

경운(庚運)을 기뻐한다. 을경합(乙庚合)은 거잡유청(去雜流清)하여 원국의 식상 혼잡을 제거해준다. 진운(辰運)은 평평하였다.

- 경진(庚辰, 2000)년에 부단(副團)으로 승진하였다. 경운(庚運)의 경(庚)년을 기뻐하는데, 상관과 인성과의 합은 길하다. 경진(庚辰)은 또 인성에 살이 배치되어 승진할 수 있다.
- 갑신(甲申, 2004)년에 정단(正團)으로 승진하였다. 갑(甲)년은 경(庚)을 충동하고, 또 을경합(乙庚合)을 인동할 수 있는데, 지지의 신(申) 인성을 보아 권력이다.
- 병술(丙戌, 2006)년에 부대를 옮겼지만 승진은 아니다. 유년이 진(辰)을 충동(沖動)하니 관(官)이 동(動)하지만, 단 진(辰)이 너무 태약하고 무력하여 승진할 수 없다.

▶ 기묘(己卯)운

기운(己運)은 2개의 갑(甲)이 기(己)를 만나는 것을 기뻐하는데 합살(合殺)은 공(功)이 있다. 묘운(卯運)은 묘진천(卯辰穿)을 기뻐하고, 묘(卯)가 자(子)를 파(破)하며, 자수(子水)를 괴(壞)하고 또 왕한 살성을 천(穿)하니 길하다. 이 운은 승진이 가능하다.

◉ 자녀
아들을 낳았다.

제 10절 전업 해군장교

```
丙 壬 己 辛 (乾)
午 申 亥 卯    77 67 57 47 37 27 17 7 (대운)
              辛 壬 癸 甲 乙 丙 丁 戊
              卯 辰 巳 午 未 申 酉 戌
```

🔵 간단한 이력과 해석

원국이 묘신합(卯申合)으로 상관배인을 형성하는데, 신금(申金) 인성은 권력이다. 신(申)은 군인 혹은 경찰이고 또 비겁상관조합이라 병졸에서 군관까지 승진할 수 있다. 월령의 기토(己土) 관성을 보는 것을 꺼리니 승진하는데 영향을 미친다. 그래서 전업하여 이직할 수 있다. 일주는 기(己)가 극하는 해(亥)를 좋아하는데 자기와는 무관하다(申亥穿). 그래서 다행히도 관재(官災)를 만나기는 쉽지 않다. 시상에 재성을 보아 병신(丙辛)이 합(合)하니, 사직하고 사업함을 표시한다.

재성이 인성과 합하는데, 병화(丙火)를 만나 전달매체이니 문필을 좋아하고, 글을 잘쓰며, 말을 잘하고, 창을 잘하여 문직(文職)에서 일하는 것이 적합하다. 오화(午火) 재성이 기토(己土)로 화(化)하는데, 희신이 화(化)를 꺼려 결국에는 사업에 실패하여 파산한다.

▶ 정유(丁酉)운

정화(丁火)가 허투하여 합(合)을 하는 것을 기뻐한다. 유금(酉金)은 인성으로 정화(丁火)의 제복을 받는다. 정화(丁火)는 또 나의 일주가 사용하는 것이니 전체가 길운이다.

- 기유(己酉, 1969)년에 군인이 되어 신문보도 일을 하였다. 묘유충(卯酉沖)하니 조상을 떠나 먼 곳으로 간다. 기유(己酉)는 대상으로 인성이 도위하여 직업이 있다.
- 신해(辛亥, 1971)년에 문자를 담당하는 비서실의 수장으로 승진하였다. 병신(丙辛)으로 재성이 인성과 합하니 인기와 명예에 유리하다.
- 을묘(乙卯, 1975)년에 밖으로 옮겨 일하였다. 유(酉)운 묘(卯)년에 묘유충(卯酉沖)하여 관이 동하였다.
- 병진(丙辰, 1976)년에 진급하여 지도원이 되었다. 진(辰)년의 묘진천(卯辰穿)은 승진이 아니고, 천간의 병신합(丙辛合)으로 인성과 합하니 승진이다. 재화(才華)를 득하여 사용한다.
- 정사(丁巳, 1977)년에 결혼하였다. 천지합(天地合)이다.

▶ 병신(丙申)운

길운으로, 병신(丙辛)합을 기뻐하는데, 재성과 인성이 합한다. 지지 신(申)의 도위는 권력이 발용됨을 표시한다. 가장 좋은 대운이다.

- 무오(戊午, 1978)년에 딸이 태어났다.

- 기미(己未, 1979)년에 연장(連長)으로 진급하였다. 미(未)는 묘 (卯)의 도달을 대표하는데, 해묘미(亥卯未) 삼합으로 상관이 왕해졌다. 원국은 상관배인격이다. 상관이 왕(旺)을 득하여 좋 으니 승진할 수 있다.

- 을축(乙丑, 1985)년에 사령관으로 진급하였다. 축(丑)이 이르 면 신(申)이 이른 것이고, 을목(乙木) 상관이 배합하는데, 축 오(丑午)는 권력의 발용을 표시한다. 또 돈을 낭비하는 의사이 다. 이 해에 돈을 쓰면 승진할 수 있다.

- 병인(丙寅, 1986)년에 전업하여 지방의 우체국에 가서 일했다. 이때가 신(申)운의 마지막 1년이었는데, 을미(乙未)운으로 들 어가니 바로 부대를 그만두는 의사이다. 그래서 부대를 떠났 다. 인(寅)년은 신(申)을 충거(沖去)하니 응기가 된 시간이다.

▶ 을미(乙未)운

을(乙)이 투(透)하여 상관이 관(官)을 보니 관을 구하는데 불리하 다. 미(未)운에 미(未)는 또 오재(午財)와 합하니 돈을 벌러 가는 의 사이다.

- 병자(丙子, 1996)년에 처음으로 여행국에서 일했는데 몇 년간 은 좋았다. 병신합(丙辛合)은 인성과 합(合)이니 직업이 동하 고, 대운에서 오미합(午未合)을 보고, 또 유년은 충(沖)하는 응 기이다.

▶ 갑오(甲午)운

갑운(甲運)은 왕재(旺財)이고, 오운(午運)은 파재(破財)이다. 갑운(甲運)에서 번 돈을 모두 오운(午運)에 잃었다. 갑(甲)은 병(丙)을 생할 수 있고 기토(己土)와 합한다. 관성 모병(毛病)을 합거(合去)하고 재성 병화(丙火)를 생한다. 지지의 오운(午運)에 명주는 오화(午火)의 재(財)를 잡을 수 없고, 반대로 오해(午亥)가 합하니 비견한테 합거(合去) 당하였다.

- 경진(庚辰, 2000)년에 사직하고 창업하여 문화에 관한 일을 시작하였다. 卯辰穿은 상관을 거(去)하니 이직하여 자기가 여행사를 차렸다.
- 신사(辛巳, 2001)년에 장사가 괜찮아 수억 원을 벌었다. 병신(丙辛)으로 재(財)와의 합을 기뻐하는데, 사신합(巳申合)도 또한 재(財)와의 합이다.
- 임오(壬午, 2002)년에 장사가 괜찮아 수억 원을 넘게 벌었다. 임(壬)은 자기를 대표하고, 자기가 재(財) 위에 앉았다.
- 계미(癸未, 2003)년에는 오운(午運)으로 들어가는데, 계(癸)는 겁재이고, 계(癸)아래 미(未)는 오(午)와 합을 한다. 재성이 겁을 당하여 사업이 파재하였다.
- 갑신(甲申, 2004)년 이후에는 경영이 서서히 내리막길이었다.

▶ 계사(癸巳)운

계운(癸運)은 비겁이 도위하니 재(財)를 겁재한데 빼앗기는 상으로 사업은 필연적으로 파재이다.

- 무자(戊子, 2008)년에 회사를 닫고 빚이 수천만 원 되는데 지
  금까지도 갚지 못하고 있다. 무토(戊土)는 병화(丙火) 재성을
  대표하는데, 합(合)하여 자수(子水)에 도위하니 재(財) 전체를
  겁탈당하였다.

🌀 혼인

혼인은 아주 좋다.

제 11절 퇴직한 부대 참모장

```
丁 己 癸 庚(乾)
卯 巳 未 寅    72 62 52 42 32 22 12  2 (대운)
             辛 庚 己 戊 丁 丙 乙 甲
             卯 寅 丑 子 亥 戌 酉 申
```

🔵 간단한 이력과 해석

부대 참모장으로 정사(正師)로 퇴직한 사람이다. 좌하의 사화(巳
火) 인성을 묘미(卯未) 일가로 포국하여 권력의 중심을 형성하였
다. 귀한 것은 사화(巳火)가 인목(寅木)을 천(穿)하여 권력이 발용
됨을 표시한다. 인(寅)은 공문을 대표하고, 인(寅)이 묘고 미(未)를
본 것은 비겁으로 인(寅)은 바로 부대를 대표하여 군대에서 높은
관(官)이다. 정(丁)은 본래 일주가 꺼리는 것인데 계정(癸丁)이 서
로 충(沖)함은 해(害)가 아니고 기쁨이다. 해자축(亥子丑) 북방 수
지(水地)로 행하는 것을 기뻐하고, 화토(火土)가 발용하여 공(功)이
니 권력을 강화하는 뜻이 있다.

🔵 대운과 유년분석

▶ 을유(乙酉)운

을운(乙運)은 살성이 허투하여 무용하고, 유운(酉運)은 살성을

충출(沖出)하니 용(用)이다. 그래서 군인이 되었다. 유운(酉運)은
사화(巳火)의 사지(死地)이니 무력하여 승진할 수 없다.

- 무신(戊申, 1968)년에 군인이 되었는데, 인신충(寅申沖)하니
  역마를 범하여 먼 곳으로 갔다. 사신합(巳申合)은 인성을 인동
  하니 군인이 되었다. 당시 군대에 입대하는 것은 매우 영광스
  런 일이었다.

- 기유(己酉, 1969)년에 부대훈련중 심하게 다쳤다. 총기사고로
  다리가 다쳐 반년을 침상에 누워있었다. 원국의 인사천(寅巳
  穿)은 바로 다리에 부상을 당하는 상이다. 인(寅)은 미토(未土)
  비견에서 나왔기 때문에 손발이며, 또한 인(寅)은 동력으로 년
  상에 있으니 다리이다. 일주 기사(己巳)는 신체로, 인사천(寅
  巳穿)하니 신체에 손상을 당함을 대표한다. 인(寅)은 다리인데
  유운(酉運)에 인(寅)을 절(絶)하니 다리에 부상을 당하는 뜻으
  로, 기유(己酉)는 응기이다. 유(酉)년은 사유합(巳酉合)으로 사
  (巳)를 인동하니 인(寅)을 천(穿)하는 응기이다.

▶ 병술(丙戌)운

전체 대운이 모두 승진에 이롭다. 병술(丙戌)은 사(巳)의 도달을
대표하고, 사(巳)는 권력이다.

- 신해(辛亥, 1971)년에 진급하고 영예를 얻었다. 병신(丙辛)합
  은 식신이 인성과 합하니 명예에 이롭다. 해(亥)가 사(巳)를 충
  (沖)하여 인성을 동(動)하니 승진이다.

- 임자(壬子, 1972)년에 영예를 얻었다. 자미천(子未穿)은 미토 (未土)가 발용(發用)되었다.

- 을묘(乙卯, 1975)년에 관(官)이 순조로워 정연(正連)으로 진급 하고 아울러 결혼한다. 을경합(乙庚合)의 상관합살을 기뻐하고 묘술(卯戌)이 합하여 대운을 인동한다.

- 정사(丁巳, 1977)년 부영(副營)으로 진급하고 아울러 딸이 태 어났다. 사(巳)의 도달은 응기이다.

- 기미(己未, 1979)년에는 일이 좋지 않았다. 술운(戌運)은 원국 의 미(未)를 형(刑)하고, 술(戌)이 卯와 합(合)하여 사(巳)의 역 량을 크게 증가시킨다. 미(未)는 다른 사람을 대표하니, 미토 (未土)를 형괴(刑壞)해도 무방하다. 유년에 미토(未土)가 묘 (卯)와 공(拱)하는 것은 마땅치 않다. 미(未)가 도위하여 더욱 강해지면 반대로 술토(戌土)를 형괴(刑壞)하기 때문이다. 그래 서 기미(己未) 유년이 순리적이지 않는 원인이다.

▶ 정해(丁亥)운

정운(丁運)은 정(丁)이 해(亥)와 자합(自合)하는데, 정(丁)이 해 (亥)한테 제(制)를 당하여 길이다. 해운(亥運)은 인(寅)과 합(合)하 고 사(巳)를 충(沖)하니 사화(巳火)가 발용하는 공(功)이다. 그래서 승진에 이롭다.

- 계해(癸亥, 1983)년에 정영(正營)으로 승진하였다. 해(亥)가 도 위하여 사(巳)를 충(沖)하니 인성이 발용하였다.

- 정묘(丁卯, 1987)년에 또 진급하였다. 시상의 정묘(丁卯)가 유년에서 만나 해묘미(亥卯未) 삼합(三合) 살국(殺局)으로 도위(到位)하였다.
- 기사(己巳, 1989년)에 부단(副團)으로 진급하였다. 사화(巳火) 인성이 유년에 출현한 응기이다.

▶ 무자(戊子)운

무(戊)운의 무(戊)는 사(巳)가 천간에 투출함을 대표하고, 계수(癸水)와의 합(合)을 기뻐하니 발용한다. 자(子)는 미토(未土)의 천(穿)과 묘(卯)의 파(破)를 당하고 무자(戊子) 자합하니 자수(子水)를 제복하여 권력이 발용된다.

- 임신(壬申, 1992)년에 정단(正團)으로 진급하였다. 사신합(巳申合)은 사화(巳火) 인성이 힘을 발휘한다.
- 을해(乙亥, 1995)년에 일이 순조롭고 영예를 얻었다. 을경합(乙庚合)을 기뻐하고 상관합살한다. 해묘미(亥卯未) 삼합으로 살성을 강화한다.
- 병자(丙子, 1996)년에 부사(副師)로 진급하였다. 자(子)의 도위는 미(未)가 자(子)를 천(穿)하는 응기이다. 병(丙)은 사화(巳火)를 대표하니 권력이 하늘에 있어 승진한다.
- 기묘(己卯, 1999)년에 정사(正師)로 진급하였는데, 기묘(己卯)는 자기가 살성에 앉고, 묘(卯)는 자(子)의 파(破)를 기뻐하니 살성이 힘을 발휘한다.

▶ 기축(己丑)운

전체 운 중에 진급은 없고 단지 영예를 얻을 뿐이다. 원국의 사(巳)는 권력인데 축(丑)이 사(巳)를 공(拱)하니 권력을 약화시키는 뜻이다. 이 운 중에 퇴휴하였다.

- 임오(壬午, 2002)년에 영예를 얻는다.
- 병술(丙戌, 2006)년에 퇴직하였다. 술(戌)은 사(巳)의 도위를 대표한다. 축운(丑運)에 술(戌)이 형(刑)을 당하여 사화(巳火)가 무너지는 것과 같다. 그래서 퇴직이다.

◉ 육친

혼인은 좋지 않고 관계가 아주 나쁘다. 그러나 이혼은 없다. 자식은 딸 1명이 있다.

회계 · 세무사 · 경리직

  회계, 통계, 출납 등 재무에 관련된 일은 하나의 직업분류에 속한다. 일부 은행직원이 이 부류에 속하는 경우도 있다. 이들 조합은 아래의 특징이 있다.

1) 해(亥), 자(子)는 모두 숫자의 뜻이 있다. 이 해(亥), 자(子)가 재성 혹은 관살성과 관련을 가지면 흔히 회계를 담당한다.

2) 자미(子未)천의 주공이 출현할 경우이다. 자(子)의 상(象)은 주판알과 같아 천(穿)을 하면 손가락을 움직이는 것과 같으니 장부에 계산하는 뜻이 있다.

3) 식신 상관에 인성이 배치된 조합에 해수(亥水)ㆍ자수(子水)가 주공에 참여하는 경우이다.

제 1절 혼인이 불행한 회계직원

```
丁 乙 甲 癸 (坤)
亥 未 子 丑      74 64 54 44 34 24 14 4 (대운)
               壬 辛 庚 己 戊 丁 丙 乙
               申 未 午 巳 辰 卯 寅 丑
```

⬤ 간단한 이력과 해석

무자(戊子, 2008)년의 사례이다. 전문대 학력으로 회사에서 회계 업무를 담당하고 있다. 을미(乙未)일에 정해(丁亥)시가 배치되어 활목이고, 한 겨울에 태어나 양지(陽地)로 행하는 것을 기뻐한다. 식신은 두뇌·기술·구재인데, 문호에 투출하고 인성과 자합(自合)하니 자기의 기술이 직장에서 사용된다.

자(子)·해(亥)는 숫자이고, 자(子)는 주산이며, 자미(子未)천은 운산(運算)이다. 해미(亥未)는 재(財)를 공(拱)하니 재무회계를 대표한다. 그래서 회계업무이다.

원국의 자미천(子未穿)이 주공하는데 해미(亥未)로 목(木)을 공(拱)하니 미토(未土)의 역량이 부족하여 격국이 손상되었다. 그래서 이 명은 보통으로 어떠한 직권도 없다.

대운 유년분석

▶ 정묘(丁卯)운

평상적인 운이다. 정(丁)운은 본래 좋은 운인데, 원국의 기신 계(癸)가 정(丁)을 보아 효신탈식(梟神奪食)한다. 묘(卯)운은 해묘미(亥卯未) 삼합 록국(祿局)이 되어 본래 길하나, 자묘파(子卯破)를 당하여 기쁘지 않으니 일이 마음에 들지 않았다. 이 운에 일찍부터 직장에 다녔고, 혼인은 순탄하지 않았다.

• 계미(癸未, 2003)년에 회계 일을 시작하였다. 원국에 미토(未土) 재(財)가 도위했다.

▶ 무진(戊辰)운

무계합(戊癸合)은 인성에 재(財)를 더하지만, 빈위의 계수(癸水) 인성에게 이롭지 오히려 자기하고는 무관하다. 진운(辰運)에는 인성이 입묘하고 자미천(子未穿)을 파괴하니 직장에서 승진할 기회가 없다. 이 운에 줄곧 회계업무만 하였다.

• 무자(戊子, 2008)년에는 일이 순조롭지 않아 여러 회사를 바꾸었지만 모두 좋지 않았고, 재운도 좋지 않아 파재(破財)하였다. 무계합(戊癸合)은 실제적인 공용이 없고, 무토(戊土)가 허투되어 갑(甲)에게 쉽게 겁탈당하니 파재의 뜻이다. 자(子)년은 대운 진(辰)을 인동한다. 자(子)는 강하고 미(未)는 약하여, 미토(未土)가 천괴(穿壞)를 당하니 일에 불리하다.

▶ 기사(己巳)운

갑기합(甲己合)은 평상적인 운인데 당연히 자기와는 무관하다. 사운(巳運)은 해(亥)를 충(沖)하니 길인데, 해(亥)는 미(未)에게 손해가 아니고 미토(未土)가 대운과 상생하니 일이 매우 잘 되고 재운도 좋을 것이다.

◉ 혼인

현재 정식적인 혼인은 없고 몇 명의 남자를 사귀었지만 결혼은 성사되지 않았다. 무진운(戊辰運)에 결혼도 가능하지만 또한 이혼할 수도 있다. 더욱이 가정이 있는 남자와 동거하거나 삼각연애관계가 있을 수 있다.

축(丑)이 남편인데, 일지 미(未) 묘고는 본래 축(丑)이 와서 충(沖)하는 것을 기뻐한다. 월령의 갑자(甲子)가 축(丑)을 합하는 것을 기뻐하지 않고, 갑자(甲子)는 다른 사람을 대표한다. 축(丑)은 다른 여자의 남자가 되고, 또 자미(子未)천하니 혼인궁으로 진입하지 못한다. 비견쟁부가 형성되어 혼인이 아주 어렵다. 여명에게 재성은 감정이다. 축(丑)은 관고인데, 대운에서 관살을 보지 못하고, 무진운(戊辰運)은 부성(夫星)이 또 진(辰)의 묘(墓)로 들어가니 혼인이 이루어지기 어렵다.

제 2절 다국적 기업의 재무팀장

```
丁 乙 壬 庚 (乾)
丑 亥 午 子        77 67 57 47 37 27 17 7 (대운)
                 庚 己 戊 丁 丙 乙 甲 癸
                 寅 丑 子 亥 戌 酉 申 未
```

간단한 이력과 해석

이 사람은 홍콩 사람으로 정해(丁亥, 2007)년에 알았는데, 이전 회사에서 회계와 계산서를 담당하였다. 현재는 다국적 기업의 재무총감으로 있다. 일 년 연봉 일억 오천만 원이 넘는다. 현재 하고 있는 회계업에 만족한다.

을해(乙亥)는 활목(活木)으로 정화(丁火)를 보는 것을 기뻐한다. 꽃이 피어 빼어난 기를 설하고 재주를 펼침을 나타낸다. 정임합(丁壬合)을 보고 오해합(午亥合)을 본 것은 식신에 인성이 배치된 것이다. 그래서 본인의 재주를 회사 혹은 조직에서 사용하고자 하는 뜻이다. 그리고 학력도 높고 자격증도 많다. 명국에 해(亥)·자(子) 및 임수(壬水)는 모두 숫자를 표시하니 하루 종일 숫자를 취급하고, 정임합(丁壬合)은 글씨를 쓰는 의사이다. 그래서 그는 회계를 주관한다.

년상의 경자(庚子)는 인성이 관을 차고 나와 합한다. 그래서 직장의 단위를 표시하고, 년은 먼 곳이니 외국자본의 대기업을 표시한다. 원국은 인성이 식신을 제하는 국으로, 천간과 지지가 제(制)한 것이 간정하다. 그래서 화운(火運)으로 행하는 것을 기뻐하고, 또한 해(亥)·자(子)·축(丑) 북방 수운(水運)도 괜찮다.

🐢 대운 유년분석

▶ 을유(乙酉)운

직장에서 순탄하지 않아 회사를 자주 옮겨 다녔다. 번 돈을 다 날리고, 부부의 정도 없다. 을운(乙運)은 평범한 운이고, 유운(酉運)은 사상이나 재능을 대표하는 오(午)를 파(破)하니 일을 하는데 상사의 인정을 받지 못하여 재능을 펼치지 못해 일이 뜻대로 되지 않았다.

- 신미(辛未, 1991)년에 결혼하였다. 오미(午未)합으로, 오(午)가 처(妻)이다.

▶ 병술(丙戌)운

병운(丙運)으로 행하는 것을 기뻐하지 않는데, 정임합(丁壬合)을 좋아하고 병임(丙壬)충은 마땅하지 않다. 왕(旺)한 병(丙)이 천간에 투출하여 제복되지 않고, 제(制)한 식신국을 보좌한다. 술운(戌運)은 길한데, 술(戌)은 오화(午火)를 대표하고, 축(丑)이 술(戌)을 형(刑)하여 술토(戌土)를 제(制)하는 공(功)이다.

- 신사(辛巳, 2001)년 부부가 분거하여 현재에 이르렀으며, 이혼은 하지 않았다.
- 을유(乙酉, 2005)년에 또 외국여자 친구가 있었지만 결혼은 하지 않고 현재에 이르렀다.

▶ 정해(丁亥)운

정임합(丁壬合)하고 오해합(午亥合)하니 일과 재운이 아주 좋았다.
- 병술(丙戌, 2006)년에 회계사자격증을 취득하였다. 이후 다국적 회사의 재무총감이 되어 연봉이 일억 오천만 원이 넘는다.

◎ 혼인

오해(午亥)가 서로 합하니 오(午)가 처(妻)이다. 원국에서 축오(丑午)천하니 혼인이 불화한다. 자오(子午)충하고 처(妻)가 년에 이르러 충하니 국외에 있어 두 곳에서 분거한다. 딸 때문에 이혼을 못하는 것이 아니고, 원국에서 포국(包局)의 관련성으로 인해 이혼할 수 없는 것이다.

시상에 정화(丁火)가 투출하여 축토(丑土) 재성을 차고 있어 두번째 여자를 대표한다. 편인과 자축(子丑)합하여 정실로 들어가지 못하고 줄곧 동거만하였다. 정해(丁亥)운은 정인이 왕(旺)을 득하고, 丑土와는 관계가 없어 두 사람은 결혼하기 어렵다.

제 3절 남편의 외도로 고민하는 출납(出納) 여직원

```
庚 戊 丁 己 (坤)
申 子 丑 酉    79 69 59 49 39 29 19  9 (대운)
              乙 甲 癸 壬 辛 庚 己 戊
              酉 申 未 午 巳 辰 卯 寅
```

◉ 간단한 이력과 해석

무자(戊子, 2008)년의 사례이다. 학력이 전문대졸이고, 기술 혹은 재무 일을 한다. 실제로 문서 직원으로 일하다가 후에 출납을 맡았다. 토금상관(土金傷官)은 인성을 희(喜)하는데, 이 명조는 인성이 허투하고 또 재성을 깔고 앉아 격이 손상되었다. 그래서 상관격이 성립되지 않는다. 무토(戊土)가 겨울에 태어나 하늘은 춥고 땅은 얼었으니 하나의 정화(丁火)로는 너무 약하다. 그래서 학력이 보통이고, 일하는 것도 보통이다. 인성이 겁재 위에 있으니 일이 신고하고, 남의 밑에서 일한다. 무토(戊土)가 자수(子水) 위에 앉아 하는 일이 아주 꼼꼼하고 세밀하며 또한 숫자를 대표하니 출납에 적합하다.

◉ 대운 유년분석

▶ 기묘(己卯)운

묘운(卯運)에 직장에 들어가 문서업무를 담당하였다. 묘신합(卯

申合)으로 식상이 관(官)과 합(合)하니 내가 일에 참가하는 것을 표시한다. 자묘파(子卯破)는 수입이 높지 않음을 표시하고, 재(財)가 머물러 있지 않음을 나타낸다. 묘유충(卯酉沖)은 직장이 안정되지 않아 회사를 옮겨 다님을 나타낸다.

- 신미(辛未, 1991)년에 애인과 함께 살았다.
- 임신(壬申, 1992)년에 결혼하였다. 정임합(丁壬合)으로 결혼증서를 받았다.
- 병자(丙子, 1996)년에 딸이 태어났다.

▶ 경진(庚辰)운

재무출납 일을 시작하였다. 진(辰)이 이르면 자(子)가 이르며, 식상이 투(透)하니 자기의 식상에 의지하여 구재(求財)한다. 자수(子水) 재(財)는 숫자가 되며, 진운(辰運)에 삼합(三合) 재국(財局)으로 재성이 너무 태중하여 발재가 아니다. 자축합(子丑合) 역시 자기의 재(財)가 아니고 다른 사람의 재(財)를 관리해준다.

- 계미(癸未, 2003)년에 일을 하였다. 축미충(丑未沖)하고, 자미천(子未穿)한다. 원국에 합(合)이 있으면 충(沖)은 동(動)이다.

▶ 辛巳운

이 운은 혼인에 불리한데, 원국의 자축합(子丑合)은 비견쟁부이다. 대운 신사(辛巳)는 축(丑)이 도위를 대표하고, 사(巳)는 또 공(拱)하여 축토(丑土)를 왕(旺)하게 하고 자수(子水)를 절(絶)하니 이혼의 상이다.

- 정해(丁亥, 2007)년에 남편이 바람을 피워 이혼문제로 줄곧 다투었다. 해수(亥水)가 대운 사화(巳火)를 충기(沖起)하니 축토(丑土)를 생하여 남편이 바람을 피운다.
- 무자(戊子, 2008)년에 이혼하고, 딸은 본인이 양육하였다. 원국에 자축합(子丑合)이 있으니, 자(子)년은 응기이다. 무(戊)는 대운의 사(巳)를 대표하고 무자(戊子) 자합하니, 남편이 합주(合走:도망)함을 나타낸다.
- 기축(己丑, 2009)년에 묻기를, 남편이 찾아와 다시 살자고 하는데 다시 살 가능성은 희박할 것이라고 하였다. 겁재가 합으로 부부궁에 이르고, 겁재는 좋은 것이 아니니 최종적으로 다른 여자의 남편이 된다. 그래서 다시 합치는 것은 의미가 없다. 록운(祿運)과 식신이 합하고, 재(財)가 절지(絶地)에 이르니, 자기는 단지 아이와 지내는 것을 표시한다.

▶ 임오(壬午)운

정임(丁壬)은 합을 기뻐하고, 자(子)는 충을 기뻐하니, 직장의 수입이 매우 좋아질 것이다. 하지만 더 이상 혼인은 할 수 없다.

◎ 혼인

팔자에 관(官)이 없어 자(子)가 남편이고 자축합(子丑合)하는데, 축(丑)이 겁재(劫財)이니 남편에게 외우(外遇)가 있음을 표시하여, 필연적으로 이혼의 상이다.

제 4절 대기업의 회계를 주관하는 공인회계사

庚 辛 庚 辛 (坤)
寅 未 寅 亥   76 66 56 46 36 26 16 6 (대운)
　　　　　　　戊 丁 丙 乙 甲 癸 壬 辛
　　　　　　　戌 酉 申 未 午 巳 辰 卯

🔵 간단한 이력과 해석

직장에서 회계업무를 책임지고 있고, 학력이 높으며, 업무능력이 뛰어나 섬세하게 일처리를 잘한다. 평생 직업이 회계사로 그 밖에 다른 사업은 하지 않는다.

팔자에 금수식상(金水食傷)이 재(財)를 생하고 좌하(坐下)의 묘(墓)로 들어가니 자기가 큰 재부를 관리함을 표시한다. 왜 자기가 발재하지 않는 건가? 재고가 열리지 않았기 때문이다. 미(未)는 인성으로 회사이니, 그래서 회사의 많은 돈을 관리한다. 만약 축시(丑時)에 태어났다면 축미충(丑未沖)을 하여 자기가 능히 대재를 발할 수 있다.

비겁은 행동하는 힘이고, 상관은 두뇌인데, 해수(亥水)는 숫자를 표시하고, 인(寅)은 관살을 품은 대기구로 대재(大財)를 대표한다.

그래서 근무하는 회사의 급별이 아주 높다. 고로, 공인회계사가 될 수 있었고, 대기업의 회계를 주관할 수 있었다.

🌀 대운 유년분석

▶ 계사(癸巳)운

계운(癸運)은 평범한 운이며, 사운(巳運)은 인(寅)을 천하고 해(亥)를 충하여 인해(寅亥)합을 괴한다. 그래서 직무에 중용되지 않아 자기의 능력을 발휘할 수 없다.

- 병자(丙子, 1996)년에 결혼하였다.
- 정축(丁丑, 1997)년에 회계사 일을 시작하였다. 정(丁)이 이르면 미(未)가 이르고, 축(丑)이 미(未)를 충하는데 미(未)는 일하는 회사이다. 그래서 직장에 들어간다.
- 갑신(甲申, 2004)년에 상사와 다투고 사직하여 직장을 떠났다. 신(申)년은 사신합(巳申合)으로 사(巳)를 인동하고, 사(巳)가 인(寅)을 천한다. 인(寅)은 상사(上司)이니 자기와 상사가 불화함을 표시한다. 갑(甲)은 인(寅)이 허투함을 표시하고 경금(庚金)에 겁탈당하니 직장을 잃는다.

▶ 갑오(甲午)운

재운(財運)이 아주 좋고 승진한다. 관(官)이 재(財)를 차고 인성과 합하니 인성의 권력을 강화한다. 갑(甲)은 인(寅)을 대표하니 상사(上司)를 표시하며, 상사의 총애를 받는다.

- 병술(丙戌, 2006)년 큰 회사에서 회계업무를 하면서 아울러 재무총감으로 일한다. 병신합(丙辛合)으로 관성이 신(身)과 합하고, 술미형(戌未刑)으로 재고(財庫)가 동(動)하는 고로 큰 회사를 찾아 일하는 것이 좋다.

◉ 혼인

미(未)중 정(丁)이 있어 미토(未土)가 남편이다. 정위(正位)를 득하고 든든하여 혼인은 안정된다.

제 5절 부모와 인연이 없는 퇴직한 회계 직원

```
辛 甲 丙 己 (坤)
未 戌 子 酉     74 64 54 44 34 24 14 4 (대운)
               甲 癸 壬 辛 庚 己 戊 丁
               申 未 午 巳 辰 卯 寅 丑
```

🌀 간단한 이력과 해석

정해(丁亥, 2007)년의 사례이다. 투자운이 좋지 않다. 명주가 오후 몇 시에 태어났는지가 분명치 않아 그녀의 정황을 근거로 미시(未時)로 추정했다. 이전에 다른 일을 하다가 후에 회계업무를 하였다. 몸이 좋지 않아 혈압이 높고 머리가 어지러우며 두통방면의 병으로 늘 발작하였다. 이것은 갑(甲)은 머리인데, 신금(辛金)의 극을 받는 것이 원인이다.

년에 관(官)이 재(財)를 차고 신(身)과 합하는데, 관(官)이 재(財)를 찬 것은 일하여 돈을 버는 것을 표시한다. 유술천(酉戌穿)은 회사에서 일하는 것이 오래가지 않거나 회사를 바꾸는 것을 표시한다. 월령의 자수(子水) 인성은 회사인데, 본래 일주 자기와 무관하다. 자수(子水) 위의 병화(丙火) 식신은 밥벌이의 생계수단을 나타낸다. 자미천(子未穿)은 계산을 표시하니, 그래서 회계가 가능하다. 년지 유금(酉金) 관성이 재(財)를 차고 시상의 문호에 허투하니 물건을 판매한다. 병신합(丙辛合)을 하는데, 식신은 구재이니 상품을 판매하는 사업의 뜻을 표시한다. 일생에 많은 직업에 종사하는 상이다.

⊚ 대운 유년분석

▶ 무인(戊寅)운

이 운에 모친이 세상을 떠났으며 어려서부터 누이가 키웠다. 원국의 년월과 일시가 서로 천(穿)하니, 부모궁이 천(穿)을 당하여 부모와 인연이 없다.

- 임술(壬戌, 1982)년에 모친이 세상을 떠났다. 식신이 무너지니 모친이 양육할 수 없게 되었다.

▶ 기묘(己卯)운

갑기(甲己)로 재(財)와 합하니 일이 있다. 그러나 묘(卯)는 겁재(劫財)로 유(酉)를 충(沖)하고 자(子)를 파(破)하니 일이 오래가지 못한다. 묘술합(卯戌合)은 남의 밑에서 일하는 뜻이다.

대운을 보고 먼저 자신의 간지조합(干支組合)의 상의(象意)을 살펴본 다음, 원국 각 주(柱)와의 발생관계를 보아 길흉을 판단한다. 유년은 먼저 대운과의 작용을 보고, 그 다음 원국의 자(字)와의 작용관계를 보아야 한다.

▶ 경진(庚辰)운

이 운은 운기(運氣)가 좋지 않은데, 경금(庚金) 살(殺)이 왕투하여 신(身)을 극하고, 인성이 없어 살(殺)을 화(化)할 수 없다. 그래서 실직이나 퇴직은 아니고 스스로 직장을 그만 두었다. 이 운도 역시 투자하여 사업하는 것은 적합하지 않고, 진유합(辰酉合)하고 술(戌)을 충(沖)하니, 술(戌)을 괴(壞)하는 뜻이다. 손님이 주인을 속이니, 쉽게 파재(破財)한다.

- 계미(癸未, 2003)년에 해고당하여 무자(戊子, 2008)년에 이르기까지 일이 없었다. 계미(癸未)년은 계수(癸水) 인성이 허투하고, 미토(未土)는 자수(子水)를 천(穿)하니 직장을 잃는다.
- 무자(戊子, 2008)년에는 일을 하여 돈을 벌 수 있다고 예측하였다. 무(戊)는 술(戌)을 대표하고, 술(戌)은 일지의 재(財)로 무자(戊子) 자합(自合)하니, 재성과 인성이 발생관계가 있다. 그래서 직장을 잡을 수 있고, 수입이 있다.

▶ 辛巳운

이 운은 투자하여 장사를 하는 것이 가능하다. 신금(辛金)은 유금(酉金)이 허투함을 대표하니, 대도시에서 소도시로 유통하는 사업의 상이다. 사(巳)는 술(戌)을 대표하니, 자기의 재(財)가 되어 사업을 통하여 돈을 버는 뜻이다. 길가에 가게를 내어 장사하는 것이 가능하다. 즉, 화장품, 의류, 생활용품, 가구 등의 업종을 할 수 있다.

◉ 부모

병자(丙子)가 모친인데, 원국의 유(酉)는 자(子)를 생하지 못하고, 미(未)가 자(子)를 천(穿)하여 궁성이 피괴(被壞)되었다. 기유(己酉)는 부친인데, 유술천(酉戌穿)하니 부친과의 인연이 없다.

제 6절 혼인이 불행한 전업 회계인

辛 乙 庚 辛 (坤)	
巳 丑 子 酉	78 68 58 48 38 28 18 8 (대운)
	戊 丁 丙 乙 甲 癸 壬 辛
	申 未 午 巳 辰 卯 寅 丑

◉ 간단한 이력과 해석

무자(戊子, 2008)년의 사례이다. 을유(乙酉, 2005)년에 대학을 졸업하고 회계분야에 취업하였다. 본인을 본적이 없고 인터넷을 통하여 상담한 것이다. 그녀는 어렸을 때 모유를 먹지 못해 신체가 좋지 않고 병(病)이 많은데 특히 눈이 좋지 않다. 실제로 근시가 너무 높아 눈을 수술하였다.

월령이 효신(梟神)이니 모유를 먹을 수 없는 것이다. 사화(巳火)는 눈을 표시하는데, 축토(丑土)가 화(火)를 끄고 자수(子水)가 화(火)를 극하니 눈이 좋지 않고 시력도 나쁨을 표시한다.

팔자는 관살이 왕(旺)한 포국(包局)이며, 월령의 인성이 관성을 차고 신(身)과 합한다. 월령의 인성은 회사이고 살(殺)도 또한 일이니 회사의 한 분야에서 일함을 표시한다. 상관이 시주에 있으니 주로 기술이고, 신사(辛巳) 자합으로 살(殺)을 제하여 재(財)를 취한다. 그래서 기술에 의지하여 돈을 번다. 관살이 원국에 태중하니 대재를 발할 수 있다. 그런데 왜 회계인가? 월주 경자(庚子)를 보면 자(子)는 숫자인데, 자(子)는 회사를 표시하고, 경금(庚金)이 허투하여 신(身)과 합(合)하는 것을 기뻐한다. 회사에서 계산업무를 수행함을 설명해준다. 또 이 명은 관살이 허투했기 때문에 비로소 가치가 있다.

단, 중(重)한 살(殺)이 일지의 묘고로 들어가 열리지 않았기에 이상적인 남자를 찾을 수 없어 혼인이 불순하다. 일생 혼인이 없거나 혼인을 해도 오래가지 않는다. 싫어하는 칠살이 양쪽에서 에워싸니 평생 정에 이끌려 감옥에 갇혀 생활하는 것과 같다.

🌀 대운 유년분석

▶ 임인(壬寅)운

인운(寅運)은 겁재로 식상을 천(穿)하니 일이 순탄하지 않다. 사(巳)는 재(財)로 보니 재운(財運)이 좋지 않으며, 돈이 들어와도 다 써버려 남아있지 않는다.

- 갑신(甲申, 2004)년에 애인과 같이 살고, 이 해에 헤어진다. 신(申)이 이르면 경(庚)이 이른 것인데 부부궁인 묘(墓)로 들어가고, 사신합(巳申合)은 애인과 함께 사는 것이다. 그러나 겁재가 높이 투(透)하여 애인이 자신의 것이 아니니 헤어질 것이다.
- 을유(乙酉, 2005)년에 대학을 졸업하고 눈 수술을 하였으며 애인과 함께 살았다. 자기가 살(殺)에 앉으니 애인이 출현한다.

단, 대운 인(寅)이 유(酉)를 절(絶)하니 장기간 지속되지 않는다. 유(酉)는 축(丑)을 인동하고 사(巳)를 공(拱)하여 눈 수술을 하였다.

- 병술(丙戌, 2006)년에 일을 하였으나 일이 안정되지 않아 자리를 바꾸었고, 애인과 헤어졌다고 판단하였다. 술(戌)은 사(巳)를 대표하는데 도위하여 기뻐한다. 병신합(丙辛合)은 일이 있고, 축술형(丑戌刑)은 자축합(子丑合)을 괴하니 직장을 바꾸고, 축형(丑刑)은 애인과 헤어지는 것이다.

- 정해(丁亥, 2007)년에 일이 안정되지 않아 직장을 바꾸고, 주식에 투자하여 수백만 원을 파재(破財)하였다고 판단하였다. 그 해에 회계사 시험에 합격하였다. 팔자에 겁재가 주공(做功)하는 것이 없고, 식상이 살(殺)과 합(合)하는 주공이다. 즉 살(殺)에 제(制)가 없어 주식을 하면 돈을 잃을 것이다. 해(亥)년은 인(寅)을 합(合)하여 대운의 인(寅)을 인동(引動)하여 사(巳)를 천(穿)하고, 사(巳)가 인동 당하니 관(官:일)이 동한다. 정해(丁亥)년은 정해(丁亥) 자합(自合)으로 식신이 인(印)과 합(合)하니 시험에 이롭다.

- 무자(戊子, 2008)년에 직장을 옮기려 하지만 안 된다고 하였다. 왜냐하면 자축합(子丑合)으로 움직이지 않는 상(象)이기 때문이다.

▶ 계묘(癸卯)운

계운(癸運)은 좋은 운기(運氣)가 아니다. 왜냐하면 계수(癸水)는 자수(子水)를 대표하는데 허투하여 천간에 있기 때문에 일이 안정 되지 않는 뜻이다. 묘운(卯運)은 신고하지만 일은 안정될 수 있으나 혼인에는 불리하다. 묘(卯)는 능히 사화(巳火)를 생하기 때문에, 사왕(巳旺)은 일이 좋아질 수 있다. 단, 록(祿)이 자(子)의 파(破)를 당하고 유(酉)의 충을 당해 비견쟁부하니 혼인이 안정되지 않는다.

• 기축(己丑, 2009)년에 애인과 함께 살다 결혼하였다. 그러나 묘운(卯運)에 다시 이혼할 것이다. 삼합(三合)으로 부처궁이 동(動)하여 이 유년에 결혼한다. 묘운(卯運) 신묘(辛卯, 2011) 년에 이혼 할 것으로 예측하였다.

◉ 혼인

관(官)이 많아 귀하지 않고, 재(財)가 많아 부유하지 않다. 관살이 혼잡 되어 좋은 인연을 만나지 못함을 대표한다. 또한 남자가 능력 이 없고 돈이 없으며, 자기를 사랑하지 않고, 심지어 폭력의 경향 이 있다. 좋지 않은 대운을 만나면 헤어질 수 있다.

제 7절 남녀 동일 팔자 4명

```
庚 乙 辛 乙
辰 亥 巳 巳    75 65 55 45 35 25 15  5 (여자)
              己 戊 丁 丙 乙 甲 癸 壬
              丑 子 亥 戌 酉 申 未 午

              75 65 55 45 35 25 15  5 (남자)
              癸 甲 乙 丙 丁 戊 己 庚
              酉 戌 亥 子 丑 寅 卯 辰
```

🌑 간단한 이력

　▣ 여명(女命)

대학에서 회계를 전공하지 않고, 비영리회사에서 회계업무를 하였다. 유운(酉運)에 회사가 파산한 후, 다시는 일을 하지 않았다.

　▣ 남명(男命)

대학을 졸업하고 회사에서 회계업무를 하다가 사직하였다. 신미(辛未, 1990)년부터 산명(算命)을 시작하여, 현재 산명과 풍수사로 활동하고 있다. 아울러 풍수용품점을 오픈하였다. 계유(癸酉, 1993)년에 결혼하고, 혼인이 안정되었으며, 딸이 2명 있다. 남명은 대운이 북방 수운(水運)으로 흘러 신체가 좋지 않고, 어지러움, 졸음, 기억력 감퇴 등이 있다. 독실한 불교도로 인품이 좋고 선량하다. 재운이 몇 년간 좋지 않아 돈을 모을 수가 없었다.

⊙ 해석

명국은 인성을 직장으로 삼는데, 해수(亥水)가 진(辰)에 입묘하고, 해(亥)는 숫자이고 진(辰)은 재(財)이니 직장과 숫자가 서로 관련성이 있다. 을경합(乙庚合)에서 경금(庚金)은 관(官)인데, 경(庚)은 왕한 관으로 신(身)과 합하지만 공직이 불가능하다.

월령의 사화(巳火) 상관이 왕한데, 사해충(巳亥沖)으로 상관이 인성을 충하니 매사가 오래 지속될 수 없다. 상관이 왕한 사람은 자유를 좋아하지 구속받는 것을 싫어한다. 사해충(巳亥沖)은 상관배인이 아니고, 상관과 인성이 불화하는 뜻이다. 일반적으로 월령은 직장 단위를 표시하는데, 만약 월령이 인성을 괴하면 직장을 잃기 쉽다.

남명은 사직 후 풍수 및 풍수용품을 취급하는데, 사화(巳火)가 해수(亥水)를 충거(沖去)하기에 사화(巳火) 상관을 용(用)한다. 사화(巳火)는 음양 소통의 표시가 가능하고, 나침판의 상이 있다. 정축(丁丑)운으로 행할 때, 사화(巳火) 상관이 축재(丑財)로 화(化)하고, 다시 진묘(辰墓)로 들어가 전화(轉化)하여 자기의 재(財)가 된다. 진(辰)은 이미 해(亥)를 묘(墓)하니, 또다시 축(丑)을 묘하는 것은 아주 어렵다. 그래서 돈을 벌기가 어렵다. 명에 해(亥)중의 갑(甲)은 머리이고, 원국의 충(沖)으로 진(辰)의 묘(墓)에 들어가지 않는다. 축운(丑運)은 사화(巳火)를 꺼서 음(陰)이 중하고 양(陽)이 쇠

하니 즉 해수(亥水)가 묘(墓) 당한다. 그래서 어지럼증 같은 증상이
있다.

◎ 혼인

혼인은 안정된다. 여명은 경진(庚辰)으로 남편을 삼는데 부성(夫
星)이 일주(日主)와 합하였다. 비록 부부궁이 충(沖)을 당했으나,
단 해(亥)가 진고(辰庫)를 보아 왕(旺)을 득하였다. 그래서 충(沖)을
하더라도 도망가지 않아 궁성이 모두 안정되어 혼인이 아주 좋다.
남명의 진(辰)은 처(妻) 이고, 경(庚)은 자식이다. 여명의 이치와 같
아 혼인이 안정된다.

◎ 자식

여명은 상관이 자식이니 아들이 1명 태어났고, 남명은 정관이 자
식이니 딸이 1명 태어났다.

제 8절 국영기업 재정회계 간부

```
庚 甲 甲 壬 (坤)
午 申 辰 子      76  66  56  46  36  26  16  6 (대운)
                丙  丁  戊  己  庚  辛  壬  癸
                申  酉  戌  亥  子  丑  寅  卯
```

◎ 간단한 이력과 해석

　명주는 도시를 건설하는 회사에서 회계 일을 하고 있는데, 현재
는 과급(科級) 간부이다. 하는 일에 능력이 뛰어나며 성격이 강한
여자이다. 집에서도 자기 마음대로 하고, 남편은 지위가 없다.

　연월일이 신자진(申子辰) 수국이고 살인상생국으로 이루어졌다.
자오충(子午沖)은 인성이 상관을 제하고, 인성이 주공하니 권력을
표시한다. 그래서 직위가 있다. 단, 월령의 비견이 인고(印庫)에 앉
아 권력은 나누어지니 권력이 크지 않다. 자수(子水)는 숫자이고,
상관은 기능이기에 서로 충(沖)하면 회계 직업을 표시한다.

　신금(申金)은 남편으로 금(金)을 점유하니 금융이다. 자수(子水)
로 화(化)하여 오(午)를 충하니 직업 역시 숫자와 관계가 있어 남편
은 은행원이다. 여명의 상관은 부성을 극한다. 다행히 상관이 왕
(旺)하지 않아 단지 남편을 압제하는 것으로 표현된다.

▶ 임인(壬寅)운

인(寅)은 학당이니 시험이나 학력에 유리하다. 인신충(寅申沖)은 살성이 발용하여 이롭다. 역시 관(官:직장)에 이롭고, 졸업 후 큰 국영기업에 배치되었다.

- 병자(丙子, 1996)년에 남자를 만나 연애하다가 정축(丁丑)년에 결혼하였다. 축(丑)은 신금(申金) 남편이 도위함을 대표한다.

▶ 신축(辛丑)운

신운(辛運)은 좋은 운으로 논하는데, 갑목(甲木)은 본래 왕(旺)한 신금(辛金)이 극하는 것을 기뻐하지 않는다. 다만, 원국에 갑(甲)이 2개라 월령의 갑(甲)은 다른 사람이 인성을 쟁탈하는 것이니 꺼린다. 대한(大限)이 월령에 있기 때문에 신운(辛運)은 월간을 극하지 일주를 극하지 않아 길로 논한다. 축운(丑運)은 신(申)이 입묘함을 대표하고, 오화(午火)를 천하는 것은 공이니 길로 논한다.

- 무인(戊寅, 1998)년에 딸이 태어났다. 상관이 공망에 떨어져 딸이다.
- 기묘(己卯, 1999)년에 부과(副科)로 승진하여 아주 좋았다. 갑기합(甲己合)과 묘신합(卯申合)으로 좌하의 칠살이 발용(發用)하니 살성을 합동(合動)하여 승진하였다.

▶ 경자(庚子)운

일이 잘 풀리고 승진하는 기회도 있다. 대운에서 경금(庚金)을 보아 도화운이다. 애인이 있는데, 두 사람은 아주 감정이 좋다.

◉ 혼인

이 명조는 혼인한 이후에 도화를 범하나 이혼은 아니다. 도화로 인하여 가정을 잃지는 않는다. 그녀의 도화는 어떤가? 직장에서 잘 도와주는 사람과 같이 지낼 수 있다. 5년 이상 함께 지낼 수 있고, 경운(庚運)이 지나면 완전히 헤어질 수 있다.

제 9절 회계업무를 총괄하는 공인회계사

```
戊 甲 辛 丙 (乾)
辰 戌 卯 辰    74 64 54 44 34 24 14  4 (대운)
              己 戊 丁 丙 乙 甲 癸 壬
              亥 戌 酉 申 未 午 巳 辰
```

🌀 간단한 이력과 해석

무자(戊子, 2008)년의 사례이다. 홍콩인으로 24세 이전에는 줄곧 공부만 하였다. 당시 그가 기술관련 일을 할 것이라 판단했으나 실제로 회계업무를 총괄하는 회계사였다. 직장 생활 이외의 남는 시간에는 투자를 한다.

이 팔자를 회계업무로 해석하기가 어렵다. 만약 이 사람이 대륙 출신이라면 재(財)를 관리하는 공무원으로 추단할 수 있다. 그러나 이 사람은 홍콩인이라 공무원에는 흥미와 관심이 없고 돈을 벌려고 한다.

명국에 2개의 진(辰)이 인고(印庫)로 포국을 하고, 좌하의 상관고 술(戌)과 진(辰)이 서로 충(沖)하니 상관배인(傷官配印)이 성립된다. 병무(丙戊)가 높이 투하여 년시에 있어, 진(辰)중의 인성은 제압된 상태이다. 재(財)가 인(印)을 제(制)하는 국이니 직업에 착오가 없다. 월령의 묘술합(卯戌合)은 겁재와 재(財)가 합하니 자기의 돈을 투기 혹은 투자하는 것이다. 묘진천(卯辰穿)은 투자하여 이익을 취하는 것으로, 재성포국은 아주 쉽게 돈을 벌 수 있다.

▶ 계사(癸巳)운

공부만 하였고 성적도 좋았다.

• 무인(戊寅, 1998)년 회계사 시험에 합격하고 직장에 들어갔다.

▶ 갑오(甲午)운

오운(午運)은 별로였다. 오(午)는 술(戌)을 대표하여 진술충(辰戌沖)의 공(功)에 영향을 주지 못하기에 일에 대한 영향력도 없었다. 오(午)가 묘(卯)를 파(破)하니 투자에 불리하여 쉽게 손해를 본다.

• 기묘(己卯, 1999)년에 투자(投資)하여 돈을 벌었다. 묘(卯)가 도위하여 겁재가 발용됨을 기뻐한다.

• 경진(庚辰, 2000)년에 투자하여 돈을 벌었다. 진(辰)이 도위하여 묘진천(卯辰穿)이 응기이다.

• 신사(辛巳, 2001)년에 일이 잘 풀리고 승진하였다. 사(巳)는 술(戌)을 대표하니 진술충(辰戌沖)이 응기이고, 병신합(丙辛合) 역시 길이다.

• 임오(壬午, 2002)년에 투자가 순조롭지 못해 파재(破財)하였다. 오(午)가 와서 묘(卯)를 파하니, 묘(卯) 겁재가 상(傷)하였다.

• 계미(癸未, 2003)년에 투자가 순조롭지 못해 파재(破財)하였

다. 미(未)는 대운의 오(午)를 합하여 오(午)를 인동하고, 오(午)가 묘(卯)를 파(破)하는 응기가 일어나 파재이다.

- 을유(乙酉, 2005)년에 또 승진하였다. 진유합(辰酉合)은 진(辰)을 인동하니 진술충(辰戌沖)을 인발하여 직무에 이롭다.
- 병술(丙戌, 2006)년에 동거하였다.
- 정해(丁亥, 2007)년에 결혼하고 또 승진하였다. 해수(亥水) 인성이 도위하여 오해합(午亥合)으로 결혼증서를 갖게 되고, 상관이 인성과 합하니 승진이다.
- 무자(戊子, 2008)년에 운기가 좋았다. 자오충(子午沖)을 기뻐하니, 자격증을 취득하였다.

▶ 을미(乙未)운

을운(乙運)은 왕한 겁재가 천간에 투출하여 무토(戊土) 재성을 겁탈하니 불리하고, 동시에 을(乙)은 묘(卯)가 왕(旺)함을 대표하니, 을운(乙運)에는 돈을 벌기도 하지만 나가기도 한다. 미운(未運)은 합하여 묘(卯)를 왕(旺)하게 하니 투자하여 돈을 번다. 동시에 미(未)는 술(戌)을 형(刑)하여 진술충(辰戌沖)에 영향을 주니 일에 불리하다.

▶ 병신(丙申)운

병운(丙運)은 병신합(丙辛合)을 기뻐하고, 신운(申運)은 묘신합(卯申合)으로 겁재를 제(制)한다. 신(申)은 병(丙)에게 제복된 관살이다. 합(合)이 묘목(卯木)에 도달함은 길이니, 자기의 발재 의사를 표시한다. 미운(未運)과 병신(丙申)운은 모두 투자하여 발재할 수 있다.

◉ 혼인

혼인은 안정된다. 술(戌)은 재성으로 처(妻)이고, 궁성이 안정되어 혼인에 문제가 없다.

제 10절 은행에서 회계 담당

```
己 丙 丁 乙(坤)
丑 戌 亥 巳    73 63 53 43 33 23 14  4 (대운)
              乙 甲 癸 壬 辛 庚 己 戊
              未 午 巳 辰 卯 寅 丑 子
```

🌀 간단한 이력과 해석

『단씨이상학(段氏理象學)』책에 있는 예이다. 당시 그녀가 사무실에서 일반업무를 하지 않고 회계업무를 한다고 판단하였다. 결과는 이전에 회계 일을 하였고, 현재는 은행 일을 하고 있는데, 직업이 비교적 안정적이라 하였다.

명국은 목화(木火)가 금수(金水)를 제(制)하는데, 해(亥)는 살(殺)이며, 병술(丙戌) 일주가 연체로 식신에 앉아 있고, 사(巳)와 술(戌)은 일가이다. 사해충(巳亥沖)은 살(殺)을 제(制)하는 뜻이고, 기축(己丑)시이기 때문에 기(己)는 병(丙)을 끄고, 축(丑)은 술(戌)을 괴하여 격국에 영향을 준다. 그래서 이 명조는 당관할 수 없고, 또한 대재도 발할 수 없다. 사(巳)와 술(戌)이 포(包)하여 해수(亥水)를 제한다. 록(祿)과 식신이 주공하니 식신은 주로 기술이고 록(祿)은 신고하다. 해(亥)는 숫자이니 사해충(巳亥沖)은 재무업무를 표시하고, 술(戌)이 해(亥)를 제함은 일반업무를 표시한다. 정(丁) 겁재가 살성 위에 있어 비겁쟁부이고, 남편궁이 형(刑)을 범하여 혼인의 인연은 약하다. 혼인이 불안정하여 일생 혼인이 고뇌이다.

🌀 대운 유년분석

▶ 경인(庚寅)운

직업이 안정되지 않아 늘 일을 바꿔가며 생활했다. 첫 번째 남자친구와 같이 살다가 이혼하고 헤어졌다. 경금(庚金) 재성이 허투하여 다른 사람에게 빼앗긴다. 인(寅)이 해(亥)와 합(合)하니 해(亥)는 남자친구이다. 본래 정해(丁亥) 자합(自合)으로 다른 사람에게 쟁탈을 당하니, 대운에서 필연적으로 헤어진다. 인(寅)은 인성이니 직장이고, 인(寅)이 사(巳)를 천(穿)함은 일에 불리하다.

▶ 신묘(辛卯)운

직장이 안정되어 수입이 이전보다 많았지만 혼인은 당연히 이루어질 수 없다. 허투한 신금(辛金)이 겁재에게 당하여 재(財)의 문을 닫는 의사이니 혼인은 이루어질 수 없고 상대방에게 빼앗긴다. 묘술합(卯戌合)은 식신이 인성과 합하니 직장 일에 유리하고, 묘(卯)가 사화(巳火) 록(祿)을 생하고, 이 록(祿)은 자기를 표시하니 직장이 비교적 편안하다.

• 경진(庚辰, 2000)년에 애인과 함께 산다. 진(辰)은 해(亥)의 도위를 대표한다.

- 신사(辛巳, 2001)년에 헤어졌다. 사해충(巳亥沖)은 충주(沖走)
  이다.
- 임오(壬午, 2002)년에 애인과 함께 산다. 임(壬)은 해(亥)의 도
  달을 대표한다.
- 정해(丁亥, 2007)년에 이혼한 남자를 만났다. 정임합(丁壬合)
  하고, 해(亥)는 부성(夫星)이 도위한 해이다. 그녀는 이 남자를
  매우 좋아하였는데, 이 남자의 주변에 많은 여자들이 있었다.
- 무자(戊子, 2008)년에 결혼이 가능한지 물었다. 유년에 자묘파
  (子卯破)를 보아 이루어지 않으니, 그녀에게 인연이 없다고 알
  려주었다. 즉 혼인은 불가능하다. 무자(戊子, 2008)년 아니면
  기축(己丑, 2009)년에 반드시 헤어진다. 동시에 그녀는 승진을
  생각하는데 가능한지 물었다. 무(戊)는 술(戌)을 대표하고 무자
  (戊子) 자합(自合)하여 관살을 제(制)하는 뜻이 있으니 승진에
  이롭다. 후에 결과도 승진하였다.

▶ 임진(壬辰)운

임수(壬水)가 왕투(旺透)하여 정임(丁壬)이 합하고 부성(夫星)이
도위한 운이니 결혼의 뜻이 있다. 단, 진술충(辰戌沖)을 기뻐하지
않고 남편궁을 충괴(沖壞)하니 종국에 가서는 혼인이 깨질 것이다.

◉ 혼인

여명 팔자에 비겁쟁부이면 일생 다른 사람과 다툰다. 그녀가 다른 여자의 남편을 빼앗거나, 아니면 다른 여자가 그녀의 남편을 빼앗는다. 게다가 남편궁이 괴당하여 혼인이 안정되기 어렵다. 자식궁에 상관이 있고, 또 식신이 서로 형(刑)하니 부부궁과 자식궁이 모두 괴당하여 자식에 불리하고, 자식을 낳을 수도 없다. 이런 부류의 사주는 가정생활이 매우 비참할 수 있다.

기술자 및 기술직원

기술자의 명국 조합은 식신 · 상관과 관성 · 인성을 많이 사용한
다. 왜냐하면 식상(食傷)은 사상을 뜻하고 두뇌와 기능을 뜻하며,
관인(官印)은 직장 · 기구이니 이 두 가지가 적절하게 배치되어 있
으면, 자신의 기술을 회사 혹은 기관에 사용한다는 표시이다. 그것
들의 배치 조합은 또한 다음과 같은 특징을 가지고 있다.

1) 포국 · 제국(包局 · 制局)을 형성하지 못하여 격국(格局)이 크
지 않음을 표시한다. 격국(格局)이 크면 관리자 혹은 지도자가 될
수 있다.

2) 대다수 기술자들은 비겁이 주공(做功)에 참여한다. 비겁(比劫)
은 주로 손을 움직이는 능력을 뜻한다. 기술자는 두뇌를 쓸 뿐만
아니라 체력도 써야한다.

참 고

◆ 식상(食傷)은 주로 사상이나 두뇌, 말재주(口才), 기예(技藝) 등으
  로 특정한 기술전문가를 나타낸다.
◆ 인(印)은 직장이나 기술의 상(象)을 표시한다.

제 1절 전신공사 기술직원

```
戊 乙 辛 丙 (乾)
寅 酉 丑 辰      72 62 52 42 32 22 12  2 (대운)
                己 戊 丁 丙 乙 甲 癸 壬
                酉 申 未 午 巳 辰 卯 寅
```

🔵 간단한 이력과 해석

정해(丁亥, 2007)년의 사례이다. 당시 그는 전문대 학력에 안정된 직장의 법 집행기관 아니면 공직에서 일할 것이라 판단했다. 그러나 결과는 전신(电信:통신)회사에서 일하는 기술자였다.

을(乙) 일주(日主)는 일반적으로 무인(戊寅)시를 보는 것이 기쁘고, 겨울에 태어난 목(木)은 양(陽)을 더 좋아한다. 원국은 왕(旺)한 관살이 입묘(入墓)하는데, 묘(墓)가 열리지 않았고, 축(丑)은 년의 진고(辰庫)고 들어간다. 천간에 투(透)한 병무(丙戊)는 양(陽)으로 음(陰)을 제(制)할 수 있고, 인(寅)은 공문(公門)이요 광명을 뜻한다. 축(丑)은 음암(陰暗)으로 흑사회(黑社會)를 뜻하니 공안·경찰의 뜻이 있다. 그러나 자세히 살펴보면 인(寅)과 축(丑)은 유(酉)를 사이에 두고 떨어져 있어, 유(酉)가 인(寅)을 절(絕)할 수 있으니 인축(寅丑)합이 성립되지 않는다. 만약에 유(酉)와 축(丑)의 위치를 바꾸면 공안(公安)이 될 수 있다.

이 명조가 기술자라는 것을 어떻게 이해할 수 있는가? 신축(辛丑)은 직장인데 병신(丙辛)합으로 기술을 나타내는 상관과 합한다. 상관은 인(寅)에서 비롯되고, 인(寅)은 손을 쓰는 능력을 뜻하니 기술 및 손을 쓰는 직업에 종사하는 명(命)이다. 병화(丙火)와 인목(寅木)은 미디어, 영상, 컴퓨터, 네트워크 등의 상(象)이니 전신(電信:통신)회사에 종사한다. 병신(丙辛)합은 제살(制殺)의 뜻이다. 관살의 제(制)가 잘 되지 않으면 재(財)에 해당한다. 관살이 너무 과하면 보통 월급을 받는 수입이다.

🌀 대운 유년분석

▶ 갑진(甲辰)운

갑(甲)이 천간에 투(透)하여 병화(丙火)를 생하는 것을 기뻐한다. 그러나 갑(甲)이 와서 무(戊)를 극하는 것이 좋지 않아 평범한 운에 속한다. 진(辰)운은 관살을 생하여 도우니 이 운도 평범한 운에 속한다.

- 정축(丁丑, 1997)년에 직장에 들어가 지금까지 기술 일을 해왔다. 축(丑)은 직업을 의미하는데, 정축(丁丑)은 식상이 살고(殺庫)에 앉아 도위한 것이다. 또 갑(甲)운에 있으니 비교적 좋은 직업을 가질 것이다.

- 무인(戊寅, 1998)년에 B형간염에 걸려 입원하여 파재(破財) 했다. 갑(甲)운에 무(戊)를 만나면 겁재가 재(財)를 보아 파재(破財)의 뜻이다. 무인(戊寅)은 복음(伏吟)이다. 복음(伏吟)은 괴

롭고 슬프다는 뜻이 있다. 인(寅)는 간담(肝膽)의 의미로, 그래서 간담의 질병에 걸린 것이다.

- 경진(庚辰, 2000)년에 연애하고, 신사(辛巳, 2001)년에 결혼하였다. 신(辛)은 부부궁(夫婦宮)이 온 것을 뜻하고, 지지 삼합국(三合局)이니 결혼 응기이다.

- 임오(壬午, 2002)년에 파재(破財)하였다. 오화(午火)는 인목(寅木)을 대표하고, 축오(丑午)천과 오유(午酉)파는 모두 인목(寅木)을 상하게 한다. 병임(丙壬)충도 병신(丙辛)의 합을 상하게 한다. 원국에서는 관살(官殺)을 제(制)하니 취재(取財)한다. 병(丙)과 인(寅)이 모두 상하니 파재(破財)하기가 쉽다.

- 을유(乙酉, 2005)년에 직업변동이 있다. 일주 복음(伏吟)은 주로 이동을 뜻하는데, 만약 이동을 안 하면 자신이 괴롭다.

- 병술(丙戌, 2006)년에 잘못을 저질러 일이 뜻대로 되지 않고 관리자와 불화(不和)한다. 유술(酉戌)천하고, 술(戌)은 인(寅)을 대표하며, 관살을 천(穿)하는 것은 상사와 대항하는 것이니 일이 뜻대로 되지 않는다. 위에서 합(合)하고 지지에서 천(穿)하면 더욱더 격렬함을 표시하게 된다.

▶ 을사(乙巳)운

을(乙)은 평운이고, 사(巳)운은 인(寅)을 천(穿)하니 직업에 불리하다.

- 정해(丁亥, 2007)년에도 기분이 좋지 않고 일도 순조롭지 않

다. 유년 해(亥)는 사화(巳火)를 인동(引動)하여 인(寅)을 괴하
니 직업에 불리하다.

◉ 혼인

축(丑)이 처(妻)로 궁·성(宮·星)이 안정되어 혼인에는 문제가
없다. 아들 한 명을 낳았다.

제 2절 광고 설계사

```
丁 丁 甲 戊 (坤)
未 巳 寅 午      77 67 57 47 37 27 17  7 (대운)
                丙 丁 戊 己 庚 辛 壬 癸
                午 未 申 酉 戌 亥 子 丑
```

🌀 간단한 이력과 해석

무자(戊子, 2008)년의 사례이다. 대학을 졸업하고 제품, 광고,
평면 디자인 작업을 주로 하였다. 성격은 급한 편이지만, 일을 아
주 열심히 하고 진실하며 머리도 좋고 독특한 상상력을 가지고 있
다.

병정(丙丁)은 전혀 다른 두 종류 성질의 화(火)이다. 병(丙)은 왕
(旺)한 것을 두려워하는데, 태왕(太旺)하면 쉽게 불이 꺼진다. 정화
(丁火)는 왕(旺)을 기뻐하는데, 무리의 별(星)들이 찬란한 것과 같
다. 더욱 기쁜 것은 갑(甲)이 와서 생(生)하는 것이니, 이는 곧 직업
이 있다는 것을 뜻한다. 년(年)에 비겁상관 즉, 무토(戊土)는 갑목
(甲木)에 의해 제복(制服) 당하고 상관배인(傷官配印)이다. 갑인(甲
寅)은 본래 권력을 뜻하지만 인사천(寅巳穿)은 좋아하지 않는다. 인
(寅)과 자신(自己)이 불화하니 관직(官職)은 아니다.

목화(木火)는 문화를 의미하고, 상관·식신은 주로 기능을 뜻하니, 갑(甲) 인(印)은 괜찮은 직장을 대표한다. 그래서 젊은 나이에 회사의 주요 디자이너가 된 것이다. 월급도 높고 업무능력도 매우 뛰어나다.

🌀 대운 유년분석

▶ 임자(壬子)운

원국에는 부성(夫星:남편성)이 없으나, 임(壬)운에 천간에서 정(丁)이 임(壬) 관(官)과 합하니 길하다. 자(子)운은 지지가 자미(子未)천으로, 관성이 천(穿)을 당하는데, 더욱이 자수(子水) 관살은 부부궁 사(巳)에 의해 절(絶)되니,이 운에는 연애상대가 없다. 하지만 자(子)운에는 직업과 재운이 모두 좋다. 자수(子水) 살성이 제복(制服)을 득하여 재(財)로 보아도 된다.

- 갑신(甲申, 2004)년에 대학을 졸업하고 같은 해에 회사(公司)에서 설계사와 항목 관리자로 일을 하였다. 갑인(甲印)은 직장 단위이며, 인(印)이 재(財)에 앉아 신(身)과 합하니 일을 하여 돈을 벌었다.

▶ 신해(辛亥)운

이 운에 관성이 재(財)를 차고 인성과 합하여 일주를 충하니 길운이다. 이 운에는 직업과 재물운이 유리하고, 결혼도 할 수 있다.

- 병술(丙戌, 2006)년에 직장을 바꾸었다. 병신(丙辛)합하여 대

운을 동(動)하게 하고, 寅午戌 삼합국을 이루며, 또한 미(未)를 형(刑)한다. 미(未)는 인고(印庫)로 직장을 뜻한다. 하나는 형(刑)하여 가고, 다른 하나는 합(合)하여 오니 직장을 바꾼다는 뜻이다.

- 정해(丁亥, 2007)년에 처음으로 연애하였다. 정(丁)은 자신이 년에 도위하여 온 것이고, 좌하의 해수(亥水) 관성은 대운 · 유년에 도위하여 왔으니 응기(應期)이다.

- 무자(戊子, 2008)년에 결혼할 수 있다고 판단했는데, 후에 정확하였다. 무토(戊土)는 사화(巳火)를 대표하는데, 부부궁이 년(年)에 도위하여 자수(子水) 관성을 자합한다.

- 기축(己丑, 2009)년에 직업변동이 있을 것이라고 예측하였다. 갑기(甲己)합은 인성을 동하게 하고, 축미(丑未)충은 인고(印庫)를 동(動)하게 한다.

제 3절 인터넷 마케팅 임원

壬 壬 庚 辛 (坤)
寅 申 寅 亥   76 66 56 46 36 26 16 6 (대운)
           戊 丁 丙 乙 甲 癸 壬 辛
           戌 酉 申 未 午 巳 辰 卯

🌀 간단한 이력과 해석

싱가포르 사람으로 책을 많이 읽고, 학력이 높다. 현재 외국계 회사에서 광고기획을 하고 있고, 또한 마케팅과 경영기획을 담당하는 대기업 임원이다.

임신(壬申) 일주를 두개의 인목(寅木)이 포국(包局)하고 있는데, 내식신(內食神)은 기업을 운영하는 것이 적합하다. 신금(申金)과 경금(庚金)은 회사를 뜻한다. 경(庚)이 인목(寅木) 머리위에 덮혀 있고, 신(申) 또한 인(寅)을 제(制)하니 그녀는 기업에서 관리직을 맡고 있다. 명국은 상관배인격에 속하는데 재운(財運)·식신운(食神運)·인운(印運)이 모두 좋은 운이다. 인목(寅木)은 전달매체를 대표한다. 또한 인신(寅申)조합은 금융부문에서 일하는 것이 적합하다.

▶ 계사(癸巳)운

계(癸)는 겁재로 기쁘지 않고, 경쟁이 치열함을 표시한다. 사(巳) 운은 신(申)과 합하니 기쁜데, 재성이 인성과 합하면 재(財)가 나를 찾는 것이다. 하지만 사(巳)운은 결국 인사신(寅巳申) 삼형(三刑) 을 범하여 직장에서 일하는 것이 순조롭지 않다. 사해충(巳亥沖)은 또 재(財)가 외류(外流)하는 것을 표시하니 저축을 하지 못함을 뜻 한다. 삼형(三刑)은 혼인에도 영향을 주어 결혼하려고 하나 마땅한 상대가 없다.

- 무인(戊寅, 1998)년에 싱가폴에서 직장에 들어갔다. 인신(寅 申)충이 주공(做功)하는 응기(應期)이다.
- 병술(丙戌, 2006)년에 사직하고 1년 정도 집에 있었다. 왕투 (旺透)한 병화(丙火)가 경금(庚金)을 극함은 직업에 불리하다. 대운이 교체되는 해에 휴식하면 새롭게 시작할 수 있다.

▶ 갑오(甲午)운

이 운은 매우 좋다. 갑(甲)은 인(寅)을 대표하고 천간에 투출하였 다. 경(庚)이 갑(甲)을 극하니 인성이 발용(發用)하여 직업에 유리 하다. 오(午)운은 식신이 재(財)로 화(化)하고, 재(財) 속에 관(官)을 품고 있어, 재부(財富)가 방대해지는 뜻이다.

- 정해(丁亥, 2007)년에 대련(大連)의 한 회사에 입사하였다. 이 때부터 운이 돌아왔다. 기쁜 것은 정임합(丁壬合)이다. 유년이

일주(日主)와 친밀하게 합하는데, 인해(寅亥)합은 식신과 록이 합하니 직장을 찾을 수 있다. 인(寅)은 동북을 뜻하여 대련(大連)에 가서 일을 한 것이다.

- 무자(戊子, 2008)년에는 직장생활이 매우 좋았다.
- 기축(己丑, 2009년)은 더 좋아 한 부서의 총감(總監)으로 승진하였다. 축(丑)의 도달은 신(申)을 대표하고, 신금(申金)의 권력을 강화하는 뜻이다.

◉ 혼인

거의 40세가 되어서야 남자친구를 만났다. 당시에는 정식으로 결혼하지 못했다. 원국에 관살성이 없어 인(寅)중에 장(藏)된 재성을 남편성으로 한다. 앞에 사(巳)운은 인(寅)을 천하고 또 삼형(三刑)을 범하니 혼인이 성사되지 못한다. 갑오(甲午)운에 결혼할 수 있다.

제 4절 전자공정기술 직원

辛 庚 癸 壬(乾)	
巳 戌 丑 子	77 67 57 47 37 27 17 7 (대운)
	辛 庚 己 戊 丁 丙 乙 甲
	酉 申 未 午 巳 辰 卯 寅

🌀 간단한 이력과 해석

무자(戊子, 2008)년의 사례이다. 당시에 그가 대졸 학력이며, 기술계열을 전공하고 엔지니어로 일하며, 월급이 비교적 높을 것이다라고 판단하였다. 결과도 정확했다. 금수(金水)가 세력을 이루었는데, 사(巳)와 술(戌)은 관살(官殺)이니 재(財)로 본다.

축술형(丑戌刑)과 신사(辛巳) 자합(自合)은 관살(官殺)을 제하는 뜻이다. 상관과 식신은 두뇌나 기술을 뜻한다. 신금(辛金) 겁재는 문호(門戶)에 있으니 손을 뜻하고, 비겁이 주공(做功)에 참여하니 반체력 반기술을 의미한다. 축토(丑土) 인성은 직장을 뜻하니 직장을 다니는 엔지니어이다. 제살(制殺)의 국(局)은 임금이 비교적 높다.

금수(金水) 식상이 화(火)의 관살을 제(制)하니 수리방면의 기술로 전기 전자 및 전력공학 같은 종류의 직업이다. 술(戌)은 화고(火庫)이니 전기를 뜻한다.

▶ 을묘(乙卯)운

을운(乙運)에는 학교를 다니고, 묘운(卯運)은 술(戌)과 합(合)하니 재(財)가 와서 나와 합한다. 즉 재(財)에 이득이 있다.

- 을해(乙亥, 1995)년에 일을 다녔다. 을경(乙庚)은 재(財)가 몸에 합해 온 것이다. 해(亥)는 또 묘(卯) 재(財)를 장생(長生)하니 돈을 번다는 뜻이다.

- 무인(戊寅, 1998)년에 연애 중 결혼까지 하였다.

▶ 병진(丙辰)운

병(丙)운은 신(辛)과 합하니 직업에 유리하다. 진(辰)운은 진술(辰戌)충을 기뻐하고, 관살고(官殺庫)를 제(制)하니 수입이 증가한다. 하지만 그는 원국이 일하는 엔지니어이므로 큰 재물은 없을 것이다.

- 기묘(己卯, 1999)년에 직장 변동이 있다. 묘술(卯戌)은 좌하(坐下)의 인성을 합해 오니 내부 조정이다.

- 신사(辛巳, 2001)년에 직장 변동이 있다. 병신(丙辛)합은 겁재가 합살(合殺)하니, 이것도 내부 조정이다.

- 계미(癸未, 2003)년에 딸을 낳았다.

- 을유(乙酉, 2005)년에 직종을 바꾸었다. 을경(乙庚)합은 유년과 친밀하게 합하고, 진유합(辰酉合)은 대운 진(辰)을 합동(合動)하니 인성을 발동(發動)한다. 그래서 술토(戌土)를 충제(沖

制)하여 직업이 좋게 바뀌었다.

- 병술(丙戌, 2006)년에 임금이 올랐다. 병술(丙戌)은 살성(殺
星)이 도위하고 진(辰)에게 충제(沖制)를 당하는데, 임(壬)은
병(丙)을 충하고 축(丑)이 술(戌)을 형(刑)하니 관살(官殺)을 제
(制)하여 득재(得財)한 것이다.
- 정해(丁亥, 2007)년에 이혼하였다.

▶ 정사(丁巳)운

원국은 관살(官殺)을 제(制)하는 국인데, 관살이 시에 있어 제복
(制服)할 수만 있다면 좋은 운이다. 정(丁)운은 년의 임(壬)과 합하
는데, 빈위의 식신이 관(官)과 합할 수 있어 길하다. 사(巳)운은 술
(戌)을 대표하는데, 축(丑)과 합하고 축술형(丑戌刑)을 파괴하므로
이 운에는 쉽게 파재(破財)한다.

▶ 무오(戊午)운

무계(戊癸)합을 기뻐하고, 상관이 인성과 합(合)하니 일과 승진에
유리하다. 오(午)는 술(戌)중에서 나온 것이고, 자수(子水)에 의해
충제(沖制) 당하여 이 운에는 발재(發財) 한다.

◉ 혼인

팔자에 재성(財星)이 없어 식상을 처성(妻星)으로 보니 계(癸)가
처(妻)가 된다.

계(癸)아래 축(丑)이 부부궁(夫婦宮)을 형(刑)하니 첫 번째 결혼은
실패 한다. 부부궁(夫婦宮)이 형(刑)을 범하면 결혼이 안정되기 어
렵다.

제 5절 전자기술 인재

丁 丙 乙 壬 (乾)
酉 寅 巳 寅　　73 63 53 43 33 23 13 3 (대운)
　　　　　　　癸 壬 辛 庚 己 戊 丁 丙
　　　　　　　丑 子 亥 戌 酉 申 未 午

◉ **간단한 이력과 해석**

　정해(丁亥, 2007)년의 사례로 전문대졸 출신이다. 모친은 자신이 3~4세 때 일찍 돌아가시고, 부친은 재혼하였다. 전기수리 및 유지보수 작업을 하며, 수입은 괜찮은 편이다.

　병인(丙寅)일은 일주가 인성(印星)에 앉아 인성과 재성이 서로 절(絶)하니 본래는 인성이 무용(無用)하지만, 년에서 인성이 살(殺)을 차고 있으니 직장이 유명한 곳이고 직무가 있다는 뜻도 있다. 정임(丁壬)합은 겁재가 유용(有用)하니 직장에서 그의 손기술을 사용한다는 뜻이다. 유금(酉金) 재성은 월급인데, 홀로된 재(財)이니 가치가 있고 수입이 괜찮다. 원국의 을사(乙巳)는 폐신(廢神)으로 육친으로 보면 모친을 뜻한다. 인사천(寅巳穿)은 모친을 손상시킨다.

　인(寅)은 직장을 뜻하고, 전기 혹은 전력설비 등을 뜻한다. 그래서 전기 수리 및 유지보수를 하는 것이다. 팔자에 식상이 없어 기술적인 함량이 높지 않지만 어느 정도 직위는 있다.

● 대운과 유년분석

▶ 정미(丁未)운

인목(寅木) 인(印)은 학당(学堂)인데, 인(寅)이 많으면 귀하지 않다. 그래서 학력이 높지 않다. 겁재(劫財) 정(丁)이 투(透)하여 타인의 위해(厲害)력을 표시하니 자신은 경쟁에서 이기지 못한다.

• 신유(辛酉, 1981)년에 직장에 들어갔다. 병신(丙辛)이 재(財)와 합하고, 지지에 유(酉) 재(財)가 도위하니 월급이 있을 것이다.

▶ 무신(戊申)운

무신(戊申)은 식신생재의 대운으로, 인(印)이 많을 때 재(財)를 보는 것을 기뻐한다. 인신(寅申)충이 좋은 것은 재(財)가 바로 나한데 오기 때문이다. 그래서 재(財)에 이롭다.

• 을해(乙亥, 1995)년에 원래의 직장을 그만두고 개인 기업체에 엔지니어로 들어갔다. 그전에는 국영기업체에서 근무하였다. 을사(乙巳)는 정인의 상(象)을 차고 있어 국가기관이다. 정인을 충(沖)하고 편인을 합(合)한다. 인(寅)은 편인이니 개인기업을 대표한다.

▶ 기유(己酉)운

기유(己酉)는 상관생재로 원국의 재성이 도위하여 좋으므로 기술일을 시작하였고, 직업이 안정되었다. 연봉이 2천만 원이다.

- 신사(辛巳, 2001)년은 재운(財運)이 매우 좋다. 유(酉)운은 왕(旺)한 재운(財運)으로, 병신(丙辛)합하고 사유(巳酉)합한다.
- 임오(壬午, 2002)년에 아들을 낳았다. 두 번째 아이이다.
- 계미(癸未, 2003)년에 집을 샀다. 미(未)는 인고(印庫)이고, 미(未)는 인(寅)을 대표하니 집을 뜻한다.
- 갑신(甲申, 2004)년에 새로운 집으로 이사하고, 회사에서 외국으로 연수를 보냈다. 인신(寅申)충은 인(寅) 인(印)이 동(動)한다. 년일(年日)에서 신(申)을 보면 역마이니 외출의 상(象)이다.

▶ 경술(庚戌)운

경금(庚金) 재성이 을(乙)과 합하니 좋은 운이다. 하지만 술(戌)운은 원국의 유(酉)를 천(穿)하여 파재(破財)하거나, 직업 변동으로 인하여 파재(破財) 및 재화(災禍)가 있다. 정해(丁亥, 2007)년 이후 연봉이 천만 원까지 낮아졌다.

- 을유(乙酉, 2005)년에 상금을 많이 받아 득재(得財)하였다. 유금(酉金) 재(財)가 도위한 것은 득재(得財)의 응기(應期)이다. 대운과 친밀한 을경(乙庚)합은 재물에 이득이 된다.
- 병술(丙戌, 2006)년에 차사고로 병원에 입원하여 파재(破財)하였다. 술(戌)년은 비록 계속 경(庚)운에 있지만, 유년은 대

운을 앞당길 수 있다. 병(丙)은 자신을 대표하고, 병술(丙戌)
이 유(酉)를 천(穿)함은 자신이 재(財)를 천(穿)하는 것이니 파
재(破財)의 상(象)이 뚜렷하다. 유(酉)가 문호(門戶)에 임하고
자동차의 상(象)이니, 차 사고나 파재(破財)의 뜻이다. 병술(丙
戌)년에는 하는 일도 좋지 않았다.

- 정해(丁亥, 2007)년에 직장을 바꾸었다. 직장동료와의 문제로
  관리자와 관계가 좋지 않아 다른 기관으로 좌천되었다. 연봉은
  천만 원이었다. 겁재(劫財)가 살(殺)을 깔고 있으면, 살성을 타
  인이 장악하는 것을 대표한다. 정(丁)은 대운의 술(戌)을 대표
  하니 동료이다. 인해(寅亥)합과 사해(巳亥)충은 직업변동을 뜻
  하니, 앞당겨서 술(戌)운을 인동(引動)하면 직업이 나빠진다.

◉ 혼인

혼인은 안정적인데, 첫 아이는 딸이고, 둘째는 아들이다. 유(酉)
는 아내인데, 사유(巳酉)합은 포국(包局)을 형성하여 혼인은 문제
없다. 술(戌)운은 유(酉)를 천(穿)하니 파재(破財) 혹은 상처(傷妻)
인데 아내가 몸이 좋지 않다.

제 6절 소프트웨어 개발자

乙 丙 己 庚(乾)
未 午 卯 申   71 61 51 41 31 21 11 1 (대운)
              丁 丙 乙 甲 癸 壬 辛 庚
              亥 戌 酉 申 未 午 巳 辰

간단한 이력과 해석

무자(戊子, 2008)년의 사례이다. 대졸출신으로 이공과(理工科)를 전공하고 기술직에 종사하였다. 텐센트회사(QQ)에서 소프트웨어 개발을 책임지고 있는데, 인터넷 첨단기술 직업이다.

을미(乙未)는 직접회로의 상(象)이고, 또 인터넷 미디어를 뜻한다. 인성 을미(乙未)와 기묘(己卯)가 포국(包局)을 형성한다. 그래서, 인터넷 회사에서 일하는 것이다. 을경합(乙庚合)과 묘신합(卯申合)은 재성과 인성의 합으로 재부(財富)를 확대하는 것이다. 이는 회사에서 돈을 받는다는 뜻이고, 임금이 높다는 뜻이다. 좌지(坐支)의 오미(午未)합으로 비겁(比劫)이 합하여 상관(傷官)에 도달하니 자신은 회사에서 인터넷 기술 작업을 하는 것이다.

▶ 신사(辛巳)운

사운(巳運)이 합하여 신금(申金)에 도달하는데, 신(申)중에는 살(殺)이 암장되어 있어 먼 곳에서 공부하였다. 신(申)은 또한 이과(理科)를 뜻한다.

• 기묘(己卯, 1999)년에 대학에 입학하였다.

▶ 임오(壬午)운

임수(壬水)가 허투(虛透)하니 명예 혹은 학위를 뜻한다. 공부를 한층 더 깊이 하는데 이롭다. 오(午)운에 미(未)와 합(合)을 함은 기술을 다룬다는 뜻이다. 묘오(卯午)파는 월령(月令)의 인성을 파(破)하니 승진에 불리하고, 또 직업에 변동이 있다는 뜻이다. 오화(午火) 부부궁(夫婦宮)과 신금(申金)이 서로 극하니 결혼이 힘들다.

• 계미(癸未, 2003)년에 연구생으로 공부하였다.

• 갑신(甲申, 2004)년에는 일하면서 공부하고 연애도 하였다. 갑신(甲申)은 인성이 재(財)를 차고 월령의 기묘(己卯)와 천지(天地)합을 한다. 이는 직장을 찾을 수 있다는 것을 설명한다. 신(申)은 또 연애하는 상대를 뜻한다.

• 을유(乙酉, 2005)년에 직장을 옮겼다. 묘유(卯酉)충은 원래 다니던 직장을 떠난다는 뜻이다. 을(乙)의 도위는 미(未)의 도위로, 미(未)는 새로운 직장을 뜻한다. 을경(乙庚)합이 년(年)에 있는 재(財)를 합해 오니 장소가 바뀌는 것이다.

- 정해(丁亥, 2007)년에 직장을 바꿨다. 전에는 북경에서 근무하였는데, 이 해에 심천으로 파견 되었다. 같은 해에 애인과 결별하였다. 정해(丁亥)년은 오해(午亥) 암합과 정임합(丁壬合)으로 유년과 대운이 친밀하게 합하는데, 오(午)는 자신을 대표하여 합살(合殺)하니 길(吉)하다. 해묘미(亥卯未) 삼합 인국(印局)은 새로운 직장을 말한다. 신해천(申亥穿)은 년주 경신(庚申)을 또 떠난다는 뜻이다. 오해(午亥)합으로 인하여 남방(南方)으로 갔다. 또 신해(申亥)천은 애인과 이별을 뜻하기도 한다.

- 기축(己丑, 2009)년에 또 애인이 있을 것이다. 그리고 직장도 바뀔 것이다. 후에 결과가 그대로 일어났다. 축(丑)은 신(申)을 대표하고 오(午)를 천하며 미(未)를 충한다. 즉 직업이 동(動)하여 그 지방을 떠난다는 뜻이다. 오(午)운 그 자체가 직업이 안정되지 않았다는 것을 뜻한다. 축(丑)은 신(申)을 대표하니 애인은 있을 것이다.

▶ 계미(癸未)운

전체적으로는 좋은 운이다. 묘미(卯未)가 합(合)하며, 오미(午未)합은 직업이 안정되고 혼인도 이 운에서 성사된다.

- 경인(庚寅, 2010)년에 상대를 만나 동거하다가 결혼할 수 있다. 경인(庚寅)은 인(印)이 재성(財星)을 차고 부부궁(夫婦宮)에 합하여 도위하니 결혼 응기이다.

▶ 갑신(甲申)운

제일 좋은 대운이다. 기쁜 것은 갑기(甲己)합으로 상관배인이다.
재(財)가 도위하여 묘신(卯申)합하니 발재(發財)의 운이다.

◉ 혼인

년주 경신(庚申)이 처(妻)이다. 원국에서는 묘신(卯申)합을 하고
있는데, 오(午)운은 신(申)을 극하니 결혼을 못한다. 왜냐하면 처성
(妻星)이 부부궁(夫婦宮)으로 들어갈 수 없기 때문이다. 게다가 묘
오(卯午)가 인(印)을 파하니 결혼증(結婚證)을 받을 방법이 없다.
계미(癸未)운에 오면 결혼할 수 있으며 괜찮은 결혼이다.

제 7절 IT 기술 종사 및 선생

```
丁 乙 壬 戊 (乾)
丑 巳 戌 午      80 70 60 50 40 30 20 10 (대운)
                庚 己 戊 丁 丙 乙 甲 癸
                午 巳 辰 卯 寅 丑 子 亥
```

🔹 간단한 이력과 해석

신사(2010, 辛巳)년의 사례이다. 홍콩인으로 대학을 졸업하고, IT분야의 기술 일을 하면서 지금까지 결혼을 하지 않았다. 일 이외에 작은 투자도 한다.

원국은 목화(木火) 식상이 세(勢)를 이루어 술(戌)이 축(丑)을 형(刑)하고, 정(丁)이 축(丑)위에 있다. 이것은 식상(食傷)이 살(殺)을 제하는 뜻이다. 임수(壬水)가 홀로 인(印)이니 기쁘다. 또 기쁜 것은 정임합(丁壬合)으로 식신에 인(印)이 배치되었다. 안타까운 것은 무토(戊土) 재(財)가 왕투(旺透)하여 인(印)을 괴하니, 원래는 좋은 직장을 다니지만 오래가지 못한다.

상관·식신은 두뇌 혹은 기술을 뜻하는데, 제살(制殺)하여 재(財)를 취하니 기술로 돈을 번다. 명국(命局)의 술(戌)은 화고(火庫)로써 전자 인터넷을 뜻한다. 임(壬)은 또 운산과 숫자를 뜻한다. 정임(丁壬)이 합(合)하니 그래서 인터넷 기술직이다. 상관·식신은 또 학생을 나타내고, 양이 왕(旺)하여 음을 찾으니, 학생이 지식을 구한다는 뜻으로 선생을 나타낸다.

▶ 갑자(甲子)운

갑(甲)운에는 주로 공부를 하였다. 자(子)운은 축(丑)을 합하고, 자오충(子午沖)을 인동하며, 식신이 인(印)을 충하니 직업에 유리하다.

- 경진(庚辰, 2000)년에 취직하고 동시에 선생을 겸직하였다. 진(辰)은 자(子)가 온 것을 대표하고, 인(印)은 직업을 대표한다.
- 임오(壬午, 2002)년에 직장을 바꾸었다. 정임(丁壬)합은 유년과 합하고, 자오(子午)충으로 인(印)을 괴하니, 인(印)이 동(動)하여 직장을 바꾸는 것을 나타낸다.
- 계미(癸未, 2003)년에 업종을 바꾸었다. 미(未)가 와서 대운 자(子)를 천하니 자축(子丑)합의 원래 상태가 파괴되어 직업이 변동된다. 무계(戊癸)합은 새로운 직장이 있음을 나타낸다.

▶ 을축(乙丑)운

을축(乙丑)은 을목(乙木)이 축(丑)을 제(制)하는 상(象)이다. 이는 재(財)에 유리한 대운이다. 축(丑)운에 술(戌)을 보면 형(刑)으로 살(殺)을 제(制)하니 재(財)가 왕(旺)하여 투자로 발재(發財)하는 뜻을 나타낸다.

• 경인(庚寅, 2010)년에 상대를 만나 교제하고, 신묘(辛卯, 2011)년에 결혼할 수 있다. 묘술(卯戌)합은 처성(妻星)을 인동(引動)하니 결혼할 수 있다.

◉ 혼인

원국의 사(巳)는 처궁(妻宮)이고, 술(戌)·축(丑) 두 개의 재(財)가 보여 두 번 혼인하는 상(象)이다. 자(子)운에는 상대가 없는데, 이는 자(子)와 부부궁(夫婦宮)이 아무런 관계가 없기 때문이다. 축(丑)운은 술(戌)을 형(刑)하니, 만약 결혼했으면 이 운에 이혼한다. 왜냐하면, 찾은 아내가 술(戌)이면 축(丑)에게 형(刑)을 당하여 괴(壞) 되고, 축(丑)이면 이것도 술(戌)에게 형(刑)을 당하여 괴(壞) 된다. 이 팔자의 결혼은 세 번 있을 것이다.

제 8절 컴퓨터 기술자

壬 壬 庚 壬 (乾)
寅 辰 戌 子　　73 63 53 43 33 23 13 3 (대운)
　　　　　　　戊 丁 丙 乙 甲 癸 壬 辛
　　　　　　　午 巳 辰 卯 寅 丑 子 亥

🌀 간단한 이력과 해석

무자(戊子, 2008)년의 사례이다. 말레이시아(현재는 싱가폴에 있음) 출생으로 학력이 높지 않고, 신비한 문화를 좋아한다. 현재, 컴퓨터 평면 디자인을 하고, 일을 비교적 힘들게 한다. 직장을 자주 옮겨 다녔고, 재물은 들어왔다 나갔다 한다.

임진(壬辰)일은 천하기룡(天河騎龍)으로 술(戌)이 와서 진(辰)을 충(沖)하는 것을 기뻐하지 않는다. 이는 진(辰)이 수고(水庫)이고, 댐의 상(象)이기 때문이다. 진(辰)은 천(穿)을 좋아하고 충(沖)을 기뻐하지 않는데, 충(沖)하면 쉽게 붕괴된다. 다행이 경금(庚金) 인성이 와서 생함을 득하니 직장이 있을 것이다. 시에 있는 식신은 기술을 나타내는데, 인술(寅戌)이 서로 공(拱)하는 것은 전자 인터넷 방면의 기술을 나타낸다. 안타까운 것은 운이 인성의 지지로 행(行)하지 않아 힘들고 고생스럽게 돈을 번다. 수입은 보통이다.

▶ 신해(辛亥)운

부친이 일찍 돌아가셨다. 재(財)가 고지(庫地)에 임하면 부친이 당연히 일찍 돌아가신다는 구결(口訣)이 응(應)함을 볼 수 있다. 인(寅)은 부친의 원신(原神)으로 해수(亥水)와의 합은 그 화(火)를 끄는 것이다.

▶ 임자(壬子)운

자(子)운에 취직하였는데, 집안 형편 때문에 제대로 배우지 못했다. 술(戌)이 월령(月令)에 있어 집안 형편을 나타낸다. 술(戌)은 이 팔자의 모병(毛病:결함)이다. 그래서 집안 형편이 좋지 않다.

▶ 계축(癸丑)운

계(癸)운은 겁재가 높이 투(透)하여 주공(做功)을 하지 않아 재(財)가 소모된다. 계축(癸丑)의 축(丑)은 겁재 아래의 축(丑)이고, 축술(丑戌)형은 술(戌)을 상하게 하여 유리하다. 하지만 자축(子丑)합, 인축(寅丑) 암합(暗合)은 번 돈을 모두 축(丑)에게 합을 당함을 나타낸다. 그래서, 십년 동안 돈을 좀 벌면 바로 돈을 다 쓴다. 게다가 몸도 좋지 않고 기분도 좋지 않으며 우울하고 힘도 빠지고 피곤하였다. 이 모든 것은 축(丑)이 음중의 음이라서 양기(陽氣)를 손상시키는 것과 관련이 있다.

▶ 갑인(甲寅)운

갑(甲)운은 경금(庚金)이 발용(發用)하여 직장에서의 일은 괜찮다. 하지만 결혼은 하지 못한다. 같이 동거할 여자가 없다. 인(寅)운은 식신이니 주로 직업을 나타낸다. 술(戌)을 공(拱)하여 재(財)가 왕(旺)하지 못하니 직업운은 평평(平平)하다.

- 무자(戊子, 2008)년에 넘어져서 발의 뼈가 골절됐다. 년주의 자(子)는 다리 혹은 발을 나타낸다. 자(子)위에 무(戊)가 떨어져 무자(戊子) 자합(自合)하니 바로 발이나 다리가 걸림을 당하는 상(象)이다. 무토(戊土) 칠살(七殺)은 돈을 뜻한다. 무자(戊子) 자합(自合)한 자(子)는 겁재(劫財)이니 파재(破財)한다.

- 경인(庚寅, 2010)년에 여자가 출현할 것이라고 예측하였다.

▶ 을묘(乙卯)운

관과 합하면 직업에 유리하다. 좋은 운이다. 묘(卯)운은 묘진천(卯辰穿)을 기뻐하는데, 이것도 직업에 유리하다. 이 운에는 전의 운기보다 크게 좋아졌다.

◎ 혼인

인술(寅戌)을 처(妻)로 본다. 축(丑)운은 혼인에 불리하여 결혼 상대를 찾지 못한다. 인(寅)운에는 결혼할 수 있고, 혼인은 안정적이다.

제 9절 소프트웨어 엔지니어

辛 己 乙 戊 (乾)
未 亥 丑 午　　　71 61 51 41 31 21 11 1 (대운)
　　　　　　　　癸 壬 辛 庚 己 戊 丁 丙
　　　　　　　　酉 申 未 午 巳 辰 卯 寅

🌑 간단한 이력과 해석

대학을 졸업하고 직장 수입이 안정적인 첨단기술 기업에서 일하였다. 당시에 그는 출국하려고 하는데, 가능하냐고 물었다. 기축(己丑, 2009)년에 출국할 수 있다고 판단하였다. 그의 부모는 결혼을 잘못하여 이혼했다고 판단하였는데, 실제로 기사(己巳, 1989)년에 이혼했다.

원국은 식신제살(食神制殺)이 공(功)이다. 축(丑)에서 나온 신(辛)은 식신으로 두뇌 혹은 기술을 나타낸다. 축미충(丑未沖)과 신(辛)이 미토(未土)를 머리 위에서 눌러 살(殺)을 제하고 있다. 그런데 을목(乙木) 살(殺)이 월령(月令)에 투(透)하여 제대로 제(制)하지 못한다. 게다가 원국은 비겁이 편왕(偏旺)하여 기술을 취급하는 명(命)이다. 미(未)중에 을(乙)이 장(藏)되어 있는 것은 집적회로를 뜻하고, 해(亥)를 공(拱)하는 것은 숫자와 컴퓨터로 계산하는 뜻이다. 그래서 소프트웨어 엔지니어이다.

▶ 무진(戊辰)운

무(戊)운은 공부하고, 진(辰)운은 축미(丑未)충을 괴하여 공(功)이 없다. 이 운에는 계속 아르바이트를 하여 수입이 많지 않았다.

- 신사(辛巳, 2001)년에 취직하여 외국기업에서 소프트웨어 개발 작업을 하였다. 식신이 도위한 해로, 식신은 밥그릇을 의미한다.

- 갑신(甲申, 2004)년에 부친이 췌장암으로 돌아가시고, 여자를 만나 연애를 하다가 동거하였다. 갑신(甲申)년의 갑기(甲己)합은 갑(甲)이 해(亥)를 대표하여 자신에게 합해오는 것을 나타낸다. 신(申)은 부부궁(夫婦宮)의 처성(妻星)을 천(穿)하여 동(動)하게 하니 동거하였다.

- 병술(丙戌, 2006)년에 결혼하였다. 진(辰)운에 해(亥)는 묘(墓)중에 있는데, 유년 술(戌)이 묘고(墓庫)를 충하여 고를 여니 결혼한다.

- 정해(丁亥, 2007)년에 딸을 낳았다.

▶ 기사(己巳)운

기사(己巳)는 좌하(坐下)의 인(印)이 재(財)를 충하여 재(財)를 동(動)하게 하는 대운(大運)이다. 동시에 역마성을 깔고 앉아 출국의 뜻을 표시한다. 그래서 전체적인 대운은 매우 좋고, 외국에 나가서 일을 할 수 있다.

• 기축(己丑, 2009)년에 출국할 수 있다. 이 해에 축미(丑未)충으로 문호(門戶)를 열어, 식신이 살(殺)을 제(制)하는 주공(做功)이다.

🅖 부모

원국의 해수(亥水)는 재(財)이자 부(父)이다. 축(丑)은 부모궁(父母宮)인데, 진(辰)운에는 성·궁(星·宮)이 같이 입묘(入墓)한다. 갑신(甲申)년의 갑(甲)은 부성(父星)을 대표하는데 하늘로 올라가니 부친이 돌아가셨다. 원국에 오해(午亥)합이 있어 오(午)가 모친(母)이다. 하지만 축오(丑午)천 때문에 부모가 이혼한다.

제 10절 건설공사 기술자

```
己 壬 戊 壬 (乾)
酉 辰 申 戌    71 61 51 41 31 21 11  1 (대운)
              丙 乙 甲 癸 壬 辛 庚 己
              辰 卯 寅 丑 子 亥 戌 酉
```

🌀 간단한 이력과 해석

무자(戊子, 2008)년의 사례이다. 기술 일을 한다고 판단했는데, 실제는 엔지니어링 일을 하고 있다. 학력이 높지 않고, 남방의 건설회사에서 엔지니어링 기술을 담당하고 있다.

이 명조는 식상(食傷)이 없는데 어떻게 기술직을 할 수 있는가? 임진(壬辰)일에 기유(己酉)시가 배치되면 기술관련 일을 하기 쉽다. 우리는 임진(壬辰)일이 진유(辰酉)합을 좋아함을 알고 있다. 하지만 임(壬)은 관성(官星) 기토(己土)가 투간(透干)함을 기뻐하지 않는다. 또한 격국(格局)이 낮아져서 당관하지 못한다. 기(己)는 윤곽선을 뜻하고. 유(酉)는 패널(널빤지)을 의미하여 설계의 상(象)이다. 유(酉)는 직장이고 기(己)는 월급이니, 진유(辰酉)합은 사무실에서 근무하는 뜻이다. 그래서 엔지니어 기술자이다.

원국의 무신(戊申)과 기유(己酉)는 다른 직장을 나타내니, 직장을 바꾼다는 뜻이다. 진·술(辰·戌)은 직업이 토건(土建)과 유관(有關)함을 표시하고, 술(戌)은 고층건물의 상(象)이다.

⊛ 대운 유년분석

▶ 경술(庚戌)운

경(庚)운은 좋고, 술(戌)은 유(酉)를 천하여 학습에 불리하니 학업은 보통이다. 전문대를 졸업하였다.

▶ 신해(辛亥)운

신(辛)운은 인성이 천간에 허투(虛透)하여 직업이 불안정하다. 해(亥)운은 신(辛)운 보다 훨씬 좋다. 신해(辛亥)의 상(象)은 인(印)이 록(祿)을 생하고, 게다가 해(亥)운에 유(酉)를 보면 또 유(酉)가 생하니 직장의 수입이 모두 안정적이다. 실제로 신(辛)운에는 재운(財運)이 좋지 않았다. 돈을 벌어도 저축을 하지 못하고, 일하는데 스트레스를 많이 받아 늘 기분이 좋지 않았다.

- 임오(壬午, 2002)년에 취직했는데, 자기 밑에 재성이 앉아 수입이 있다.
- 병술(丙戌, 2006)년에 직장을 옮겼는데, 병신(丙辛)이 인(印)과 합하고 유술(酉戌)천하니 직장 변동이 있었다. 술(戌)이 진(辰)을 충하면 불리하니 직장 변동이 좋지 않음을 표시한다.
- 정해(丁亥, 2007)년에 또 직장을 바꿨다. 일주가 유년과 친밀하

게 합하고, 해(亥)는 진(辰)의 도위를 나타내며, 진(辰)은 유(酉)를 합(合) 할 수 있고, 해(亥)는 신(申)을 천(穿)할 수 있어서, 이번의 직업 변동은 좋았다.

- 경인(庚寅, 2010)년에 연애를 하였다. 인(寅)이 년(年)에 있는 술(戌)을 인동(引動)할 수 있어 혼인(婚姻)이 동(動)한 것이다.

◉ 혼인

년에 있는 술(戌)을 처(妻)로 본다. 진 · 술(辰 · 戌)은 부부궁(夫婦宮)을 충하여 부부가 된 것이다. 하지만 좋지 않은 것은 술토(戌土) 위에 임수(壬水) 비견(比肩)이 있고, 게다가 진유(辰酉)합하고 유술(酉戌)천하니 최후에는 반드시 이혼한다.

은행원

은행에 종사하는 사람들은 매우 광범위한 직업 집단에 속한다. 우리가 주장하는 일부 규칙의 결론으로 이 직종에 종사하는 사람들 모두를 포괄할 수 없다. 절대로 완전무결하기를 요구해서는 안 된다.

1) 은행에 종사하는 사주는 우리가 공부한 회계 조합과 일부분 유사하고, 숫자의 출현과 재부(財富)의 발생이 연관되는 조합이다.

2) 은행업은 자금 유치와 대출이다. 상법(象法)으로 표현하면 수방조합(收放組合)으로, 동쪽 목(木)은 방(放:빌려주고)이고, 서쪽

금(金)은 수(收:거두어들임)이다. 묘유(卯酉), 묘신(卯申), 인신(寅申), 축미(丑未) 조합이 나타나면 은행원이 되기 쉽다.

3) 경(庚)과 신(申)은 금융을 뜻하는데, 은행은 금융기관에 속하고, 여기에 다시 재성이 배치되면 은행을 대표한다.

제 1절 청화대 석사 은행관리인

丙 乙 己 庚 (乾)									
戌 未 丑 申	76	66	56	46	36	26	16	6	(대운)
	丁	丙	乙	甲	癸	壬	辛	庚	
	酉	申	未	午	巳	辰	卯	寅	

🔵 간단한 이력과 해석

정해(丁亥, 2007)년의 사례이다. 학력이 아주 높고 청화대 석사 학위 소유자이다. 어렸을 때 머리에 중상을 당해 하마터면 죽을 뻔 하였다. 지금은 국영은행에서 일한다.

을목(乙木)이 겨울에 태어나니 병화(丙火)가 투간하여 따뜻한 양 기를 두루 비쳐줌을 기뻐한다. 마치 봄빛에 목욕하는 것과 같다. 하지만 좋지 않은 것은 축미술(丑未戌) 삼형(三刑)이 있어 을목(乙木)의 뿌리를 상하게 하니 혼인과 신체는 불리하다. 그래서 인(寅) 운으로 행할 때 인출(引出)된 미(未)중의 목(木)이 신(申)에게 충을 당해 거의 죽을 뻔하였다. 을경(乙庚)합은 왕(旺)한 관(官)이 합해 오니 본래 당관(當官:공직)이 적합하지 않지만, 병(丙)이 경(庚)을 제복(制服)하여 관직이 있어도 크지 않다. 병(丙)은 머리·사상이 고, 왕상(旺相)하기 때문에 학력이 높다. 또한 기술직업에 종사할 수 있다. 축미충(丑未沖)은 은행을 표시한다.

🎐 대운 유년분석

▶ 신묘(辛卯)운

묘록운(卯祿運)은 인성(印星)이 와서 록(祿)을 보호해주지 못하는 까닭에 아주 신고(辛苦)하다. 한편으로는 공부하고 한편으로는 일하는 까닭에 아주 피곤하고, 아울러 인후염(咽喉炎)을 얻었다. 신(辛)운에는 상관합살(傷官合殺)하여 명예에 이롭다. 술(戌)은 학당으로 卯戌합을 하니 독서가 적합하다. 그래서 독서를 좋아한다.

- 계미(癸未, 2003)년에 연애하였다. 재성인 미(未)가 이 해에 도위하여 연애를 한다.
- 갑신(甲申, 2004)년에 졸업하고 직장에 들어갔다. 줄곧 은행에서 일한다. 비록 수입이 높지만 지출이 많다. 대운 묘(卯)와 신금(申金)이 서로 합(合)하고, 록(祿)이 관과 합하니 직업이 있다. 록(祿)을 생하는 인(印)이 없으니 일이 고되다.

▶ 임진(壬辰)운

임(壬)운은 관인상생(官印相生)하니 직업을 의미한다. 임병(壬丙)이 서로 충(沖)하고 상관배인(傷官配印)이 되어 직장에서 스트레스가 많고, 여가를 취할 시간이 없다. 진(辰)운은 술(戌)을 충하고 축(丑)을 묘(墓)하니 미토(未土)가 해방을 얻어 신체가 좋아지고, 재운 역시 월수입을 의미하니 수입이 증가될 수 있다.

- 병술(丙戌, 2006)년에 일이 매우 힘든 것은 병임(丙壬)충이 응(應)한 것이다.

- 무자(戊子, 2008)년에 직장변동과 승진이 있을 것이다. 자미 (子未)천하여 인성을 제(制)하니 기쁨이다. 회사를 옮기는데, 자축(子丑)합으로 인해 다른 은행가서 일한다. 무자(戊子) 자합 (自合)으로 인성을 제(制)하여 승진한다.

▶ 계사(癸巳)운

계(癸)운은 평범한 운이다. 사(巳)운은 병(丙)이 신(申)과 합을 하는 것을 대표하고, 상관이 관을 제하니 승진이 있다. 관살이 제화 (制化)되어 재(財)가 되니, 이 운에 수입이 증가하고 운도 매우 좋다.

◉ 혼인

처궁(妻宮)과 처성(妻星)이 삼형(三刑)을 범하여 혼인이 안정적이 못하다. 진(辰)운에 결혼 할 수 있지만 백년해로는 못한다.

제 2절 은행장

壬 甲 己 戊 (乾)	
申 午 未 申	75 65 55 45 35 25 15 5 (대운)
	丁 丙 乙 甲 癸 壬 辛 庚
	卯 寅 丑 子 亥 戌 酉 申

 간단한 이력과 해석

정해(丁亥, 2007)년의 사례이다. 그는 금융업계의 고급관리일 것이라고 판단했는데, 실제로 대학 졸업 후 계속 은행에서 일하고 있다. 지금은 모 은행의 행장을 맡고 있다.

원국은 목화상관에 인성이 배치되어 격을 이루었다. 시상에 임신(壬申)이 있어 살인상생하니 권력이다. 년상의 무신(戊申)은 관(官)이 재(財)를 머리에 차고 있어, 이는 재(財)를 관할하는 관이다. 일반적으로, 일주가 무근(無根)이고 갑기(甲己)합하는데 월령의 재성이 너무 태중(太重)하니 빈곤하다. 그런데 왜 명(命)이 좋은가? 이것은 포국(包局)의 원인 때문이다. 포국이 형성되면 포위된 신(神)은 모두 한 가족으로 본다. 기미(己未)와 오(午)는 모두 자신의 재(財)로 표시한다.

신(申)은 금융기관의 뜻이다. 게다가 살성(殺星)이 재(財)를 차고 있으니 금융업의 고급관리이다.

⚙ 대운 유년분석

▶ 신유(辛酉)운

신운(辛運)은 갑(甲)을 극하니 불리하고, 유운(酉運)은 평범한 운에 속한다.

- 병인(丙寅, 1986)년에 시험 쳐서 대학에 들어갔다. 병신(丙辛)이 합하여 모병(毛病)인 신금(辛金)을 제거하니 시험에 이롭다.
- 기사(己巳, 1989)년에 직장에 들어갔다. 갑기합(甲己合)으로 자기가 재(財)와 합(合)하고, 사신합(巳申合)으로 식상이 살(殺)과 합(合)하니 직장에 들어감을 표시한다.

▶ 임술(壬戌)운

임(壬)은 인성이고 술(戌)은 상관고이니 상관배인(傷官配印)의 대운이다. 이 운에는 승진에 이롭다.

- 임신(壬申, 1992)년에 은행 관리자로 진급하였다. 이 해는 살인상생(殺印相生)인 임신(壬申)이 도위하니 승진이다.
- 병자(丙子, 1996)년에 결혼하였다. 자오충(子午沖)으로 부처궁을 충동(沖動)하니 합(合)이 충(沖)을 만난 응기이다. 결혼한 지 여러 해 지났으나 아직 아이가 없다.
- 정축(丁丑, 1997)년에 은행 부문 책임자로 승진하였다. 유년과의 합인 정임(丁壬)합은 친밀하고, 역시 상관배인으로 축(丑)이 도달하면 신(申)이 도달한다. 축미(丑未)로 살성을 충(沖)하니 발용하여 주로 승진이다.

- 신사(辛巳, 2001)년에 또 좋은 사정이 출현하였다. 이 해에 식신이 합살(合殺)하니 일을 하는데 이롭다.

▶ 계해(癸亥)운

계(癸)운에 좋은 것은 무계(戊癸)가 합(合)하여, 원국에 무기(戊己)가 모두 투간해 혼잡된 것을 거잡유청(去雜留淸)하니 직업에 유리하고 재물운이 왕성하다. 해(亥)운은 인성운으로 오해(午亥)합을 기뻐하고, 상관배인(傷官配印)이 되어 승진에 유리하다.

- 임오(壬午, 2002)년에 은행의 부행장으로 승진하였다. 임오(壬午) 자합(自合)하고 오(午)는 원국의 오(午)를 대표할 수 있어 상관배인(傷官配印)이 되어 승진한다.

- 갑신(甲申, 2004)년에 은행의 행장으로 승진하였는데, 정처급 승진이다. 갑신(甲申)은 자기가 살(殺)에 앉아 도위(到位)한 까닭에 승진하였다.

- 병술(丙戌, 2006)년에는 일이 순조롭지 않고 상부의 압력을 받아 수입도 많이 감소하였고, 이 해에 비로소 딸이 태어났다. 병임(丙壬)으로 인성을 충하는데, 술(戌)은 오(午)를 대표하고 대운 해수(亥水)를 극하니, 오해합(午亥合)에 영향을 주어 일에 불리하다.

- 정해(丁亥, 2007)년에 직장을 바꾸어 정부기업에서 여신업무를 담당하였다. 정임(丁壬)합과 오해(午亥)합은 승진하여 권력을 장악하는 응기(應期)이다. 왜냐하면 해(亥)운으로 행할 때

신해(申亥)천을 만나면 신(申)은 은행을 대표하니 은행을 떠난다는 것이다.

- 무자(戊子, 2008)년은 승진에 유리하다. 무계(戊癸)합은 대운과 유년의 친밀한 합(合)이고, 자오(子午)충과 자미(子未)천은 인(印)을 제(制)하니 권력을 얻는 뜻이다. 또 무자(戊子) 자합(自合)도 인(印)을 제(制)하니 승진할 수 있다.

▶ 갑자(甲子)운

이 운에도 계속 승진하는데, 갑자(甲子)는 자신이 인성에 앉아 온다. 원국과 자오(子午)충, 자미(子未)천으로 인(印)을 제(制)하여 권력을 얻으니 일생에 제일 좋은 대운이다.

◉ 혼인

기미(己未) 재성이 처(妻)이다. 일주와 천지(天地) 합(合)하니 화목한 상(象)이다. 그래서 혼인은 좋다.

제 3절 금융분야에서 법률일에 종사

己	辛	戊	庚 (坤)								
丑	未	寅	申	78	68	58	48	38	28	18	8 (대운)
				庚	辛	壬	癸	甲	乙	丙	丁
				午	未	申	酉	戌	亥	子	丑

◉ 간단한 이력과 해석

정해(丁亥, 2007)년의 사례이다. 출생 당일의 시가 자시(子時)인 지 축시(丑時)인지 확실하지 않아 과거에 발생한 일의 검증을 통하여 시를 확정하였다. 만약 자시에 태어났다면 세 가지 특징이 있다. ①학력이 없다. ②현재까지 결혼하지 못한다. ③직업이 안정되지 않는다. 만약 축시에 태어났다면 세 가지 상황이 있다. ①대졸학력이고 ②28세에 결혼하며 ③금융계통에서 일하는데 법률과 연관이 있어야 하며, 2가지 이상의 직업을 갖게 된다. 게다가 직업도 괜찮다. 결과를 확인해보니 대학졸업이고 은행직원이며 변호사 자격증 있으니, 축시에 태어난 것으로 확정하였다.

신미(辛未)일주의 좌하는 재고(財庫)인데, 축미(丑未)충으로 재고(財庫)를 열고, 경신(庚申)과 기축(己丑)이 포국을 형성하여 인(寅)과 미(未)중의 재(財)를 취한다. 인(寅)이 월령(月令)에 있으니 공문(公門)이다. 인신(寅申)충과 축미(丑未)충은 모두 금융의 상(象)이다. 무·기(戊·己) 인성이 잡투(雜透)하였으니 직업에 복합성이 있는 특징이다. 만약 자(子)시에 태어났다면, 인성인 미(未)가 식신을 천(穿)하여 안정적인 직업을 갖기가 힘들다.

🌀 대운 유년분석

▶ 丙子운

원국의 인(寅)은 학당(學堂)인데, 병(丙)은 인(寅)을 대표하고 높이 투(透)하여 일(日)과 합(合)하니 학업에 유리하며 길운이다. 자(子)운으로 행할 때 미(未)와 천(穿)하니 원국에 있는 축미(丑未)충을 파괴하였다. 인미(寅未)는 한 가족이니 미(未)도 학당(學堂)을 대표한다. 식신을 천(穿)하는 경우는 학업에 불리하니, 전체 자(子)운은 모두 순리적이지 않은 운기이다. 그래서 진학시험, 연구생 시험, 공무원시험 모두 불리하여, 계미(癸未, 2003)년부터 을유(乙酉, 2005)년까지 3년 연속 통과하지 못하였다. 식신을 천(穿)하니 기분이 좋지 않고, 무슨 일을 해도 순조롭지 않고 장애가 많다.

- 계미(癸未, 2003)년은 진학하는 중요한 해이다. 이 해에 대학을 졸업했지만, 연구생시험은 통과하지 못하였다. 미(未)년은 자(子)를 천(穿)하여 진학에 불리하다.
- 갑신(甲申, 2004)년에 회사에 입사했는데 월급은 높지 않았다.
- 병술(丙戌, 2006)년은 매우 좋아 변호사 시험에 합격하였다. 병술(丙戌)은 인목(寅木) 학당(學堂)을 대표하는데, 병신(丙辛)

합은 관(官)이 와서 자기와 합(合)하니 시험에 유리하다. 대운 자수(子水)는 유년에 영향을 주지 않아 나쁜 작용을 하지 않는다.

▶ 을해(乙亥)운

을(乙)운은 미(未)중의 재성이 투출(透出)하여 빈위(賓位)의 겁재와 합한다. 이는 좋지 않은 상으로 번 돈을 모두 써버린다. 해(亥)운은 미(未)를 공(拱)하고 인(寅) 재(財)를 생하여 왕하게 하니 매우 좋은 대운이다.

- 정해(丁亥, 2007)년에 결혼하였다. 인해(寅亥)합하고 해미(亥未) 공(拱)하여 부궁(夫宮)과 부성(夫星)을 동(動)하게 한다.
- 기축(己丑, 2009)년에 딸을 낳았다.

◉ 혼인

인(寅)중에 병(丙)이 장(藏)되어 병(丙)이 부성(夫星)이다. 미고(未庫)로 들어가고, 축(丑)이 충(沖)하여 고(庫)를 여니 혼인이 좋다.

제 4절 은행 경영 관리자

辛 辛 丁 庚 (乾)
卯 卯 亥 申   78 68 58 48 38 28 18 8 (대운)
              乙 甲 癸 壬 辛 庚 己 戊
              未 午 巳 辰 卯 寅 丑 子

🌀 간단한 이력과 해석

정해(丁亥, 2007)년의 사례이다. 명주의 학력은 석사학위로 비교적 높다. 금융 전공이다. 현재 은행에서 부문관리자로 일하고 있다. 성격이 내성적이고 일처리가 신중하다.

월령(月令)의 상관이 주위(主位)의 재(財)를 생하여 주위(主位)의 재성이 편왕(偏旺)한데 묘신(卯申)이 합(合)하니 길하다. 오직 좋지 않은 것은 경금(庚金)이 왕투(旺透)하여 쟁탈하는 상(象)이다. 월령(月令)의 살(殺)이 투(透)함을 기뻐하고, 정해(丁亥) 자합(自合)으로 상관합살(傷官合殺)하니, 여기서의 살성(殺星)은 직업을 나타낸다. 상관은 자신의 기능인데, 그것을 회사를 위해 사용한다는 뜻이다. 해(亥)는 운산(運算)으로 묘목(卯木) 재성을 생하니 회계의 상(象)이고, 묘신(卯申)조합은 은행을 뜻하니 그래서 은행에 종사한다.

▶ 기축(己丑)운

기(己)운에 대학에 들어갔다. 원국의 정화(丁火) 살성(殺星)은 허투(虛透)하여 명예를 뜻하고 또 학력을 뜻한다. 상관에 살(殺)이 배치되어 사람이 총명하고 배움을 좋아하여 일류대학에 갈 수 있었다. 기(己)는 정화(丁火)가 화(化)하여 자신을 생하니 진학에 유리하다. 축(丑)운은 신(申)이 입묘(入墓)하니, 묘신(卯申)이 합을 하지 못한다. 그래서 학교 다니는 것은 괜찮으나 재물운은 평범하다.

- 기묘(己卯, 1999)년에 동거하였다. 묘(卯)는 연애 상대가 도위(到位)한 것이다.

- 임오(壬午, 2002)년에 이별하였다. 오묘(午卯)가 파(破)하니 이별이다. 왜냐하면 원국이 비견쟁처(比肩爭妻)이기에 연애하면 남들에게 쉽게 빼앗긴다.

- 계미(癸未, 2003)년에 대학 졸업 후 연구생으로 공부하였다. 당시에 또 연애상대가 나타나 교제하였다. 미(未)의 도위는 묘(卯)를 대표하니 연애상대가 또 나타난 것이다.

- 갑신(甲申, 2004)년에 입사하고, 연애 상대와는 이별하였다. 신(申)은 겁재(劫財)의 도위이니 연애 상대를 또 빼앗긴 것이다.

- 을유(乙酉, 2005)년에 연애하였다. 을(乙)의 도위는 묘(卯)의 도위이다. 묘유(卯酉)충은 원국의 묘신(卯申)합을 파괴한다. 처궁(妻宮)의 재성이 충(沖)을 당해 돌아온 것이다.

▶ 경인(庚寅)운

경(庚)운은 겁재(劫財)가 천간에 허투(虛透)하여 더 이상 쟁재(爭財)하지 않으니 혼인이 성립된다. 경(庚)이 절(絶)되고 허(虛)하니 정(丁)에게 제(制)를 당할 수 있어 쟁탈력이 약화된다. 즉 자신이 승진하는데 유리하다. 하지만 인(寅)운에 인신(寅申)이 서로 충(沖)하는데, 재성이 빈위(賓位)에 도달하여 충(沖)하니 자신과 무관하다.

- 정해(丁亥, 2007)년에 부문관리자로 승진하고 혼인신고까지 하였다. 겹경사가 일어난 것이다. 원국의 정해(丁亥)가 도위하여 허투한 살(殺)이 제(制)를 당하니 승진이다. 해묘(亥卯)합으로 부처궁(夫妻宮)의 재성(財星)이 동(動)하여 결혼이 이루어진다.
- 무자(戊子, 2008)년에 결혼식을 올렸다.

▶ 신묘(辛卯)운

신묘(辛卯)운은 자신이 도위한 것이다. 경인(庚寅)운 보다 많이 좋아졌으나 여전히 평범한 운기다. 신묘(辛卯) 복음(伏吟)은 신고(辛苦)로 나타나며 직무도 그리 높지 않다.

제 5절 은행 영업부 팀장

```
壬 癸 甲 庚 (乾)
戌 酉 申 戌      76 66 56 46 36 26 16  6 (대운)
               壬 辛 庚 己 戊 丁 丙 乙
               辰 卯 寅 丑 子 亥 戌 酉
```

🅢 간단한 이력과 해석

무자(戊子, 2008)년의 사례이다. 대학을 졸업하고 계속 은행에서 영업관리를 하였다. 계유(癸酉)일은 편인이 앉아 있어 본래 무용(無用)하지만, 두 개의 술(戌) 재고(財庫)가 포국함을 기뻐한다. 이러한 포국은 다니는 직장이 모두 돈으로 에워싸임을 설명한다. 그래서 상(象)을 취(取)하면 은행이다. 게다가 술토(戌土) 위에 경금(庚金) 인성이 있어 금융(金融)을 뜻 하니, 은행에 종사함을 표시할 수 있다.

월에 상관 갑(甲)이 투(透)하여 경(庚) 인성에게 제복(制服)되니, 인성에 공(功)이 있어 직장에서 권한이 있다. 시의 임수(壬水) 겁재가 와서 계수(癸水)를 도와 함께 술토(戌土)를 통제하니 권력을 뜻한다. 그래서 은행의 관리자이다.

🌀 대운 유년분석 ─────────────────────────────

▶ 병술(丙戌)운

술(戌)은 학당인데 원국에서 유술천(酉戌穿)하니 공부를 좋아하지 않아 학력이 없다. 일찍부터 직장생활을 하였다.

- 신미(辛未, 1991)년에 일을 시작하였다. 신(辛)은 원국의 유(酉)가 유년에 온 것이다. 병신합(丙辛合)으로 인성이 재성과 합하니 직 장이 있음을 표시하여 돈을 벌기 시작하였다. 미(未)가 술(戌) 재 고(財庫)를 형동(刑動)하니 역시 돈을 버는 것이다.

▶ 정해(丁亥)운

직장이 비교적 안정적이다. 정(丁)운은 술(戌)을 대표하고, 임수(壬 水)가 정화(丁火)와 합(合)하니 원국의 임수(壬水)가 술(戌)을 제하는 상(象)과 일치한다.

- 정축(丁丑, 1997)년에 결혼하였다. 정(丁)이 도위함은 처성(妻星) 술(戌)이 도위함을 대표한다. 축(丑)이 도위함은 유(酉)가 도위한 것이고 처궁(妻宮)을 대표하기에 결혼을 한다.

- 무인(戊寅, 1998)년에 아들을 낳았다. 직장을 바꾸고 승진까지 하였다. 인목(寅木)이 술토(戌土) 관성과 인통(引通)하고, 월령(月 令)의 인성을 충(沖)하니, 관·인(官·印)이 모두 동(動)하여 회 사를 바꾼 것이다. 무(戊)는 술(戌)을 대표하고 일주와 합하니 승 진이다.

▶ 무자(戊子)운

무(戊)운은 술(戌)을 대표하고, 허투(虛透)하여 일주(日主)와 합하는 것은 자신의 머리에 관을 쓴 것과 같아 승진에 유리하여 좋은 운이다. 자(子)운은 유(酉)를 파(破)하니 자신과 무관하여 다른 사람을 대표한다. 원국의 신금(申金)이 생하니 타인이 권력을 빼앗는 상(象)이다.

- 병술(丙戌, 2006)년에 직장이 변동되었다. 술(戌) 관성이 년(年)에 왔으니 일을 하는데 유리하다. 하지만 임병(壬丙)이 서로 충(沖)하기에 승진은 안 되고 직장 변동만 있을 뿐이다.

- 무자(戊子, 2008)년에 직업변동 및 승진을 하였는데, 부부감정이 좋지 않아 계속 별거하였다. 무(戊)운은 무(戊)년을 보는 것을 기뻐한다. 허투한 관(官)이 자신과 합하니 승진에 유리하다. 단, 무(戊)는 술(戌)을 대표하고 또 처(妻)를 뜻한다. 무자(戊子) 자합(自合)은 비견쟁처(比肩爭妻)의 상(象)이다. 그래서 이 해에 부부 감정에 문제가 생겼다.

◎ 혼인

술(戌)을 처(妻)로 본다. 원국의 처궁인 유금(酉金)이 천(穿)하기 때문에 혼인 감정이 좋지 않다. 하지만 성(星)이 궁(宮)을 포위하기에 쉽게 이혼하지는 않는다. 대운의 상황을 보면 조만간 이혼할 것 같은데, 두 가지 이유 때문이다. 첫째, 처궁(妻宮)이 2개 출현하여 두 번 결혼할 것이다. 둘째, 축(丑)운이 오면 술(戌)을 괴한다. 설사 자(子)운에 이혼을 안 하더라도 축(丑)운을 넘기 힘들 것이다. 현재 무자(戊子)대운의 무(戊)는 술(戌)을 대표하며 자(子)와 자합(自合)하기 때문에 바로 비견쟁처(比肩爭妻)의 대운이 되어 감정의 위기가 나타난 것이다.

제 6절 은행 지점장

乙 戊 丁 戊 (乾)
卯 子 巳 申　　76 66 56 46 36 26 16 6 (대운)
　　　　　　乙 甲 癸 壬 辛 庚 己 戊
　　　　　　丑 子 亥 戌 酉 申 未 午

◉ 간단한 이력과 해석

기축(己丑, 2009)년의 사례이다. 그는 명리학 애호가로 전문대를 졸업하고 후에 대학을 졸업하였다. 은행에서 지점장으로 있으면서 연봉이 비교적 높았다. 당시에 그의 몸에 재해가 있다고 판단했으나 결과는 없다고 했다. 나는 다시 반드시 육친에 큰 상재가 있는데, 부모 아니면 자식에게 있을 것이다라고 했다. 결과는 자식에게 장애가 있다고 하였다.

일주 무자(戊子)는 스스로 재(財)에 앉고, 정사(丁巳)와 을묘(乙卯)가 포국(包局)을 형성하였다. 관인(官印)이 그의 재(財) 주변을 회전하고 있으니, 그가 재(財)의 권력을 장악하는 것을 표시한다. 사신(巳申)합은 식신에 인성이 배치되어 인성(印星) 주공(做功)의 역량을 강화하여 사주의 등급을 올리는 것이다. 왜 은행에 있는가? 신(申)은 금융·은행의 상(象)이고, 또 재(財)의 원신(原神)이

기 때문이다. 다만 좋지 않은 것은 무토(戊土) 일주가 을묘(乙卯)시를 본 것이다. 즉 관(官)이 와서 신(身)을 극하는 것이 자녀궁에 임했기 때문에, 그의 명국(命局)중 자식에게 신체장애가 있는 것이다. 식신이 관(官)과 합하면 주로 딸을 의미한다.

🌀 대운 유년분석

▶ 기미(己未)운

기미(己未) 겁재는 진학에 불리하기에 학력은 높지 않다.

- 임신(壬申, 1992)년에 은행에 들어갔다. 정임(丁壬)합과 사신(巳申)합으로 인성이 재성과 합하니 직장에 들어가 돈을 번다는 뜻이다.

▶ 경신(庚申)운

을경(乙庚)합하고 묘신합(卯申合)하니 대운이 원국의 모병(毛病: 결함)을 모두 합해버려 직업 대해서는 좋은 운이다. 하지만 동시에 식신이 관(官)과 합하여 식신을 상하게 하는 것과 같다. 그래서 이 운에는 자식에게 불리하다. 결국 의료사고로 인하여 장애가 있는 딸을 낳았다.

- 을해(乙亥, 1995)년에 결혼하였다.
- 병자(丙子, 1996)년에 회사 내부조정으로 직업이 변동하였다. 자(子)운이 오면 승진하는데 유리하다.
- 무인(戊寅, 1998)년에 또 직장의 조직개편으로 지방의 행장으

로 발령났다. 원국의 사신(巳申)합은 인(寅)을 보면 인신(寅申)
충하여 대운을 충한다. 이는 바로 사화(巳火) 인성이 발용(發
用)하는 공(功)이 되어 승진한다. 이 해에 딸을 낳았는데 의료
사고가 발생하였다.

▶ 신유(辛酉)운

상관운으로 행할때 을묘(乙卯) 관성을 충하여 제(制)하니 인사(人
事)에 불화가 있어 시비가 많은 상(象)이다. 기분이 좋지 않고 근심
거리가 많다.

- 갑신(甲申, 2004)년에 직장을 바꾸었다. 수입이 증가하고 지금
  까지 계속 은행 행장을 맡았다. 원국은 무토(戊土)가 신금(申
  金)에 앉았는데, 유년 갑신(甲申)은 살(殺)이 식신에 앉아 인성
  과 합하니 지방을 바꾸는 것이다. 이 해에 건강한 아들을 낳았
  다.
- 경인(庚寅, 2010)년에 직장을 옮기고 싶어 하였는데, 움직이지
  않는 게 좋겠다고 충고하였다. 후에 진짜 옮기지 않았다.

◉ 혼인

혼인이 좋지 않다. 현재는 이혼하지 않았다. 처성이 처궁에 앉아
자묘(子卯)파를 하고 있어 관계가 좋지 않다. 자(子)는 원신(原神)
신(申)이 와서 생하니 왕상(旺相)하다. 이 때문에 이혼하지 않는다.

제 7절 은행 직원

乙 丁 辛 癸 (坤)			
巳 丑 酉 丑		71 61 51 41 31 21 11 1 (대운)	
		己 戊 丁 丙 乙 甲 癸 壬	
		巳 辰 卯 寅 丑 子 亥 戌	

🌀 **간단한 이력과 해석**

대학졸업 후 은행에 종사한다. 업무부 관리담당이다. 남편은 기업의 작은 관리자이다.

정축(丁丑)일은 내식신(內食神)으로, 내식신은 기업에 종사하는 게 적합하다. 월령의 신유(辛酉)가 축(丑)에 묘(墓)하는데, 축묘(丑墓)가 열리지 않아 많은 돈이 자신의 것이 아니라 공가(公家)의 것이다. 년에 있는 계축(癸丑)은 식신이 살(殺)을 머리에 차고 있는 것이니, 이는 직장 내에서 작은 권력이 있다는 뜻이다. 계수(癸水)가 편중(偏重)되고 허투(虛透)가 아니므로 남의 지도를 받는다는 뜻이 있다. 이 때문에 직권이 크지 않다. 시에 있는 사(巳)는 비겁으로 사유축(巳酉丑) 삼합의 왕세(旺勢)를 따라가니, 다른 동료들이 그의 뜻을 따른다는 것으로 자신에게 작은 권리가 있다는 뜻이다.

축토(丑土) 식신(食神)은 직업을 뜻한다. 축(丑)은 금고(金庫)이고 또 재고(財庫)이니 재물을 담을 수 있고, 또한 재고(財庫)는 틀림없이 은행일 것이다.

🌀 대운 유년분석 ─────────────────────────

▶ 갑자(甲子)운

인성이 칠살을 화(化)하는 대운이다. 학업과 직업에 유리하다.

- 갑술(甲戌, 1994)년에 직장에 들어갔는데, 먼저 간 곳은 기업이다.

- 병자(丙子, 1996)년에 공채로 은행에 입사하였다. 병신합(丙辛合)하고 또 자축(子丑)합하니, 유년이 팔자와 친밀하게 합하였다. 자축합(子丑合)은 축토(丑土)인 재고(財庫)를 인동(引動)한다. 그래서 은행에서 근무하는 것이다.

- 정축(丁丑, 1997)년에 연애하였다. 자(子)운은 살(殺)과 부부궁(夫婦宮)이 합하니 상대가 있는 것이다.

- 무인(戊寅, 1998)년에 결혼하였다. 인(寅)은 인성이 부부궁(夫婦宮)에 합하여 온 것이다, 하지만 자식을 늦게 낳는다.

- 임오(壬午, 2002)년에 직업이 변동하였다. 정임(丁壬)합은 유년이 자신과 친하게 합(合)을 한다. 자오(子午)는 대운을 충동하여 직업 변동이 있음을 표시하고 다니는 직장도 좋아졌다.

- 계미(癸未, 2003)년에 직업이 변동되었다. 미(未)가 축(丑)을 충함은 원국의 식신을 충동하는 것인데, 식신은 주로 직업을

나타내니 이 해에 또 직업이 변동하였다.

▶ 을축(乙丑)운

정(丁)일주는 본래 을(乙)을 보는 것을 싫어 하지만, 원국의 왕(旺)한 신(辛)이 을(乙)을 충하여 재성이 발용(發用)됨을 뜻하니 좋은 운이다. 축(丑)은 원국의 축(丑)이 온 것이므로 직업이 안정되고 승진의 기회가 있을 것이다.

- 갑신(甲申, 2004)년에 아들을 낳았다. 사신(巳申)이 합(合)하여 자녀궁(子女宮)을 인동(引動)하고, 사(巳)중 무(戊)가 있기 때문에 아들을 낳는다.
- 정해(丁亥, 2007)년에 부문 관리자로 승진하였다. 자신이 해(亥)에 앉으니 관(官)이다. 해(亥)가 사(巳)를 충(沖)하니 관성(官星)이 발용(發用)하여 승진한다.

◉ 혼인

계수(癸水)는 남편인데, 축(丑)에 앉아 복음(伏吟)으로 부부궁(夫婦宮)으로 오니 혼인은 안정된다. 그런데 계수(癸水)가 멀리 떨어져있어 일주와 친하지 않으니 혼인감정이 좋지 않아 자주 다투었다.

제8절 은행장 퇴직 후 사업

戊	乙	丙	甲 (坤)
寅	酉	寅	辰

71 61 51 41 31 21 11 1 (대운)
戊 己 庚 辛 壬 癸 甲 乙
午 未 申 酉 戌 亥 子 丑

◉ 간단한 이력과 해석

정해(丁亥, 2007)년의 사례이다. 팔자를 배열하자마자 바로 그녀가 공무원이라고 판단했는데, 결과는 은행 행장이었다. 남편도 역시 은행에 근무한다. 동완(東莞)사람이라 그런지 사업을 하고 싶어한다. 후에 회사를 그만두고 사업에 뛰어 들었다. 만약 이 명이 북쪽에서 태어나 그녀와 같은 직종에 근무한다면 사업에 뛰어들 수 없다. 이는 지역과 관련이 있다.

을유(乙酉)일은 살(殺)에 앉아 있고, 병인(丙寅)과 무인(戊寅)이 포국(包局)을 형성하였다. 살(殺)을 포위하는 것은 권력을 뜻한다. 진유합(辰酉合)은 재성이 살(殺)과 합(合)하니, 재(財)의 관(官)을 관할함을 표시한다. 또 진(辰)은 인성의 고(庫)이니 회사를 표시하고, 유(酉)는 금융·은행이니 그래서 은행의 관이다.

비겁상관이 왕(旺)하니 성격이 용맹스러워 두말하지 않는다. 상관이 태왕한데 인성의 제(制)가 없어 구속을 싫어하고 자유를 갈구한다. 그래서 사직하고 사업을 시작하였다.

🌀 대운 유년분석

▶ 계해(癸亥)운

계(癸)운은 무계(戊癸)합을 기뻐하고, 직업에 유리하다. 해(亥)운은 인해(寅亥)합을 보아 인(印)이 상관을 제하니 인성에 공(功)이 있어 승진에 유리하다.

- 계유(癸酉, 1993)년에 직장에서 승진하였다. 무계(戊癸)합을 기뻐하는데, 천간에서 유년과 친밀하게 합하니 좋다. 지지(地支) 유(酉)가 도위한 것은 권력이 도위함을 대표하니 승진이다.

▶ 임술(壬戌)운

임(壬)운은 인성이 허투(虛透)하고, 병임(丙壬)은 서로 눈부시게 비춤을 기뻐하니 산뜻하고 아름답다. 그래서 직장생활이 순조롭다. 술(戌)운은 유(酉)를 천하니 일하기가 싫어져 사직하고 사업을 시작하였다. 인술(寅戌)이 공(拱)하여 화(火)를 왕(旺)하게 하고, 유(酉)를 천하여 살(殺)을 제하니 재(財)를 취한다. 그래서 이 운에는 발재(發財)할 수 있다. 만약 사직하지 않으면 이 운에 직장에서 불리하여 다른 사람의 배척을 받는다.

- 기묘(己卯, 1999)년에 사직하고 투자를 시작하였다. 묘술(卯

戌)합으로 대운 술(戌)을 인동하여 유(酉)를 천하니 사직을 뜻한다. 술(戌)운은 또 진유(辰酉)합을 괴하니 직장이 필요 없어졌다.

- 경진(庚辰, 2000)년에 가구공장을 시작하였다. 원국은 목화(木火)조합인데, 인(寅)은 목재이고, 병(丙)은 아름다움을 의미하니 그래서 가구의 상(象)이 맞다. 가구를 직접 가공하여 판매까지 일체(一体)로 운영한다.

▶ 신유(辛酉)운

상관이 살(殺)을 제(制)하는 대운이라 반드시 재(財)가 왕해진다. 유(酉)운도 역시 좋은 운이다. 왜냐하면 원국의 유(酉)는 포국 중에 있어, 포위된 것은 곧 자신의 것이니 기업을 해도 당연히 좋은 운이다.

◉ 혼인

유(酉)가 남편인데 갑진(甲辰)에 합을 당하여 비겁쟁부(比劫争夫)의 상(象)이다. 술(戌)운은 다시 유(酉)를 천하니 혼인에 더욱 불리하다. 부부감정이 좋지 않고, 남편이 바람피워 이혼하려고 한다. 나는 그녀 보고 일단 이혼하지 말라고 하였다. 왜냐면 술(戌)운이 지나면 이혼하지 않을 것이기 때문이다. 신유(辛酉)운이 되면 많이 호전될 것이다.

제 9절 은행 대출직원

丙 壬 己 乙 (乾)			
午 申 卯 卯	77 67 57 47 37 27 17 7 (대운)		
	辛 壬 癸 甲 乙 丙 丁 戊		
	未 申 酉 戌 亥 子 丑 寅		

🌀 간단한 이력과 해석

병술(丙戌, 2006)년의 사례이다. 전문대 학력으로 은행 대출업무에 종사한다. 이 직업은 그 당시에 추리한 것이다.

묘신(卯申)은 상관과 인성의 합이고, 인성은 직장을 의미하니, 묘신(卯申)조합은 수방(收放)을 의미하는 은행을 뜻한다. 은행의 주요업무는 돈의 수납과 대출이다. 하지만 명국(命局)은 관(官)을 할 수 없고 국(局)이 괴(壞)되었다. 그 이유는 첫째로 관성 기토(己土)가 월간에 투하여 상관견관(傷官見官)이 형성된 것이고, 둘째는 재성 위에 재성을 만나 묘목(卯木)과 서로 파(破)하니 상관격(傷官格)을 파괴한 것이다.

🌀 대운 유년분석 ──────────────

▶ 정축(丁丑)운
축(丑)은 신금(申金) 인성이 도위함을 뜻하니 그래서 일찍부터 은행에서 근무하였다.

- 기묘(己卯, 1999)년에 은행에 근무하는데 묘신(卯申)합의 응기
  이다.

▶ 병자(丙子)운

병(丙)운에 재성이 허투(虛透)하는데, 원국의 왕(旺)한 재성은 허
투(虛透)를 기뻐한다. 그래서 재운이 비교적 좋다. 자(子)운은 묘
(卯)를 파(破)하고 묘신(卯申)합을 파괴하니 직업에 불리한 상(象)
이다. 자오(子午)충은 재물이 왔다 갔다 함을 나타내어 번 돈을 다
써버린다.

- 갑신(甲申, 2004)년에 일을 시작하여 발재(發財)하기 시작하였
  다. 그 해에 1억 원 이상을 벌었다. 갑기(甲己)합과 묘신(卯申)
  합을 하는데, 상관 묘목(卯木)을 재(財)로 보니 은행 업무를 하
  여 돈을 번다.
- 을유(乙酉, 2005)년에 병(病)에 걸리고 또 파재(破財)까지 하
  였다. 을(乙)은 묘목(卯木) 상관이 허투함을 대표하고 묘신(卯
  申)합을 파괴한다. 그래서 은행업무로 돈을 벌지 못한다. 또
  오유(午酉)파는 파재(破財)를 뜻한다.
- 병술(丙戌, 2006)년에 대형 거래처에 대출을 해주었는데, 대출
  전표에 서명을 받지 않았을 뿐만 아니라 직장 일로 관재 시비
  를 초래하였다. 이로 인해 재(財)를 파(破)하고 직장생활도 좋
  지 못했다. 동거하던 여자 친구와도 이별하였다. 병술(丙戌)년

은 자(子)운에 진입하는데, 술(戌)년은 묘(卯)를 인동하니 신(申)과 합하고 싶지만 대운의 자(子)가 묘(卯)를 파(破)하고, 게다가 병술(丙戌)년에 병임(丙壬)이 서로 충(沖)한다. 즉, 일주와 유년이 불화하니 은행 업무를 잘 수행하지 못한다. 자(子)운은 쉽게 파재할 수 있고, 또 결혼인연에 불리하다.

▶ 을해(乙亥)운

원국에 목(木)이 많고 금(金)이 적다. 신금(申金)이 와서 목(木)을 거둬드려야 비로소 재(財)가 왕(旺)해진다. 을해(乙亥)는 목(木)의 생왕(生旺) 지(地)이다. 게다가 해(亥)는 신(申)을 천할 수 있다. 즉, 신금(申金) 인성과 불화하니 이 운에도 재(財)가 왕하지 못하여 돈 버는 것이 고생스럽다.

제 10절 은행 업무관리

己	癸	癸	甲 (乾)
未	丑	酉	寅

80 70 60 50 40 30 20 10 (대운)
辛 庚 己 戊 丁 丙 乙 甲
巳 辰 卯 寅 丑 子 亥 戌

◉ **간단한 이력과 해석**

기축(己丑, 2009)년의 사례로, 한 수강생의 팔자이다. 그는 명리, 풍수, 육효를 모두 좋아한다. 은행에서 근무하고 수입도 괜찮다.

을해(乙亥)운에서 병자(丙子)운까지 몸이 계속 좋지 않았다. 혈압과 혈당이 조금 높아 자주 수면부족으로 어지러워한다. 당시에는 결혼하지 않았고, 사귀던 대상과도 이별하였다.

이 사례는 하나의 포국(包局) 팔자이다. 축유(丑酉)는 직장 단위를 의미하고, 축미(丑未)충을 통해 주공(做功)한다. 축(丑)은 유(酉)를 대표하고, 미(未)는 인(寅)을 대표하며 또 재(財)의 원신(原神)이다. 축미(丑未)충하니, 일수(一收)하고 일방(一放)함은 은행의 상(象)이다. 시에 있는 기미(己未) 살성(殺星)이 과중(過重)하니 남의 지도를 받는 의미이며, 갑기(甲己)합을 기뻐하고, 상관이 합살(合殺)하여 관리직을 할 수 있다.

원국의 유(酉)와 축(丑)은 음(陰)이니 인(寅)과 미(未)의 양(陽)을 좋아 한다. 하지만 대운 해(亥)운에 왔을 때 인(寅)을 합하고 자(子)운이 축미(丑未)충을 파괴하니 몸이 좋지 않다. 갑인(甲寅)은 머리를 의미하니, 머리가 어지러울 수 있다.

😊 대운 유년분석 ─────────────────────────────

▶ 을해(乙亥)운
을(乙)운에 공부는 괜찮았고, 해(亥)운에 일을 하였다. 인해(寅亥)가 서로 합(合)하니 외국기업에 들어간 것이다.

- 기묘(己卯, 1999)년에 직장에 들어가 일을 하였다. 일본의 한 은행에서 무자(戊子, 2008)년까지 근무하였다. 갑기(甲己)합은 유년과 친밀하게 합하고, 묘유충(卯酉沖)은 원국의 축미(丑未) 충이니 은행에서 일한 것이다.

▶ 병자(丙子)운
병(丙)운은 재성이 허투하여 자신의 재능을 발휘할 수 있다는 뜻이니 직업에 유리하다. 자(子)운은 축(丑)을 합하고 미(未)를 천(穿)하니 축미(丑未)충을 파괴하여 직업과 재운에 불리하다.

- 갑신(甲申, 2004)년에 직업이 변동하였다. 갑기(甲己)합은 유년과 친밀하게 합(合)하고, 신(申)이 인(寅)을 충하니 직업 변동을 뜻하며, 원래의 은행에서 떠나는 것이다.
- 무자(戊子, 2008)년에 사직하고 직장을 떠나 제2의 직업을 구

한다. 자(子)운에 자(子)년을 만나면 축미충(丑未沖)을 파괴하여 직업에 불리하니 은행을 떠나 다른 일을 시도하지만 잘되지 않는다. 그에게 은행에 다시 들어가 계속 일하라고 건의하였다. 경인(庚寅, 2010)년에 은행에 다시 들어가 근무하였다. 인(寅)은 미(未)가 온 것을 대표하고, 축미충(丑未沖)을 인동한다.

◉ 혼인

늦게 결혼할 명이다. 인(寅)은 첫 번째 상대 여자로 본래 인축(寅丑)합하여 처궁(妻宮)에 들어갈 수 있지만 월지에서 유(酉)가 인(寅)을 절(絕)하고, 해(亥)운에 합하여 인(寅)중 병(丙)을 괴한다. 하지만 병(丙)운은 인(寅)중 재(財)가 자수(子水) 비겁 위에 떨어진 것을 의미하니 결혼이 어렵다. 미(未)중에 목(木)이 있어 처(妻)가 가능하다. 하지만 자운(子運)은 미(未)를 천(穿)하니, 자운(子運)이 지나야 비로소 결혼할 수 있다.

부동산업자와 건축업자

원국에 있는 아래와 같은 조합은 대개 부동산과 건축의 상(象)이다.

1) 무토(戊土)는 높은 언덕이니, 높은 건축물의 상(象)을 취할 수 있다. 그래서 간지에 무술(戊戌), 무신(戊申), 무진(戊辰), 무오(戊午)가 출현하여 주공(做功)을 하거나 재(財)를 취하는데 사용하면 건축 일을 할 수 있다.

2) 목토(木土)조합은 바로 토목공사의 뜻이 있다. 예를 들어 묘술합(卯戌合), 묘미합(卯未合), 기미(己未), 갑기합(甲己合), 인미(寅

未) 등이 주공(做功)에 참여할 경우이다.

3) 철근콘크리트 조합은 축(丑), 진(辰) 두 글자의 조합이다. 왜냐하면 축(丑) 속에 금(金)이 장(藏)되어 있고, 진(辰) 속에는 을(乙)이 장(藏)되어 있기 때문이다. 철근콘크리트 조합은 대부분 이러한 상(象)이고, 이 두 글자가 모두 주공(做功)에 참여해야 한다.

4) 인성(印星)은 주로 집과 건물이니 인성(印星) 또는 인성고(印星庫)가 주공에 참여할 경우이다.

제1절 공무원을 사직하고 건축사업을 함

乙 甲 戊 丁 (乾)
亥 戌 申 未   80 70 60 50 40 30 20 10 (대운)
　　　　　 庚 辛 壬 癸 甲 乙 丙 丁
　　　　　 子 丑 寅 卯 辰 巳 午 未

💮 **간단한 이력과 해석**

무자(戊子, 2008)년의 사례이다. 당시 그는 국가기관에서 적어도 처급(處級) 간부로 근무하고 있었지만, 지금은 공직을 그만두고 사업을 하고 있다. 명국(命局)은 육친에게 불리하여 실제로 부모는 이미 돌아가셨다.

갑술(甲戌)일은 상관고에 앉아 인성과 배치되어 격이 이루지는 것을 기뻐한다. 명국은 신(申)과 해(亥)가 술(戌)을 포위하여 상관배인(傷官配印)의 조합이 형성되었기 때문에 당관할 수 있다. 다만 신해(申亥)가 서로 천(穿)하는 것을 좋아하지 않는다. 신(申)중의 인성과 해(亥)중의 인성이 불화하기 때문에 관직에 오래 있지 못한다. 원국의 미술형(未戌刑)은 화고(火庫)를 여는데, 신금(申金) 칠살은 협제(夾制)되고, 사(巳)운에 살(殺)을 제(制)하여 재(財)를 취하기에 나중에 사업을 한다. 시주의 을해(乙亥) 양인은 쟁탈의 뜻

을 갖고 있어 기뻐하지 않는다. 곧 성공 직전에 실패하기 쉽다. 무
신(戊申)의 상(象)은 높은 건물이니, 그래서 공직을 그만두고 건축
업을 한다.

🌀 대운 유년분석

▶ 병오(丙午)운

전운(前運)인 미(未)운에 술토(戌土)를 형(刑)하여 학업에 불리
하니 대학에 합격하지 못하였다. 병(丙)운은 평범한 운에 속하며,
오(午)운은 술(戌)중의 상관을 대표하고 해수(亥水)를 합하니 상관
배인(傷官配印)이 되어 승진에 이롭다.

- 병인(丙寅, 1986)년에 일을 시작하였다. 인해(寅亥)합은 록(祿)
  과 인성이 합하니, 인성은 직장에서 일함을 나타낸다.
- 기사(己巳, 1989)년과 경오(庚午, 1990)년은 모두 결혼 시기이
  다. 술토(戌土) 처궁과 처성을 인동하기 때문이다.
- 경오(庚午, 1990)년에 승진하였다. 오해(午亥)합은 상관배인의
  응기이다.
- 병자(丙子, 1996)년에 처급 간부로 승진하였다. 자(子)는 원국
  의 신(申)을 대표하고, 병자(丙子) 유년 조합은 식신배인(食神
  配印)이 된다. 을해(乙亥)년에 오해(午亥)합을 보면 승진할 수
  있지만, 겁재가 천간에 투출하니 다른 사람이 승진하고 자신과
  는 상관이 없다.

▶ 을사(乙巳)운

을(乙)운은 겁재 양인운으로 승진에 불리하여 직장에서 심적 싸움을 벌인다. 사(巳)운은 신(申)금과 합해 살(殺)을 제하여 돈을 벌 수 있다.

- 정축(丁丑, 1997)년에 아버지가 암으로 돌아가셨다. 원국의 재성은 아버지가 되는데, 미술(未戌)의 형(刑)을 범하고 시주에 양인을 보아 부친을 극한다. 을운(乙運)은 을목(乙木)이 무토(戊土)를 극한다. 그래서 이 운에 부친이 돌아가셨다.
- 신사(辛巳, 2001)년에 사직하고 사업에 뛰어들어 건설공사에 투자하였다. 신(申)은 살성(殺星)으로 정부를 의미하여, 공사 배경에는 정부와 관련이 있다. 사신(巳申)합은 살을 제(制)하여 재(財)를 얻는 것이니, 이 운에 수십억 원을 벌었다.

▶ 甲辰운

갑(甲)운은 비견이 재(財)를 빼앗아 무토(戊土)를 극하니 불리하다. 진(辰)운은 격을 괴하는데, 신진(申辰)이 공하여 살(殺)을 도우니 반국(反局) 대운이다. 사업을 계속하면 반드시 파재(破財)하게 된다.

- 정해(丁亥, 2007)년에 잘못된 투자로 수십억 원의 재산을 날렸다. 정(丁)은 술(戌)을 대표하니 재성의 의미이다. 정해(丁亥) 자합(自合)은 인성과 합을 하니 투자를 의미한다. 하지만 원국은 신(申)금 살성을 제하여 재(財)를 얻는데, 해(亥)를 만나면

화(火)를 괴하여 살(殺)을 제하지 못하고 게다가 대운도 좋지 않아서 반드시 파재(破財)한다.

• 무자(戊子, 2008)년에도 투자를 하려고 하지만 투자가 안 될 것이라고 판단하였다. 실제로 땅을 사려고 했다가 실패하였다. 무토(戊土)가 허투(虛透)하여 대운 갑(甲)에게 강탈당하고, 자(子)는 신(申)을 대표하는데 빈위의 미토(未土)에게 천(穿)을 당해 자신과 무관하니 일을 성사 시키지 못했다.

◉ 결혼

술(戌)은 처궁의 처성인데 신해(申亥)로 포국(包局) 되어 결혼은 안정적이다. 명(命)에는 3명의 아이가 있는데 첫째는 딸이고, 둘째 셋째는 아들이다.

제 2절 수천억대 부동산업자

```
壬 癸 癸 丁 (乾)
戌 卯 丑 未    79 69 59 49 39 29 19  9 (대운)
             乙 丙 丁 戊 己 庚 辛 壬
             巳 午 未 申 酉 戌 亥 子
```

🌀 간단한 이력과 해석

신사(辛巳, 2001)년의 사례이다. 그 당시 이 사람은 큰 부자가 될 팔자라고 판단하였다. 부동산업에 종사하는 것이 마땅한데, 해운에 부동산업을 시작하여 경술(庚戌)운으로 행할 때 수천억 원을 벌었다고 한다. 정해(丁亥, 2007)년에 큰 투자를 할 것이라고 했는데, 실제로는 무자(戊子, 2008)년에 수천억 원을 들여 땅을 샀다.

좌하(坐下)의 식신이 재고(財庫)인 술토(戌土)와 묘술합(卯戌合)을 하는데, 팔자에 목토(木土)의 조합은 부동산의 상(象)이다. 임수(壬水) 겁재(劫財)가 투간하는 것을 좋아하는데, 일주를 도와주니 재복이 크게 확대된다. 연월이 축미충(丑未沖)하고, 축(丑)은 인성고(印星庫)로서 부동산(집)을 대표한다. 미(未)가 축(丑)을 충(沖)함은 다른 사람이 돈을 가져와 집을 산다는 뜻이다. 명국은 목화(木火)와 조토(燥土)가 포국을 이루고 또 인성이 주공(做功)에 참여하니 대재(大財)를 발할 수 있다.

▶ 신해(辛亥)운

어린 시절 비견 · 겁재운으로 행하면 공부하기를 싫어하고 노는 것을 좋아하니 학력(문화)이 높지 않다. 해(亥)운에 사회에 나가 사업을 시작하였다. 해(亥)은 삼합 식신국이 되어 투자사업을 시작한다.

▶ 경술(庚戌)운

수천억 원의 돈을 벌었다. 경술(庚戌)은 인성 아래 재고(財庫)가 있고, 재고는 축(丑)에게 형(刑)을 당하여 고(庫)가 열렸다. 그리고 인성이 자신을 생하여 도달하니 돈을 번다.

▶ 기유(己酉)운

기(己)는 미(未)를 대표하는데 천간에 투출되었다. 기토(己土) 살(殺)은 일주를 극하니 순리적이지 않음이 많다. 유(酉)운은 丑이 도위함을 대표하고, 묘유충(卯酉沖)과 유술천(酉戌穿)을 기뻐하니 부동산이 잘 팔림을 대표한다.

• 무자(戊子, 2008)년에 수천억 원을 투자하여 토지를 샀는데, 아직도 수속을 다 밟지 못하였다. 자축(子丑)합은 인고(印庫)를 합하는 것이니 땅을 산다는 의미이다. 또 무(戊)는 술(戌)을 대표하며 계수(癸水)와 합을 하고, 술(戌)은 재(財)이니 재(財)가 동하여 투자를 의미한다.

- 기축(己丑, 2009)년은 계속 순조롭지 않아 일도 성공하지 못하고 하는 일 마다 장애가 있었다. 기토(己土) 살(殺)운은 불리한데 또 살(殺) 유년을 만나니 일주를 극하여 불리하다.
- 경인(庚寅, 2010)년 초부터 5월 1일 상담시점까지도 계속 순조롭지 않고 손실이 심하다. 그래서 본인도 엄청 조급해하였다. 기(己)운이 지나야 좋아진다.

◉ 혼인

혼인은 문제없을 것이다. 묘(卯)가 처(妻)이다. 년시(年時)의 재성(財星) 포국이다. 부부궁과 성이 모두 온전하다.

제 3절 부동산, 광산, 호텔업의 부옹

```
戊 辛 壬 辛 (乾)
戊 未 辰 丑    71 61 51 41 31 21 11 1 (대운)
              甲 乙 丙 丁 戊 己 庚 辛
              申 酉 戌 亥 子 丑 寅 卯
```

간단한 이력과 해석

이 명조는 이전에 국가기관에서 일하고 관직이 높았다. 후에 사업에 뛰어들어 부동산 및 건물을 판매하였고, 호텔까지 운영하는데다 탄광에 투자하여 배당을 받는 등 억만장자이다.

신미(辛未)는 일지가 재고(財庫)이다. 술미(戌未)형으로 재고(財庫)가 열려 발재(發財)한다. 재(財)가 묘고(墓庫) 안에 있을 때 충개(沖開) · 형개(刑開)되면 모두 발재(發財)한다. 원국에 또 진술(辰戌)충이 있는데, 이것은 상관고(傷官庫)가 살고(殺庫)를 제하는 것이다. 그러나 살성(殺星)을 깨끗하게 제(制)하지 못하면 재(財) 취한다는 뜻이 있다. 년(年)의 축토(丑土)가 진묘(辰墓)로 들어가 진토(辰土)의 역량을 강화시키니 주공(做功)이 매우 크다. 월령의 진토(辰土) 인성은 기관 혹은 직장을 대표한다. 상관이 투출됨은 권력부문의 부서를 대표한다. 묘(墓)인 축토(丑土)도 권력을 뜻한다. 시주에 무술(戊戌)을 만나 원국의 상관을 극하기 때문에 이직하고 사업에 뛰어든 것이다.

무술(戊戌)은 문호(門戶)에 있어 부동산 건축업을 뜻한다. 미(未)는 호텔의 상(象)이고 자영업을 뜻한다. 丑은 탄광을 의미하고 비견(比肩)을 점하니, 투자하여 배당을 받는 것을 뜻한다.

◎ 대운 유년분석

▶ 무자(戊子)운

자(子)운에 사업을 시작하였다. 자(子)는 진(辰)을 대표하는데 미(未)의 천(穿)을 당해 직장을 다니기 싫어한다. 게다가 대운 천간 무토(戊土)가 임(壬)을 극하여 권력이 제약을 받으니 나와서 사업을 한다.

• 기묘(己卯, 1999)년 39세에 사직하고 사업을 시작하였다. 묘(卯)년은 미(未)를 대표하고, 대운 자(子)를 파(破)한다. 자(子)는 진(辰)을 대표하므로, 직장을 대표하는 진토(辰土) 인성을 괴하는 것과 같다. 묘술(卯戌)합은 술토(戌土) 살고(殺庫)를 인동(引動)하니 재(財)를 구하러 간다.

▶ 정해(丁亥)운

정(丁)은 술토(戌土) 안의 정(丁)이 천간에 허투(虛透)함을 뜻하고, 정임(丁壬)합은 상관이 칠살과 합하니 살(殺)을 제(制)하여 재(財)를 취하므로 재(財)에 이득이 있음을 뜻한다. 해(亥)운은 진(辰) 중의 수(水)가 나와 미(未)와 공(拱)하여 재국(財局)이 되니 재(財)에 이로워야 하나 미(未)의 토성(土性)이 부드러워져 축(丑)을 충하지 못해 투자한 탄광에서 손해를 봤다.

- 정해(丁亥, 2007)년에 탄광에 6억 원을 투자하였다.
- 무자(戊子, 2008)년에 탄광에 투자한 돈을 회수하지 못해 파재
  (破財)하였다. 축(丑)은 탄광을 뜻하고 비견 밑에 있으니, 남의
  통제를 받고 있다. 만약 축(丑)이 미(未)를 충 할 수 있다면 돈
  을 벌 수 있지만, 원국의 축(丑)이 진(辰)에 묘(墓)하니 미(未)
  를 충(沖)하기 어렵다. 그래서 탄광에 투자한 것이 파재(破財)
  한다. 자(子)년은 축(丑)을 합하고 미(未)를 천(穿)하여 축미(丑
  未) 충을 파괴하니 투자가 파재(破財) 되었다.

▶ 병술(丙戌)운

병(丙)운은 왕(旺)한 관성이 투출하여 병임(丙壬)충을 하니 기쁘
고, 상관이 관(官)을 제한다. 제압된 관성이 일주와 합하니 길운이
다. 술(戌)운은 미토(未土) 재고(財庫)를 형개(刑開)하여 발복할 수
있다.

◉ 혼인

좌하(坐下)의 재고(財庫)를 형(刑)하여 고(庫)를 여니, 혼인은 문
제 없을 것이다.

제 4절 수천억대 부동산과 일부다처

```
壬 戊 癸 壬 (乾)
戌 午 卯 寅    75 65 55 45 35 25 15 5 (대운)
              辛 庚 己 戊 丁 丙 乙 甲
              亥 戌 酉 申 未 午 巳 辰
```

🌀 해석과 간단한 이력

이 사람은 공부를 많이 못하였다. 어릴 때 건달처럼 생활하며 바른 일을 하지 않았다. 직장은 다녀보지도 못하고 일찍부터 사회에 나와 힘들게 생활해왔다. 무진(戊辰, 1988)년에 부동산개발을 시작하여 자산이 수천억이나 된다. 헛된 명예를 좋아하고 체면을 중시하며 주위에는 전부 고위직 관원들만 있다. 사회관계가 매우 좋다.

재성이 허투하면 감수성이 높고, 체면을 중요시 한다. 임인(壬寅)은 살성이 재(財)를 차고 있다. 이럴 경우 공무원이 되는 경우가 많다. 삼합국은 정치와 사업관계를 잘 처리하거나, 공무원들이 그에게 재복을 가져다준다고 볼 수 있다. 원국에 재관(財官)이 많아 주위(主位)의 인성(印星)을 생하여 일으킨다. 오화(午火) 인성은 자신의 기업 및 재복을 뜻한다. 인성은 또한 부동산(집)을 의미하고, 술토(戌土)는 높은 건물을 의미하는데, 목토(木土) 조합까지 있으니

부동산개발을 의미한다. 시에 있는 술(戌)는 비견이고 오(午)는 술
(戌)을 생하는데, 술(戌)이 묘(卯)에 합(合)을 당하여 재부(財富)를
남들에게 겁탈 당하는 상(象)이다. 먼저 부귀하고 후에 빈곤한 명
(命)이다.

 대운 유년분석

▶ 병오(丙午)운

병오(丙午)운에 부동산개발을 시작하여 발재(發財)하였다. 병오
(丙午)는 원국의 인성(印星)이 운에서 왔으니 발복한다.

- 무진(戊辰, 1988)년에 투자하여 부동산사업을 시작하였다. 진
술(辰戌)충으로 재고(財庫)가 인고(印庫)를 충동(沖動)하니 투
자를 시작하는 운명의 해이다.

▶ 정미(丁未)운

정(丁)은 오화(午火)가 왕투(旺透)함을 대표한다. 임수(壬水)와 합
(合)은 인성에 재성이 배치되어 재부가 방대해짐을 뜻한다. 미(未)
운은 오미(午未)합하여 술(戌)을 형(刑)하는데, 비견을 형(刑)하여
내보내니 혼자서 재복을 누리는 것이다. 이 운은 10년 정도 온전하
게 발전하였다.

▶ 무신(戊申)운

무(戊)는 술토(戌土)를 대표하는데 천간에 허투 되었다. 계수(癸

水)와 합을 하나 나쁜 작용은 하지 못한다. 신(申)운은 인(寅)을 충하여 유통을 더욱 빠르게 하니, 정미(丁未)운 보다 발재(發財)가 더욱더 크다. 그래서 누적된 재산이 수천억대가 된 것이다.

- 정해(丁亥, 2007)년에 돈을 들여 실속 없는 관(官)을 사서 인민대표대회와 정치협회의 신분이 되었다. 정해(丁亥)는 정(丁) 인성이 재성에 앉아 허투하니, 권력은 없고 다만 명예만 있다는 뜻이다.

- 무자(戊子, 2008)년에 투자했지만 불리하였다. 금융위기의 영향으로 뜻밖에 돈이 나가고 손실이 많았다. 무자(戊子)의 상(象)은 재성이 비견 밑에 들어와 앉아 있고, 또 자묘(子卯)파를 하니 파재(破財)가 된다.

- 기축(己丑, 2009)년에도 파재(破財)하고 일이 잘되지 않았다. 소인배들 때문에 손실을 입었다. 이 해에 겁재가 높이 투한 것은 좋지 않다. 그래서 소인배를 조심해야한다. 축오(丑午)천은 자신을 다치게 한다.

▶ 기유(己酉)운

예측컨대, 큰 재물 손실뿐만 아니라 파산하여 부도날 수도 있다. 대운의 천간지지가 모두 괴되었다. 기(己)는 오(午) 인성에서 나와 겁재로 변하여 그의 재(財)를 빼앗아간다. 길신이 흉으로 변하는 것이다. 유(酉)가 오(午)를 보면 서로 파(破)하여 자신의 인성을 파(破)한다. 또 묘유(卯酉)충이 나타나 상관견관이 되니 관재와 소송

의 상(象)이다. 게다가 원국의 술(戌)이 비견국에 속하여 불리하니
반드시 재물이 파괴되고 빈털터리가 되게 된다.

◉ 혼인

혼인이 좋지 않다. 하지만 이혼은 않는다. 임인(壬寅)과 계묘(癸
卯)는 처(妻)가 두 명인 상(象)인데, 임인(壬寅)이 큰 처이고 아들을
낳았다. 후에 자신보다 나이가 아주 작은 2번째 처(妻)를 만나 딸 1
명을 낳았다. 계묘(癸卯)는 두 번째 처(妻)이다. 포국되어 있어 훌
륭한 집안에 미녀를 감춰둔 상(象)이다. 무계(戊癸)합은 늙은이와
젊은이의 결합이다. 정관은 딸이다.

제 5절 혼인을 2번 한 부동산 사장

癸 壬 壬 丁(乾)	
卯 戌 子 酉	73 63 53 43 33 23 13 3 (대운)
	甲 乙 丙 丁 戊 己 庚 辛
	辰 巳 午 未 申 酉 戌 亥

💧 간단한 이력과 해석

무자(戊子, 2008)년에 예측한 것이다. 이 사람은 이전에 국가공무원으로 부처급 간부였다. 경오(庚午, 1990)년 이후 퇴직하여 부동산 사업을 하고, 광산업과 건축공사 등으로 계속 돈을 벌어 오늘날 수천억대의 부자가 되었다. 머리 회전이 빠르고 매우 총명하며, 승부욕이 강하고 행동력도 강하다.

임술(壬戌) 좌하(坐下)는 재고(財庫)이며 살(殺)인데 묘술합(卯戌合)으로 식상이 살(殺)과 합하니 살(殺)을 제하여 재(財)를 취하는 상(象)이다. 년의 정유(丁酉)는 인성이 재성을 차고 있고, 술(戌)이 유(酉)를 천(穿)함은 좌하 살성이 발용(發用)하여 권리가 있다는 뜻이다. 하지만 묘술(卯戌)은 합을 탐하여 천(穿)하는 것을 잊기에, 나중에 이직하여 사업을 시작하는 것이다. 묘술(卯戌)합은 목토(木土)조합으로 부동산과 건축을 대표하고, 술(戌)은 광산을 대표한다. 상관이 있는 사람은 총명하며, 겁재가 시주에 있으니 행동력이 강하다.

▶ 기유(己酉)운

유(酉)운을 만나 술(戌)이 유(酉)를 천하여 권력이 발용(發用)되니 자기가 승진함을 대표한다. 그래서 이 운에 정부기관의 직무를 맡았다.

▶ 무신(戊申)운

무(戊)운은 술토(戌土)가 허투함을 대표하고, 겁재 계수(癸水)와 합하니 재운이 불리하다. 신(申)운은 빈위의 겁재 자수(子水)의 장생이 되어 이 운에도 재운이 없다. 그래서 경오(庚午, 1990)년 이후에 사업을 시작하였다. 이 대운 십년 동안 한 가지 일도 이루어지지 못했다.

▶ 정미(丁未)운

정(丁)운은 재성이 왕투(旺透)하고 정임(丁壬)의 합을 기뻐하니 득재의 뜻이다. 미(未)운은 묘(卯)와 공합(拱合)하여 묘(卯)가 왕해지니 살(殺)을 제할 수 있다. 또 미(未)는 술토(戌土) 재고(財庫)를 형(刑)으로 열어 발재(發財) 한다. 이 운에 동업하여 수십억 원을 벌었다. 왜냐면 정재(丁財)가 비견과 합하니, 신(身)이 재(財)와 합하여 재(財)를 얻는 것을 도와준다. 살(殺)을 제(制)하는 묘목(卯木)이 겁재 계수(癸水) 아래 떨어지니 이는 동업하는 뜻이다.

• 기축(己丑, 2009)년에 광산에 투자하려 했으나 성공하지 못하

고, 오히려 파재(破財)하여 순조롭지 않았다. 임수(壬水)는 기토(己土)를 만나는 것을 두려워한다. 관(官)을 만나면 불순(不順)하다. 축(丑)이 또 술(戌)을 형(刑)하여 괴하니 불순(不順)하다.

- 경인(庚寅, 2010)년, 신묘(辛卯, 2011)년부터 사업발전이 순조롭게 진행되었다. 대운과 유년 모두 호전되었다.

▶ 병오(丙午)운

기축(己丑, 2009)년에 병(丙)운이 들어오자 운기가 나빠졌다. 왜냐면 병재(丙財)가 왕투(旺透)하여 임수(壬水)와 서로 충(沖)하니 일주가 병재(丙財)를 잡을 수 없고 오히려 원국에 있는 정임(丁壬)합을 충을 하여 파괴하기 때문이다. 오(午)운도 좋지 않은 운이다. 오(午)가 묘(卯)를 파하여 원국의 묘술(卯戌)합을 파괴하기 때문에 불리하다. 술(戌)을 대표하는 오(午)가 자(子)를 충하니 자신의 재(財)를 다른 사람이 충해 가는 것과 같다. 자신은 손재가 되지만 다른 사람은 발재(發財)한다는 뜻이다. 그래서 병오(丙午)운 전체는 모두 나쁜 운이다.

◎ 혼인

2번의 혼인이 있다. 두 번째 결혼은 안정적이다. 원국에서 술(戌)이 첫 번째 처(妻)가 되지만, 묘술(卯戌)합하니 합으로 인하여 떠나간다. 묘(卯)는 두 번째 처(妻)이고 합으로 인하여 들어온다. 두 번째 처 묘목(卯木)은 상관이니 자기보다 나이가 어린 사람이다.

제 6절 부동산 판매업에서 개발로 전환

辛	丁	丁	甲(乾)
丑	卯	卯	寅

73 63 53 43 33 23 13 3 (대운)
乙 甲 癸 壬 辛 庚 己 戊
亥 戌 酉 申 未 午 巳 辰

◎ 간단한 이력과 해석

북경대학 연구생 학력이다. 정(丁)일은 갑목(甲木) 정인을 좋아하니 고학력이다. 정화(丁火)는 또 왕(旺)함을 좋아하는데, 2개의 정화(丁火)가 모두 투(透)하니 반드시 학문이 높다.

신축(辛丑)시에 태어나 재고(財庫)를 보아 재물을 얻는 뜻이다. 그래서 직장을 떠나 사업을 시작하였다. 인성은 부동산(집)이고, 신축(辛丑)은 재성이니, 부동산을 이용하여 재부(財富)로 변화시킨다. 그래서 부동산업에 종사한 것이다. 행운이 받쳐 주어 억만장자가 된 것이다.

◎ 대운 유년분석

▶ 경오(庚午)운

연구생을 마치고 오(午)운에 창업하여 아파트 분양 업무를 하였다. 이때 인생의 첫 번째 행운을 얻었다. 오(午)는 인(寅)을 대표하는데, 다른 사람의 부동산을 뜻한다. 오(午)운은 축(丑)을 천하니, 다른 사람을 대신하여 부동산을 팔아 큰 수익을 얻었다.

- 갑신(甲申, 2004)년에 팀을 조성하여 아파트 분양 업무를 인수하였다. 그가 심혈을 기울여 기획했기 때문에 수년간 팔리지 않던 빌딩을 한판에 팔아 수십억 원의 부를 얻었다. 갑신(甲申)은 인성이 재성에 앉아 집이 재(財)로 변하는 상(象)이다. 신(申)은 丑을 대표하고 인(寅)을 충(沖)하여 부동산이 모두 매진되었다.

- 병술(丙戌, 2006)년에 토지를 매수하는데 투자하였다. 병(丙)은 겁재인데, 겁재가 재(財)와 합함은 투자를 표시한다. 술토(戌土)가 축토(丑土)인 재고(財庫)를 형(刑)하여 여는 것은 돈을 번다는 의미이다. 두개의 묘목(卯木)이 술(戌)과 합하고, 하나의 인(寅)이 술(戌)을 공(拱)하니, 세 필지를 매수하였다.

▶ 신미(辛未)운

부동산을 개발하여 몇 년간 자산이 수백억 원이 되었다. 미(未)운은 인고(印庫)가 와서 재고(財庫)를 충(沖)하여 여니, 부동산(집)을 재부(財富)로 바꾸는 뜻이다. 재고(財庫)를 충(沖)하여 등급이 비교적 높다. 10년 동안 재물이 왕(旺)하는 대운이다.

- 정해(丁亥, 2007)년에 관성이 와서 인성과 합하니 건축개발을 시작하였다. 동시에 전매(매매)를 같이 하였다.

- 기축(己丑, 2009)년에 일이 순조롭지 않았다. 특히 정부의 공

식인가를 받는데 번거로움이 많았다. 기축(己丑)년에 기(己)가 갑(甲)과 합(合)하니, 인성이 합을 당하여 인가 등이 순조롭지 않아 돈을 써도 일처리가 안 되었다.

▶ 임신(壬申)운

임신(壬申)운으로 행할 때 정임(丁壬)합을 기뻐한다. 임(壬) 관성은 재부(財富)를 대표하고, 자신과 합(合)하는 것이다. 또 신(申)운은 인(寅)을 충하고 묘(卯)와의 합을 기뻐한다. 축(丑)중 재성을 인출(引出)하기에 이 대운 십년 동안은 미(未)운보다 더 재(財)가 왕(旺)해진다.

- 기해(己亥, 2019)년은 갑기(甲己)합을 기뻐하지 않는다. 갑(甲) 정인이 합(合)을 당하니 소송에 시달린다. 다행이 대운이 좋아 소송에서 이겼다.

◉ 혼인

신축(辛丑)은 처(妻)인데 오운(午運)은 축(丑)을 천(穿)하니 결혼할 수 없다. 이 운에 여자 친구가 한 명 있었지만 결혼은 못하였다. 신미(辛未)운에 와서 재고(財庫)를 충하여 열면 결혼할 수 있다. 경인(庚寅, 2010)년 혹은 신묘(辛卯, 2011)년이 결혼하는 응기(應期)이다.

제 7절 기초공사 건설 사장

```
丁 甲 庚 甲 (乾)
卯 寅 午 辰    71 61 51 41 31 21 11  1 (대운)
             戊 丁 丙 乙 甲 癸 壬 辛
             寅 丑 子 亥 戌 酉 申 未
```

🔅 간단한 이력과 해석

이 사람은 강소성의 남통인으로 학력이 높지 않다. 일찍이 집안이 가난하였지만 천성적으로 총명하며 일을 착실하게 잘한다. 남통 이건회사에서 십여 년 동안 아르바이트를 하며 사장의 총애를 받아 점차 중책을 맡게 되었다. 이후 독립하여 회사를 차릴 정도로 운이 좋아 성장세가 좋았다.

갑인(甲寅) 일주가 상관인 화(火)의 왕(旺)함을 보았다. 목화상관은 인성의 배치를 요하는데, 아쉬운 것은 원국에 인성이 드러나지 않고 진고(辰庫)에 장(藏)되어 있다. 젊어서 관살운으로 행할 때, 비겁과 서로 충(沖)하여 상관과 인성의 배치가 되지 않으니 공부를 많이 못하였다. 하지만 상관은 총명을 뜻하고, 비겁상관은 친구 사귀는 것을 좋아한다. 수운(水運)에 와서는 진(辰)중의 수(水)를 인통(引通)하여 상관배인이 형성되기 때문에 발재(發財)할 수 있었

다. 진(辰)은 인고(印庫)로 건설과 부동산을 뜻하기에 건축공사에
종사하는 명(命)이다.

▶ 계유(癸酉)운

아주 좋지 않았다. 십년 동안 힘들게 남의 밑에서 일만 하였다.
계(癸)운은 일주가 좋아하지 않는 것이고, 또 정계(丁癸)충을 보아
상관배인(傷官配印)이 되지 않는다. 유(酉)운은 진토(辰土)와 합하
여 회사에 출근함을 표시한다. 묘유(卯酉)충은 관살을 제복(制服)
하지 못하니 재(財)로 본다. 오히려 양인(羊刃)을 충하니 체력으로
활동함을 표시한다. 별로 돈벌이가 안 되었다. 상관은 이 운에 쓸
모가 없어 머리가 좋아도 사용하지 못한다.

▶ 갑술(甲戌)운

이 운에는 신임을 얻어 건설부분의 총지배인으로 발탁되었다. 맡
은 일을 효율적으로 잘 처리하였다. 정부의 도움을 받아 학교, 공
공단체, 병원, 시장, 상가, 주택 등 여러 분야의 기초공정건설 건축
임무를 맡았다. 이 시기에 명성을 크게 날렸고, 회사에 많은 돈을
벌어주었다.

갑술(甲戌)은 자신이 식상과 재성에 앉아 온 것이다. 인오술(寅午
戌) 삼합 식상국이 되어 자신의 총명과 지혜를 발휘할 수 있게 된
다. 진술(辰戌)충은 인고(印庫)가 주공하고, 인고(印庫)는 빈위에

있으니 회사를 위해 돈을 번다는 뜻이다. 묘술(卯戌)합은 토목 공정일을 표시하고, 또한 자신이 재(財)를 얻는 뜻이다.

▶ 을해(乙亥)운

을(乙)운은 겁재가 왕투(旺透)하여 불리하다. 다행이 경(庚) 합이 있어 해로움이 크지 않다. 해(亥)운은 진(辰)중의 수(水)를 인출(引出)하고, 오해(午亥)합은 상관배인(傷官配印)이 형성된다. 인해(寅亥)합은 자신에게 합하여 왔다. 빈위의 진(辰) 재성이 인(印)을 차고 자기와 관련성이 있다는 뜻이니 큰 돈을 벌 수 있다. 진(辰)은 년주에 있어 먼 곳을 의미하기 때문에 먼 곳에 가서 재(財)를 취한다.

• 갑신(甲申, 2004)년에 심양에 가서 독립회사를 차렸는데, 첫걸음이 힘들었다. 고향 사람을 믿고 공사했는데 그 사람이 사기를 쳤다. 이 해는 칠살이 록(祿)을 충하니 돈 버는 것이 좀 힘들다. 묘신(卯申)이 비록 합을 하지만, 이 합은 다른 사람이 가져가는 것이다.

• 을유(乙酉, 2005)년에 경제 분쟁으로 소송이 제기되었다. 이 해는 유(酉)가 오(午)를 파하고 묘(卯)를 충하니 지지와 불화하고, 게다가 을경합(乙庚合)으로 양인과 살성이 서로 합(合) 하여 살(殺)을 동하니, 반드시 송사가 일어난다.

• 병술(丙戌, 2006)년에 초보적인 사업을 시작하였다. 이때 몇 개의 공정을 도급 맡아서 많은 이익을 보았다. 이때부터 발재(發財)가 시작되었다. 병술(丙戌)년은 식상 밑에 재(財)가 앉아

삼합 상관국을 형성하고, 진술(辰戌)이 충(沖)하여 주공(做功)을 하니, 자신이 공사를 청부하려 한다는 의사이다. 한 번 청부하면 여러 프로젝트가 주어졌다. 술(戌)은 지지 글자 하나하나와 모두 조화로운 관계여서 이 해에 매우 순조로웠다.

• 정해(丁亥, 2007)년에 사업이 크게 확장되었다. 심양에 몇 개의 큰 공정(工程)을 건설하여 명예와 이익을 둘 다 얻었다. 정해(丁亥)는 식상이 인성을 차고 오고, 해(亥)는 진고(辰庫)에서 나와 상관배인(傷官配印)이 형성된다. 이는 곧 큰 프로젝트에 투자 한다는 뜻이다.

이 해에 공사 중 몇 명의 사상자가 발생하였다. 정부를 떠들썩하게 하여 2억 원을 배상하였다. 유년의 해(亥)는 대운의 해(亥)를 인동(引動)하고 묘목(卯木)을 생하여 도우니 겁재가 발용(發用)한다. 즉 묘진천(卯辰穿)을 더욱 강하게 하여 파재(破財)의 의미가 있다. 묘(卯)는 수족(手足)으로 노동자를 뜻하니, 천(穿)을 했기에 사상자가 발생한 것이다.

• 무자(戊子, 2008)년에 경제위기의 영향을 받지 않고 오히려 사업발전이 전성기에 이르렀다. 심양의 건축업계에서 명성을 날렸다. 무자(戊子)는 재성과 인성이 합을 하니 수익이 크게 증가된다.

• 기축(己丑, 2009)년에 공사를 맡아달라고 여기저기서 밀려들지만 처리 할 수 없을 정도로 사업이 번창하고, 재물이 많이 들어와 2년 만에 수백억 원을 벌었다. 여름에 신체검사를 했는데

폐병이 발견되어 수술을 하였다.

축(丑)이 진(辰)에서 나오고, 갑기(甲己)합이 자신에게 도위하며, 또 인축(寅丑)이 암합(暗合)하니 역시 재(財)를 얻는 것이다. 명(明)·암(暗)의 모든 재(財)가 자기 몸에 합을 한다. 축오(丑午)천이 월령(月令)을 천(穿)하므로 몸에 병(病)이 있음을 표시한다. 또 천은 수술의 뜻이 있다. 축(丑)은 종양이고 금(金)은 폐를 의미하니, 폐의 한 부분을 절개한 것이다.

• 경인(庚寅, 2010)년에 또 많은 공정을 계약하였다. 손에 잡힌 프로젝트가 많았다. 교량보수, 도로정비, 토지구획 등의 많은 프로젝트를 계약하였다. 공정은 여러 대도시에서 동시에 착공되었고, 수천억 원을 투자하였다. 경인(庚寅)은 살이 허(虛)하니 명성이 멀리까지 퍼져나간다. 인해(寅亥)합은 인(印)과 합을 하여 큰 공사를 뜻한다.

◉ 혼인

어렸을 때 집안이 가난하여 별로 좋아하지 않는 여자와 부모님이 정해준대로 결혼하여 가정을 꾸렸다. 애정은 보통이고, 딸이 한 명 있다. 을유(乙酉, 2005)년에 자신보다 열 살 어린 갑인(甲寅, 1974)생 여자를 알게 되었는데, 그 여자는 이전에 큰 회사에서 회계를 담당하였다. 능력이 뛰어나 그에게 많은 도움을 주었는데, 이혼하고 딸 한 명을 데리고 살았다. 후에 그들은 같이 생활하면서 딸 한 명을 낳았다.

진(辰)은 첫 번째 처(妻)인데 천간에 갑(甲)이 투출하여 비견쟁부이고, 게다가 묘진천(卯辰穿)이 있으니 혼인은 이미 유명무실하다. 본래는 이혼의 상(象)이지만 대운이 수운(水運)으로 흘러 진(辰)을 대표하므로 명목상 혼인은 유지할 수 있다. 오(午)는 두 번째 여자인데 살(殺)을 갖고 있으니 이혼한 사람이고 딸 한 명을 데리고 있다. 상관은 자기보다 어린 사람이다. 대운에서 해(亥)가 오(午)와 합을 하니, 이 여자와 같이 생활한다는 뜻이다.

제 8절 국영기업 부동산회사 사장

```
辛 辛 癸 戊 (乾)
卯 卯 亥 戌      79 69 59 49 39 29 19  9 (대운)
               辛 庚 己 戊 丁 丙 乙 甲
               未 午 巳 辰 卯 寅 丑 子
```

◉ 간단한 이력과 해석

병술(丙戌, 2006)년의 사례이다. 이 사람은 일찍이 군인이 되었고, 사회에 복귀한 후 국가기관에 배치되어 국유기업 부동산회사에서 부사장, 부청급 간부로 근무하였다.

신묘(辛卯)는 재(財)를 깔고 앉아 월령의 식상이 와서 재(財)를 생한다. 주위(主位)에 재(財)가 중하니 묘술합(卯戌合)을 기뻐한다. 재성에 인성이 배치되면 재복(財富)을 크게 확대한다. 무술(戊戌)이 년에 있으니 직장을 뜻하고, 또 무계합(戊癸合)이 있어 좋다. 상관배인은 무술(戊戌)이 상관을 제하여 얻는 것이고, 술(戌)은 권력이다. 묘술합(卯戌合)은 목토(木土)조합으로 부동산을 뜻한다.

◉ 대운 유년분석

을사(乙巳, 1965)년 여덟살에 부친이 돌아가셨다. 이 명조는 모친이 재가(再嫁)하자 모친을 따라간 조합이다.

▶ 을축(乙丑)운

을(乙)이 오면 묘(卯)가 온 것이니, 이 대운에서 결혼이 이루어졌다. 축(丑)운은 술(戌)을 형(刑)하여 직업에 불리하니 승진의 기회가 없다.

- 임술(壬戌, 1982)에 결혼하였다. 묘술(卯戌)합은 재(財)와 인 (印)이 합하는데, 인(印)과의 합은 주로 결혼을 의미한다.
- 갑자(甲子, 1984)년에 아들을 낳았다.

▶ 병인(丙寅)운

이 운부터 사업을 시작하였는데, 관운(官運)이 형통(亨通)하여 계속 승진하였다. 정묘(丁卯)운에 이르러 부청급까지 승진하였다. 병(丙)은 무(戊)를 생하고, 인해합(寅亥合)은 식상이 재(財)로 화(化)하며, 인(寅)이 술(戌)을 공(拱)하여 술(戌)의 권력을 강화한다. 병(丙)이 투하여 신(身)과 합해 관(官)이 바로 내게로 오니 승진에 유리하다.

▶ 정묘(丁卯)운

정묘(丁卯)는 재성이 살(殺)로 화하여 투간(透干)하니, 재(財)에 권력이 있는 뜻이다. 묘술합(卯戌合)은 재성이 술(戌)의 권력에 귀속되니 역시 재(財)의 권력을 장악한다.

- 계미(癸未, 2003)년에 부동산회사의 부사장으로 승진하고, 또한 부청급 간부가 되어 실질적인 권력을 장악하였다. 미(未)년은 술(戌)을 형(刑)하니 술토(戌土)의 권력을 인동(引動)한다.

- 을유(乙酉, 2005)년에는 일이 순조롭지 않았다. 국유기업의 제도가 바뀌는 바람에 배척을 당하여 실권을 잃었다. 또한 그가 일을 그르치기도 하였다. 묘유충(卯酉沖)은 묘술합(卯戌合)을 괴한다. 유술천(酉戌穿)은 태세와 술(戌)이 불화하니, 지도자가 그에게 불만이 있음을 뜻한다.

▶ 무진(戊辰)운

무진(戊辰)은 무(戊)가 진지(辰地)에 떨어진 것으로, 원국의 무(戊)가 술지(戌地)에 떨어진 것과 다르다. 게다가 진(辰)이 술(戌)의 권력을 충하여 괴하니 국영기업을 떠나는 표시이다. 하지만 무진(戊辰)운은 왕재(旺財)의 좋은 운이다. 왜냐하면 무운(戊運)은 무계합(戊癸合)이 되어 좋고, 상관배인(傷官配印)이 성립된다. 진(辰)은 원국에 있는 해(亥)가 도위된 것이다. 묘(卯)와의 천(穿)은 좌하의 재성을 발용(發用)하니, 자신이 많은 일을 하여 많은 돈을 번다는 뜻이다.

- 병술(丙戌, 2006)년에 국영기업회사 직무를 그만두고 개인 부동산 회사에 들어가 공사 총감독을 맡았다. 이 대운은 마침 좋은 운이라 정확한 선택을 한 것이다.

◉ 혼인

혼인은 평온하다. 묘재(卯財)는 처(妻)가 득위(得位)하고 인성(印星)과 합이 되어 혼인이 안정적이다.

제 9절 노동자에서 건축업 사장이 됨

```
己 甲 癸 丙 (乾)
巳 子 巳 辰     78 68 58 48 38 28 18  8 (대운)
               辛 庚 己 戊 丁 丙 乙 甲
               丑 子 亥 戌 酉 申 未 午
```

🔵 간단한 이력과 해석

정해(丁亥, 2007)년의 사례이다. 중학교 학력수준으로, 열여덟살에 사회에 진출하였다. 건축 공사장에서 남의 밑에 일하다가 후에 공사를 직접 맡아서 하였다.

일주가 재(財)와 합하는데 재성이 편왕(偏旺)하니 본래는 발재(發財)가 힘들다. 두 개의 사(巳)가 포국한 것이 기쁜데, 식신배인(食神配印)의 뜻이 있다. 더욱 좋은 것은 사화(巳火)가 병화(丙火)로 변해 년에 허투(虛透)되었다. 이것은 실(實)에서 허(虛)로 변하는 사업의 조합으로, 행운이 맞아 떨어지면 크게 발재(發財)한다. 갑(甲)일은 계(癸)를 보는 것을 좋아하지 않는다. 월령의 인성이 무용(無用)한 고로 학력이 높지 않다. 인(印)은 집을 뜻하는데, 진(辰)은 인고(印庫)로 부동산 혹은 건축의 의미가 있다. 그래서 건축일을 하여 발재(發財)하는 명이다.

▶ 을미(乙未)운

을(乙)운에 사회에 나가 건축 공사장에서 일을 하기 시작하였다. 을(乙)운은 겁재 대운이니 고단하고 힘들게 일을 한다는 뜻이 되고, 게다가 몸을 사용하는 노동일이라고 볼 수 있다. 미(未)운에 본인이 하나의 공사 현장을 인수하여 깔끔하게 일을 잘 마무리하여 처음으로 돈을 벌었다. 갑자(甲子)일은 미(未)가 와서 자(子)를 천(穿)하는 것을 좋아한다. 재(財)가 와서 인(印)을 제(制)하니 공사 프로젝트가 돈으로 전환 된 것이다. 을(乙)이 미(未)를 차고 있는 재(財)이므로 다른 사람의 공정을 가져와서 하는 것이다.

- 정축(丁丑, 1997)년이나 무인(戊寅, 1998)년에 결혼한다고 판단하였다. 실제로 1997년에 연애해서 곧바로 동거하였다. 처성(妻星) 축(丑)이 합하여 처궁(妻宮) 자(子)에 도위하니 응기(應期)이다.
- 임오(壬午, 2002)년에 회사를 옮기고, 연말에 정식으로 결혼식을 올렸다. 자오충(子午沖)은 인(印)을 충하니 회사를 바꾼다.

▶ 병신(丙申)운

이 운에 돈을 벌었다. 병신(丙申)운의 병(丙)이 신지(申地)에 떨어지고, 원국의 사(巳)가 태중(太重)한데 천간 병(丙)으로 허(虛)하여 신(申)위에 떨어져 있으니, 이것은 사업을 하여 매매가 이루어지는 운이다. 그래서 이 대운 초창기에 돈을 벌 수 있다. 사신합(巳申合) 역시 사업이 순리적으로 진행되는 의사이다.

- 계미(癸未, 2003)년에 운이 아주 좋아 수억 원의 돈을 벌었다. 계(癸)는 자(子)를 대표하고 자기(自己)를 대표한다. 계(癸) 아래에 미(未) 재(財)가 있어 자기가 돈을 버는 의사이다.
- 갑신(甲申, 2004)년에 부동산을 구입하고, 처(妻)가 임신을 하였다. 신(申)년은 자(子) 인성을 생하니 부동산을 대표한다.
- 을유(乙酉, 2005)년에 아들을 낳았다. 이 해에 이전에 번 돈을 전부 한 공사에 투자하였는데, 결과는 순조롭지 못하였다. 유년에 겁재가 투하여 불리하고, 유(酉)는 진(辰)을 합(合)하여 동(動)하게 하니 프로젝트가 동함을 표시한다. 오히려 자(子) 인성을 파(破)하니 진행이 순조롭지 않음을 설명한다.
- 병술(丙戌, 2006)년 하반기에 비로소 좋게 되었다. 하반기에는 술(戌)이 진(辰)을 충하니 주요 프로젝트가 가동되기 시작하였다. 빈위(賓位)의 진(辰)을 충하니 역시 과하탁교(过河拆桥)의 뜻이 있다.
- 정해(丁亥, 2007)년에 또 부동산을 한 채 구입하였다. 한 프로젝트에 더 투자하려고 뇌물을 줬지만, 잘 안될 것이라고 예측하였다. 결과도 그러하였다. 정해(丁亥) 자합(自合)은 인(印)과 상관(傷官)이 합하니 투자(投資)의 상(象)이다. 단 대운은 사신합(巳申合)을 기뻐하는데, 유년 해(亥)가 합(合)을 충파(沖破)

하니 사업이 이루어진다고 말할 수 없다. 정화(丁火)가 합거(合去)를 당하니 약간의 손실을 입는다.

- 무자(戊子, 2008)년에 재운(財運)이 좋았다. 정부가 발주한 프로젝트 하나를 손에 넣어 돈을 벌 수 있다. 무자(戊子) 자합(自合)은 재(財)가 인(印)과 합하니 입찰에 성공한다. 재(財)가 인(印)을 제하는 공(功)이 있기 때문에 돈으로 계약을 따낸다는 뜻이다. 사(巳)가 무(戊)로 변하고 합(合)하여 자기에게 도위하니 돈을 벌 수 있는 것이다.

- 기축(己丑, 2009)년은 재운(財運)이 좋지 않아 자금 회전이 곤란하여 빚을 지게 된다. 기축(己丑)년은 일주(日主)가 천합지합(天合地合)하고 갑기합(甲己合)으로 재(財)와 합하는데, 재성이 태중(太重)하고 일주(日主)가 합(合)하여 움직이지 않으니 운기(運氣)가 좋지 않음을 나타낸다.

▶ 정유(丁酉)운

이 운에 계속하여 일을 하면 반드시 파재한다. 정(丁)이 투간(透干)하면 무용(無用)하고, 유운(酉運)은 최고로 좋지 않다. 사(巳)가 합하여 유(酉)로 변하고, 유(酉)가 자(子)를 파하여 국을 괴한다. 유(酉)가 진(辰)과 합(合)을 하여 돈이 모두 쓸려나가니, 그래서 파재(破財)이다.

◉ 혼인(婚姻)

기사(己巳)가 처(妻)인데 포국(包局)이니, 아내가 자기를 보고 있음을 설명한다. 부부궁(夫婦宮)이 안정 되고, 성(星)이 궁(宮)을 포주(包住)하니 혼인(婚姻)에 문제가 없다.

국립중앙도서관 CIP

직업상법신해(유년응기포함) / 단겁업 · 언명 著 ; 박형규 譯.
[서울]:학산출판사, 2020 p. ; cm

한자표제: 段氏命理 職業象法新解
원표제: 단씨명리 직업상법신해
원저자명: 段建業
중국어 원작을 한국어로 번역
ISBN   979-11-962938-2-6 [93180]

명리학[命理學]

CIP 2020037053